东方文化和西方文化

季羡林 著
蔡德贵 编

山东城市出版传媒集团·济南出版社

图书在版编目(CIP)数据

东方文化和西方文化 / 季羡林著. —济南：济南出版社，2023.1
（季羡林如是说）
ISBN 978-7-5488-5306-0

Ⅰ.①东… Ⅱ.①季… Ⅲ.①东西文化—比较文化—文集　Ⅳ.①G04-53

中国版本图书馆 CIP 数据核字（2022）第 214382 号

出 版 人	田俊林
出版统筹	胡长粤
责任编辑	刘秋娜
封面设计	胡大伟
出版发行	山东城市出版传媒集团·济南出版社
	（山东省济南市二环南路1号 250002）
经　　销	各地新华书店
印　　刷	山东临沂新华印刷物流集团有限责任公司
编辑电话	0531-82774073
发行电话	0531-67817923　86131701
	86131728　86131704
版　　次	2023年2月第1版第1次印刷
成品尺寸	145 mm×210 mm　1/32
印　　张	9.75
字　　数	209 千
定　　价	49.00 元

（济南版图书,如有印装质量问题,请与印刷厂联系调换）

一九七九年，季羡林访问印度

一九九六年九月，韩素音赠送给季羡林一件华丽的印度披肩

二〇〇〇年，印度总统访问北京大学，季羡林、许智宏校长和师生代表迎接总统的到访

二〇〇一年,季羡林与在北京大学学习的泰国诗琳通公主合影留念

季羡林墨宝

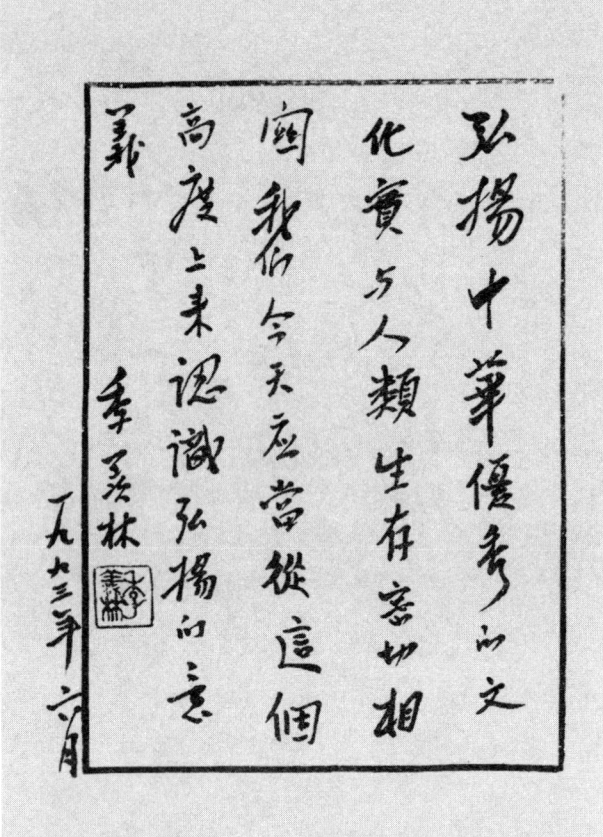

弘揚中華優秀的文化實与人類生存密切相關我們今天应當從這個高度上来認識弘揚的意義

季羨林

一九九三年六月

季羨林墨宝

菩提本無樹明鏡亦非臺佛性常清淨何處有塵埃

季羨林 時年九十有一

季羨林墨宝

西来初地
——中国佛教禅宗创始人
菩提达摩奠基建寺地
季羡林题

季羡林墨宝

目　录

001　东方语文学的重要性
010　关于东方语文学的研究
016　东方语言学的研究与现代中国
023　最近几年来东方语文研究的情况
032　东方文学
035　深入研究东方文学意义重大
039　了解东方文化对文化的发展至关重要
041　中国文化发展战略问题
078　传统文化与现代化
082　文化交流的必然性和复杂性
095　谈文化交流
107　从宏观上看中国文化
125　东西方文化的转折点
127　再谈东方文化
133　东方文化与西方文化相互间的盛衰消长问题

137	21世纪：东方文化的时代
142	东方文化和西方文化
148	"天人合一"新解
168	关于"天人合一"思想的再思考
196	汉语是一种"模糊"语言
198	中外文化交流漫谈
207	西方不亮东方亮
219	议论东西方文化的意义
224	只有东方文化能够拯救人类
237	东方文化
244	东方文化要重现辉煌
246	走向"天人合一"
248	拿来和送去
251	从哲学的高度来看中餐与西餐
253	我与东方文化研究
259	"拿来主义"与"送去主义"
261	关于中国美学的一点断想
265	我们要奉行"送去主义"
269	东西文化的互补关系
284	中西医学的结合问题
287	东学西渐与"东化"

东方语文学的重要性

说到东方语文学,我们顾名思义,就会想到东方。这里所谓东方,是从欧洲人眼中看的,差不多是指整个的亚洲。但范围也不一定,有的时候大,有的时候小。譬如俄国,虽然有一多半在亚洲,通常是不算作东方的。

大概说起来,东方语文学的范围比通常所认为的东方大,因为连非洲的语文也包括在它的研究范围内。古代的埃及文,近代的亚比西尼亚和其他黑人的语文,都是欧洲东方语文学者研究的对象。但在另一方面,有的真正的东方语言,譬如说印度的梵文,在有些大学的课程里,被排在印度欧罗巴语系的比较语言学里,同希腊文、拉丁文、古斯拉夫文、北欧古文在一起。这当然有它的道理,因为梵文确是印欧语系古代重要语言之一,是现在欧洲语言的老祖宗。无论如何,我们总可以看出来。所谓东方,所谓东方语文学,范围都不能百分之百的精确地划定。

比较地说,东方语文学算是很年轻的学问。因为这里面包括的语言很多,每种语言研究的历史又都不一样,所以我们不能在这里把研究的历史详细叙述。总括起来,我们可以说,东方语文的研究大半在19世纪才开始,然而就在这一个世纪里面，在这方面努力的学者已经获得惊人的成绩，使人一看起来，觉得这种研究一定已经有了很悠长的历史，哪里会想到还不到一百年呢?就拿梵文的研究来说吧：在19世纪初年有几个在印度服务的英国人开始注意到梵文。他们本身并不是语文学者，不过希腊文同拉丁文他们在中学里都读过，忽然发现梵文同希腊文拉丁文有些地方很相像，于是发生了兴趣，就开始研究起来，因而就奠定了印度语文学研究的基础。后来法国学者也接踵而起，对梵文研究也有相当的贡献。在这时候，逢巧有几个年轻的德国学者在法国留学，把梵文的研究带回德国去。从此以后，德国就成了梵文研究的中心。有的梵文学者把研究的范围扩大了，于是就产生了比较语言学、比较文学史和比较宗教学。同时对各种印度古代的宝藏都研究到了：四吠陀、文法学、世界最长的史诗。这些印度人认为最神秘最深奥的东西都大白于世了。德国的梵文学者在这方面始终居领导的地位，一直到19世纪的末年。

到了19世纪末年20世纪初年，东方语文学的研究意外地得到一种推动力。最先（是）英国学者Stein到中国的新疆去考察，在和阗附近发掘，获得了许多极珍贵的东西，他写了几部很大的著作，把他考察和研究的结果公布出来。接着是德国的学者Von Le Coq同Grünwedel前后几次组织考察团到新疆去，他们在Idikutsari发掘出很多极珍贵的东西，同时又在古庙的废墟里发现许多很有价值的壁画。在这些东西里面最有学术价值的就是许多古代手写的稿本，有的写在纸上，有的写在绢上。在这方面，俄国学者也曾参加工作，组织考察团到新疆去。Petrovski，Kumentz同Oldenberg都有很重要的发现。

至于法国，我们都知道伯希和曾经到敦煌去考察，把敦煌石室里的珍奇的古籍搬到法国去。这里面有中国久已失传的古书和唐代人的手迹，比我们平常认为最珍贵的宋板价值还要高得多。伯希和捡剩下的古书还有很多，中国当时的北京政府听说了，派人去运走一部分。日本人也派人到新疆去做过发掘工作，也获得很多有价值的材料。

这些学者所发掘搜集的材料，种类当然很多。但其中最重要的，我前面已经说过，就是手写的稿本。论内容，这些稿本大半都是佛经的译本，有的从梵文直接译过来的，有的间接从别的文字转译的。论文字却出人意料地复杂。只就字母说，就有波罗蜜字、驴唇字、西藏字、粟特字和几种到现在还没有读通的字母。有的文字简直用中文作了注音符号。真可以说是五花八门，无奇不有。

欧洲学者们拿到这许多材料，虽然隐约地意识到这里面一定有无量的宝藏，但却像拿到天书一样，他们读不通，不知道这究竟是些什么文字。他们面对着这难关，一点也不屈服，立刻分头去研究。字母问题比较容易解决，因为里面有几种字母是他们熟悉的，譬如说波罗蜜字和驴唇字，他们在研究印度碑刻的时候已经认识了。但虽然认识了字母，字母组成的字他们仍然不认识。只认识字母而不能认识字有什么用处呢？所以他们仍然继续努力下去。我们都能想象到，这是一件怎样困难的工作！我们每个人差不多都有学习外国文字的经验。就拿学习英文说吧！英文在近代文字中算是最容易学的文字。我们有良好的教师，编好的字典和课本，另外还有许多课外读物。每礼拜四小时的正式上课，再加上不知多少小时的自修。就这样，学上几年，天分低的还不能离开字典自由看原文的书。倘若现在有人拿一种奇怪的我们不认识的文字给我们，这种文字的文法比英文复杂到不知多少倍，没有教师，没有字典和课本，当然更没有写好的文法，他就让我们读通这文字，请问我们怎么办呢？

在欧洲学者面前的，就是这种看来似乎毫无解决希望的工作。但他们并不气馁，他们仍然是干下去。这里的文字多，读通的过程和所费的时间都不一样，我们不能一一详叙。现在我们就拿吐火罗文的研究来做例子，说明读通一种新文字的过程。吐火罗文的稿本大半都是用波罗蜜字母写的，除了几个新的字母以外，读起来并不难，所以字母这一难关不久就克服了。但是吐火罗文有一个特点，它并不像现在的英文、德文每个字都是分开来写的，（而是）所有的字母都写成一串，我们根本不知道该在什么地方分开来。这一点更增加了研究的困难。最初研究这种文字的学者，只对着一大篇字母，简直不知道从什么地方下手。渐渐地他们发现了其中有的字很像梵文，于是就把这些字抄出来。抄得多了，在里面也就可以发现声音转变的律则。偶尔又发现了几个断片，这几个断片有别的文字的译本，于是就根据这译本把这几个断片读通，把文法构造仔细研究了一遍，立出几个假设来。再继续研究下去，或者推翻这假设，或者助成这假设，终于渐渐建立起几个很简单然而却又很基本的原则来。这些工作都有特别的困难处，一方面要小心谨慎，另一方面却又要特别机警。再说神秘一点，有的时候简直全靠运气，有些材料是可遇而不可求的。就这样，经过二三十年的努力，吐火罗文终于研究通了。有一个学者说："这是人类历史上的一件大事！"我们只要稍稍能领略其中的困难，就会觉得这句话是不过分的。

或者有人要问，读通这些文字究竟对人类文化有什么意义呢？要想回答这问题，我们要对东西学术史做一个鸟瞰。我们都知道，无论在中国，在欧洲，学术的研究并不是平均发展的：有的时代学术研究的成绩很辉煌灿烂，有的时代却又很不振作，毫无生气。领导一个辉煌灿烂时期的，大半都是新材料的发现。尤其在精神科学的研究上，旧的材料经过长时间的钻研，各方面都研究到了，很难再有什么新的发现。倘若在这时候有新材料出现，学者们得到新的鼓舞的力量，不久就可以有惊人的成绩，开创一个新时代。这种例子太多了，我们不必舍近求远，只在中国学术史里就可以找到许多。过去的我们不必说了，只看近几十年来甲骨文的发现和研究，我们就可以明了新材料的发现对学术研究会有多么大的影响。以前，我们中国的古史实在还没有脱离神话色彩。当然，在中国，正如在西洋，是颇有些人相信神话的。不过这些人同真正的学术研究是没有关系的。他们对甲骨文的发现和研究始终采取敌视的态度，虽然他们在内心里也未必不承认在这方面的成绩。无论怎样，我们现在真可以说，我们对商代的历史和文化有一个真确而清晰的概念了。这种研究现在还在开端，将来的成就虽然还不能预卜，只就眼前的成绩说，已经可以说是超迈前古了。而且，历史的研究不过只代表一方面，其他古文字学、古音韵学的研究也都跟了甲骨文的发现进入一个新的阶段。在这方面研究的学者也都表现了惊人的成绩。以前不能了解的句子现在了解了，以前不能读的书现在能读了，我们真不能想象，再过一百年在这方面的研究会灿烂辉煌到什么地步！

但是，甲骨文的发现和研究，影响是只限于中国的。新疆这几种古代语言的发现，却有世界的意义。这话似乎太空洞。我们仍然拿吐火罗文做例子来说明一下。我们都知道，印度欧罗巴语系普通分为两支：一个东支，比较语言学里的术语叫作 Satem；一个西支，在比较语言学里叫作 Centum。希腊文、拉丁文同近代的欧洲语言都属于西支；梵文、古代波斯文等属于东支。就地理说起来，这可以说是非常自然的。自从吐火罗文发现以后，这种很自然的局面有点混乱了。第一，这些学者们没有想到在中国的新疆会发现印欧语系的语言，因为现在那里流行的语言是东土耳其语。第二，即便发现了印欧语系的语言，按地理说，也应该属于东支。然而吐火罗语竟属于西支的 Centum。这样一来，他们研究的基础有点动摇了，同时他们也有了新的研究的出发点。现在还没有人能解释为什么在一群 Satem 语言里忽然出来一个 Centum 语言。这问题牵连到印度欧罗巴人种，也就是现在所谓雅利安人或白人的迁徙问题；再进一步，就关联到雅利安人原在地的问题。这些都是目前欧洲学术界研究最用力争辩最多的问题。到现在还没有结果。在比较语言学方面，吐火罗文的发现，也引起不小的波动。以前所熟知的几个语族的文法和音韵差不多都研究清楚了，真可以说是大势已定；现在忽然发现了一个新的语族，在文法和音韵方面都有很奇怪的特点，学者们又要从新的观点来修正或补充以前研究所得的结果。时间虽然不长，成绩已经很有可观了。

吐火罗文对世界学术的意义，我们只举以上两点。其他在新疆新发现的语言也各有各的重要，我们在这里不能详细叙述了。现在我们谈一谈这些语言对中国学术的意义。

自从佛教输入中国以后，在各方面都有了很大的影响，一直到现在这影响还不见衰竭；所以，我们可以说，佛教的输入，真是一件大事。但是关于输入的过程，我们一向不十分清楚。倘若我们问一个比较受过教育的人：佛教是从哪里来的？经过什么地方？大藏经是从什么文字译出来的？他们恐怕都会说，佛教是从印度传来，大藏经当然是从梵文译出来的。然而自从新疆这些语言发现以后，我们才知道，在初期，佛教不是直接从印度来的，而是经过中亚各小国的媒介。初期佛经也多半是从这些语言译出来的。这样一来，我们对中国历史上这一件大事的真相才有清楚的观点；大藏经里面许多以前不容易明白的地方，现在也都可以渐渐弄明白了。

在以前，新疆这地方，无论在历史上或地理上，几乎是一个空白。虽然每一个朝代的史书里都有记载，但这些记载有的太模糊，有的太简略，有的又太不正确，所以我们对新疆知道的真是太少了。自从新疆这些文献发现以后，我们才知道，新疆不但不是一个空白，而且是东西文化交流沟通的所在。东方文化从这里传到西方去，西方文化从这里进入东方。譬如说希腊的雕塑艺术到了健驮罗国混合了别的成分成了一种新风格，再从健驮罗经过新疆传到中国，在中国佛像的雕塑上留下不可磨灭的痕迹。其间经过的过程，我们在新疆新发现的佛像同壁画上，都可以清清楚楚地追踪出来。再进一步，我们现在再来读《史记》《汉书》和其他史书关于西域的记载，也可以得一个很清晰的轮廓。因为人名我们多半可以找出它的原文，地名我们可以确定它的方位，不像以前那样模糊了。

以上说的新疆的新发现对世界和中国学术的意义，只是随便举出了几点，要详细说起来，可以写几本书。然而，我们不要忘记，新疆这些新发现的语文的研究虽然已经有了几十年的历史，其实是方才开始：有的语言才读通了一半，有的还没有读通，有的连字母我们还不认识。在柏林、巴黎、列宁格勒、伦敦的博物院里，还有很多很多掘出的手稿，待人研究整理。在新疆的废墟里，谁又敢说还有多少东西待发掘呢？

所以，这一门学问，真如朝日初升，前途正未可限量。我们也就可以了解，为什么现在欧美许多新进学者都到这块园地里来工作，无论是语文学家、历史学家、考古学家、艺术家，都可以找到适合的研究题目。德国的 E. Schroeder 教授，自己是德国语文学的权威，有一次就曾说过：可惜他年纪老了，不然，他一定研究东方语文学；因为在别的语文学的范围内，旧材料已经研究清楚，顶多不过在小地方有点小发现，新材料又没有，所以研究起来毫无生气。将来的天下是属于东方语文学的。他所说的东方语文学，着重在新疆发现的语文。

然而，回头看看我们中国，情况却完全两样。清末的时候，曾一度盛行过元史和西北史地的研究，后来渐渐消沉下去。新疆这些新材料发现以后，除了间或在报纸杂志上看到翻译的外国学者的论文以外，没听说有谁去认真从事这种研究。介绍外国学者的研究成绩，当然有极大的价值，而且是刻不容缓的，对这些介绍人我们都应该有很大的尊敬。然而这究竟是跟着别人走。我们不应该自安于追踪别人，我们也要去研究，让外国学者也跟我们走。

再进一步，在东方语文学，尤其是新疆新发现的语文的研究上，我们中国学者实在应该比欧美学者尽更大的努力。因为第一这些材料是在中国新疆发现的，第二这些语文对中国文化史的关系太深了。我并不主张学术有国家性；不过因为研究方便的关系，一个国家在某一个学科的研究上可以超出别的国家。在这里，我们都希望中国在东方语文的研究上可以领导别的国家。然而，事实正大相反，在这方面的研究上，中国不但不能领导，而且只是跟在后面，有时候，连跟都跟不上，甚至有时候连跟都不想跟。欧洲的许多东方语文学者有时候需要中国古籍的帮忙（这样的时候还真不少）。但欧洲的汉学家数目太少了，他们感觉到非常不方便。在失望之余，便常常用祈求的声调请日本学者帮他们的忙。他们为什么没想到中国学者呢？这原因很简单，无论谁一想都会明白。我认为这是中国学术界的奇耻大辱。我们都要起来，把这耻辱洗掉！

原载于《大公报》1946年7月21日

关于东方语文学的研究

从这学期起，北京大学文学院里添了一个新系：东方语文学系。这是中国自有大学以来的第一个创举。不在别的大学，而在以兼容并包博大精神出名的北大，是并非偶然的事。我们都要感谢胡适之先生、汤锡予先生和傅孟真先生，他们让这在中国自来少有人注意的冷僻学科也得到一块发展的园地。

无论什么新创的事业都容易招人误解。北大东方语文学系也不是例外。很多的人把东方语文学认作日本语文学系的别名。有的人根本不清楚里面究竟研究些什么，只觉得这一系很神秘。所以我们感觉到有需要来做一个简略的说明，让大家明了这一个自从中国有大学以来第一次创立的学系的真相。

首先我们要知道什么是东方语文学。这里所谓"东方"是根据欧洲的用法。英文德文法文原字都是 Orient，而这个字的来源又是拉丁字 Orient，意思是（太阳的）升起，进一步就演化成太阳升起的地方：东方。从欧洲人的眼里看，整个亚洲都在东方。研究亚洲语文的学问就叫作东方语文学。

亚洲是很大很大的，这我们都知道。所以只是研究亚洲一洲的语文工作范围已经够大的了。但是按照欧美大学的惯例，连古代埃及文和非洲语文都划到东方语文学研究的范围里来，东方语文学的范围于是就更加扩大了。根据上面所说的，欧美大学所有的东方语文学就包括以下这些语文：

1. 古代埃及语文
2. 古代巴比伦亚述语文
3. 中国语文
4. 日本语文
5. 满蒙语文
6. 印度支那系语文
7. 阿拉伯语文
8. 土耳其语文
9. 印度语文
10. 伊兰语文
11. 中亚古代语文
12. 非洲语文

以上这许多语文都能在大学里成一系。还有许多不甚重要的语文就要看大学的设备和教授研究的范围而归入这一系或那一系。就连以上这些语文系别也不像我写得这样清楚。譬如有的汉学家也通日文、满文或蒙文，学校里倘若没有日文系、满文系或蒙文系，那么这教授也就兼开日文、满文或蒙文的课。有的伊兰语文学家兼通阿拉伯文、土耳其文，他也可以把这三系合成一系。这一切都没有什么一定的标准。分系虽然没有一定的标准，但系总是分的。这原因很简单。在欧洲东方语文学的研究已经有很长的历史。13世纪中教皇 Innocent

四世下令在巴黎设一个阿拉伯语文的讲座。这可以说是欧洲东方语文学研究的开始。这以后，语言的数目陆续增加，研究的范围渐次扩大，一直到现在这传统并没有中断，他们的书籍和各方面的设备都已经有了很好的基础，非分系来研究不行了。

现在我们的大学里也开始注意到东方语文的研究了。北京大学首先创立了东方语文学系。我们当然不能也不必学欧美大学分那样许多系，我们只在系里分成若干组，每一组就相当欧美大学的一系。这其实只是名称不同而已，对研究（来）说是一样的。因为是才开创，我们先设三组。第一组：蒙文、藏文、满文；第二组：梵文、巴利文、龟兹文、吐火罗文（B）、焉耆文（吐火罗文A）、于阗文、粟特文；第三组：阿拉伯文。我们希望将来能够陆续增添别的新组，譬如说波斯文、东土耳其文等。我们也希望能够请到专家来教。入这系的同学每人可以任选一组。至于在这组里必修的文字当然是多多益善。但倘能精通一种也就够了。

以上是北大东方语文学系的大概情况。至于为什么设这一系呢？这真是一言难尽。我们现在分两方面来说。

第一是实用方面。我们中国号称汉满蒙回藏五族共合，但一直到现在除了对汉族的语言和文化真正做过研究以外，对其余四族简直可以说是一点都没有顾到。外国学者反而越俎代庖，替我们去探险去发掘去研究。他们有没有别的用意，我们现在且不必去追究。但自己家里的事情自己不明白，反让别人来代劳，只这事实就是我们全民族的一个耻辱！再说到中国以外的亚洲各国的语言，我们以前更没有顾到过。但现在自从"胜利"以后，我们已经被逼上梁山，势非顾到这些国家不行了，无论我们愿意不愿意。欧美的大国家只要往外国派遣大使或公使，总找一个对那个国家有认识有研究的人。在他下面照例还有许多专家，就是所谓什么通者。我们姑且不管他们是否真"通"，但对那国家他们真下过功夫。但我们中国怎样呢？试问派到印度、阿富汗、伊兰去的使节对这些国家有什么认识？结果就可想而知了。因了一个机缘的凑巧，我自己在越南西贡住了一个期间。有一次我在总领事馆里问到越南现在有多少人口。这其实是一个极简单的问题，但上至总领事，下至办事员，没有一个能够回答的。结果是红了一阵脸了事。让这些人去办外交，有什么法子不替中国丢脸？

第二是学术方面。中国同其他亚洲的国家的文化交流，我在这里不能详细讨论。倘若有人要知道详细一点，我在今年7月21日的上海《大公报》上曾写过一篇长文：《东方语文学的重要性》。里面虽然也多半是老生常谈，但还可以参阅。我们在这里只谈一谈中国同印度的文化关系。这两国文化关系的密切我想没有一个人会否认的。倘若没有印度文化加入中国文化里来，我不能够想象现在的中国文化是什么样子。我并不是说一定会比现在坏，但绝不会是现在这样子，这是可以断言的。自从佛教输入以后，上至文学哲学艺术，下至民间信仰，没有一处没有印度的色彩。甚至我们足以自傲的所谓"国医"，来源都有点问题。它同神农老皇帝的关系也很渺茫，虽然据说他老人家尝过百草。然而我们的学者对这方面的研究怎样呢？除了很少数的学者像陈寅恪先生等以外，一向没有人注意到这一方面。近几十年来中国新疆发现了无数的古物文献，几乎可以使我们人类一部分的历史改观。世界的历史学者、地理学者尤其是东方语文学者的眼光都转到这方面来了。他们的研究报告真可以说是琳琅满目，兼有精深与博大。因而一般人民对这方面的兴趣也就跟着大起来。但回头看我们中国，除了很少数的学者以外，依然没有多少人注意到这个。甚至连中文的大藏经都要等外国学者来研究了。无论如何我总觉得这是件很大的遗憾。学术研究当然不能也不应该分国界。但同我们关系密切的学问，我们"近水楼台先得月"总应该先来研究，来领导。现在不但不能去领导，别的国家的学者研究了，我们连跟都跟不上，不，简直连跟的意思都没有。这总不能不算是一件怪事吧！在清末的时候本来已经有些学者注意到这方面的研究了，譬如说洪钧的《元史译文证补》就是好例子。王静庵先生晚年也想治西北史地，可惜王先生一死，这风气就如昙花一现，消灭得无影无踪了。

根据以上这一点感触，我们就很希望年轻的同学们有勇气到这块新园地里来共同努力。他们只要肯工作，绝对不会失望的。这并不限于东方语文学的同学。文学院其他各系的同学，像中国文学系、哲学系、历史学系、西方语文学系的同学，倘若有"余力"的话，不妨也来试一试。胡适之先生曾说过：为学像金字塔，地基愈宽愈好，上面愈尖愈好。为了得到一个宽的地基，也应该多学一点与自己本行相关的东西。何况有的知识不但只是打地基才用得着，简直与自己的研究范围就分不开。譬如说研究中国佛学，不懂梵文不是很困难么？当然，一直到现在，还有研究佛学而反对梵文的人。这些人真是眼光如豆，他们研究的结果就可想而知了。好在他们总有一天会消逝到他们应该去的地方去的,我们用不着同他们分辨(辩)。说到中国文学,你总不能否认佛经翻译文学也是中国文学的一部分。但倘要彻底明了佛经,又非懂点梵文、巴利文不行。否则不是闭门造车就是拾人牙慧了。

　　写到这里,自己一看,觉得很好笑,自己不是在这里做广告招徕主顾吗?大有年末大减价的神气。东方语文学仿佛成了虎标万金油,"万病皆治,万国风行"。其实我的用意并不这样。不过因为多少年以来,自己有许多感触,现在想把这些感触告诉给别人。又因为最近常常遇到熟人或非熟人,还有报馆的记者先生们,问到这一系的情形,而且大半对这一系都多少有点误解,所以就不厌其详地写了一大篇,希望让大家多明白一点,自己少费点唇舌,如此而已。

1946 年 12 月 22 日

东方语言学的研究与现代中国

说到东方语言学与现代中国，我觉得有必要先来解释一下什么是东方语言学；因为根据我自己的经验，还有许多人对这个名词的含义不十分清楚，甚至十分模糊。粗略地说，东方语言学的范围包括全亚洲的语言。俄文除外，因为俄国虽然有一多半在亚洲，但俄文普通都是归入印欧语系的斯拉夫语言学里面的。在另一方面，埃及虽然不在亚洲，但古代埃及文照习惯是算作东方语言的。

我们都知道，亚洲是非常大的，语言也非常多。除了我们不常听说的许多方言以外，我们可以举出的有古代埃及文、巴比伦文、亚述文、梵文、巴利文、阿拉伯文、土耳其文、波斯文、满文、蒙文、藏文、中文、日文、高丽文、安南文、暹罗文，还有中亚新发现的吐火罗文、于阗文、窣利文。要仔细列举，这个数目当然还差得太远；但因为其余的语言不像我们上面列举的这些那样重要，所以我们就不再写了。

我们中国既然同上面这许多国家同在亚洲，从茫昧的远古以来就做了邻居，在历史上当然不免发生关系。我用关系这两个字，里面含义很多。有的国家同我们发生过战争，有的甚至征服过我们，终于又让我们同化了，成了中国的一部分。

有的同我们只发生过外交关系或贸易关系。但我最着重谈的还是文化关系，因为只有文化关系是永久的，即使时过境迁，它的影响依然会存在的；其余的关系都只是暂时的。所以我现在只谈文化关系。即使只谈文化关系，也只能粗枝大叶地谈一谈；因为历史太长，国家太多，同我们发生的关系太复杂，关于这方面研究的著作真可以说是汗牛充栋，我们无论如何也谈不完。我们现在只能择出几个国家来，在这几个国家里再择出几个重要点按时间先后来谈一谈。

我们先说埃及同巴比伦。埃及同巴比伦我们都知道是耶稣纪元前的古国，在纪元前三千多年他们就已经建了国了。这似乎比我们中国还早。只看历史上的记载，我们不会发现我们同他们发生过什么关系。但倘若研究一下我们古书里，譬如说书经里，讲到天文和历法的地方，我们就可以知道，这两个古老的文化中间并不是没有关系的。根据许多学者的意见，中国的天文、历法和数学都受过巴比伦的影响。又有学者说，中国古书里常见到的上帝的帝字就源于巴比伦。关于这方面，在19世纪末年很出了些专书。最出名的就是拉库波里（Lacouperie）的《早期中国文明的西方源》（*Western Origin of the Early Chinese Civilization*）。在这方面研究的学者虽然有许多功绩，但他们有些地方太富于幻想，有些捕风捉影的议论。所以时间一久，人们对他们的热情也就渐渐冷淡下来，终于就没有人再提到他们了。不过，我们不要忘记，一直到现在还有学者，譬如说英国人类学家 C. E. Smith，说世界上的一切文化都源于埃及，中国的文化当然也不能例外。中国近来的学者也有的把山海关同巴比伦拉上关系，这当然很有趣。不过他们根本没有古代史的知识，说出话来多荒谬可笑。据我自己的看法，在这方面研究可以说是才开始，我诚恳希望学者们能继续研究下去，将来一定可以把这东西两个最古的文化的关系研究清楚，把现在笼罩在古代史上的神秘的暗雾渐渐扫开来。

我们现在再来谈阿拉伯。中国同回教的阿拉伯虽然在唐代已经发生了关系，但一直到宋元，阿拉伯的文化才真正在中国发生了显著的影响。元朝建立回回国子学，专教阿拉伯语文和学艺，结果是阿拉伯的天文历算、地理和炮术都源源输入中国。中国历史上最有名的天文学家郭守敬就是在这种影响下产生的。

阿拉伯文化对中国的影响虽然不甚显著，但是知道的人并不少。倘若我们现在再谈到波斯文化的影响，就很少有人知道了。事实上波斯文化对我们的影响实在非常大，换一句话也可以说，波斯人对我们中国文化的功绩非常大。在纪元前五六世纪的时候，波斯王大流士（Darius）创建了横亘欧亚的大帝国。在那时候，波斯已经因了地理的关系成了东西文化的媒介。战国中期以后，伊兰系的文化更源源传到中国来。赵武灵王胡服骑射，废战车，采用骑兵制，据说就是受了伊兰系文化的影响。到了汉魏六朝，印度文化，尤其是佛教，开始传播到中国来。居间介绍的也多半是伊兰民族；因为据我们现在研究的结果，在初期有许多佛经不是直接从梵文译出来的，而是经过中亚诸小国的媒介，这些小国多半是伊兰系的民族。这我们只要一看最初到中国来的和尚的名字就可以知道。凡是姓安的都是安息人，凡是姓康的都是康居人。真正直接从印度来的很少。

到了隋唐时代，伊兰文化更是川流不息地往中国流播。只说宗教就从伊兰传来了三个。第一个是袄教。这是波斯的国教，创始人是查拉图斯特拉（Zarathustra）。从北魏起就开始传入，到了唐代更发扬光大了。第二个是摩尼教，创始者为波斯人摩尼，是混合几种宗教而成的。在国内遭到迫害，终于渐渐流传出来，也到了中国。这教的主要教义就是二元论。他们说有善恶两神，光明就代表善，黑暗代表恶。我们都知道，宋朝最大的哲学家朱子就是一个二元论者，他主张理气二元。有些学者就说，这是受了摩尼教的影响。最后还有一个宗教，它虽然不是源于波斯，但却是经过了波斯才传到中国来的。这就是景教，原来是耶稣教的一派，后来因意见不合，渐渐向东方传播。

除了宗教以外，在别的方面中国也很受了伊兰的影响。在绘画方面，凹凸画输入了中国。在雕刻、音乐、舞蹈里面也处处可以发现伊兰的作风。甚至在衣食方面都有伊兰影响的痕迹。李太白诗："踏尽桃花何处游？笑入胡姬酒肆中。""胡姬貌如花，当炉笑春风。"这里所谓的胡姬，有些学者就认为是伊兰系的西域人。还有一件事一直到现在学者们似乎还没有讨论过，我想在这里提出来说一说。绝句在中国文学里占很重要的位置大家是知道的。在外国文学里很少找到这种四行的诗体。即使间或找到，也不能说是一特别体裁。只有波斯有这种诗体。有名的波斯人欧玛亚·海亚姆（Omar Khay-am）所著的诗集鲁拜集（*Rubaiyat*）就是用这种体裁，每首只有四行，很像中国的绝句。两者之间恐怕不能没有关系。至于究竟如何，就有待于将来的研究了。

最后我们谈到印度。但印度文化给我们的影响太多了，时间太长了，头绪太复杂了，我真不知道应该从何处说起。我们只要想一想那部浩如烟海的大藏经，谁也说不清它究竟在中国文学上、哲学上、宗教上、民间信仰上发生了多么大的影响。这影响的范围可以说是上至学士大夫，下至贩夫走卒；大至京城皇居，小至穷乡僻壤，没有一个人没受到，没有一个地方没受到。连我们的语言里都加入了不少的印度借来的字。有的我们还可以知道，有的我们连知道都不知道了。倘若没有印度文化到中国来的话，谁也不敢说，中国文化现在会成了什么样子。这一些我在这里都不能详细说，只好留待将来了。

我们的题目是东方语言学的研究与现代中国，但一直到现在我谈的却是过去的文化关系。这似乎有点离题太远。其实不然，因为外国文化过去在我们文化里留下的影响一直活在我们的文化里。到了现在，科学的发明把空间缩小了，国与国的关系，尤其是同在一洲的国家间的关系更密切了。这些外国文化的遗产不只是活在我们的文化里而已，而且渐渐发扬光大起来。在第二次世界大战以前，中国是个四等的弱国，几乎没有什么独立的意志和行动。但是自从第二次世界大战结束以来，中国最少在名义上已经变成一个强国。领导亚洲的责任也就落在我们肩上。无论我们愿意不愿意，我们也得负起这个责任来。但谈到负起责任并不是空口可以做得到的。我们第一步要了解亚洲别的民族，正如他们也要了解我们一样。我们的政府似乎也已经注意到这事情了，譬如派大使到印度去，派公使到埃及、波斯（伊兰）、暹罗和菲律宾去，在亚洲各国重要的城市里设领事，都可以表现出政府的意思来。这当然很好，但要了解一个民族绝不是只派一个大使公使或领事去就可以做得到的。大使们递国书的辞令尽管多么美，倘若没有别的做法，两个国家仍然不会互相了解，邦交仍然不会更加亲密的。

从我们国家看出去，看到别的国家的情形，就会觉得人家确比我们高明，人家除了同我们一样派大使公使外，还有别的办法。印度政府已经派了一位教授到北大来讲学，还有十几个印度学生已经到北大来了。土耳其政府也派了学生来，而且还有公文寄给中国政府，请我们派十个留学生到土耳其去念书，一切费用都由土耳其政府负担。只有这样，只有认真地去研究一个国家的语言和文化，连上风俗人情，才能真正了解一个国家。两个国家真正能互相了解，感情才能增长。

再回头看我们，觉得我们还是在那里敷衍，最少是没找到，或者根本不想去找一个有用的办法。事实上我们实在有更迫切的需要去了解别人。我前面说到领导亚洲的责任已经落到我们肩上，无论如何我们也不能而且也脱不掉这责任。同时，我们的侨胞散处亚洲各地，为了他们，我们也应该去研究了解别的民族，增长我们间的感情，使我们的侨胞不致像战前那样到处受虐待和耻辱。

再说到我们国内这几个民族，我们就更感到惭愧。蒙古不是中国的一部分么？但我们国人有谁认真研究过蒙古的语言和文化？现在研究蒙古语言和文化最好的书都是俄国人写的。

西藏和新疆也都是中国的一部分，那里的人民同我们一样都是中国人，但也少有人去注意过研究过他们的语言和文化，仍然是外国人了解他们比我们深切。到现在中国同蒙古、新疆、西藏间造成这种离奇古怪的关系，真让我们啼笑皆非。名义上他们属于中国，是中国人；但是天晓得他们的心究竟向着哪一边。还有回教同胞，也一向没被人注意过。他们的经堂语阿拉伯文除了他们自己研究以外，也很少人注意，很少人鼓励赞助他们。这是我国全体同胞的奇辱大耻。

要想了解别的国家，要想了解我们国家以内别的民族，我们现在只有一条路可走：就是去注意研究东方语言学。懂了他们的语言，才能懂他们的文化思想人情风俗；懂了他们的文化思想人情风俗，才能真正了解他们。在过去有一个时期，救国论很盛行。学哪一行的就觉得只有他那一行才能救国，于是出了许多"心理学救国论""生物学救国论"。我最讨厌这种洋八股。当然我现在绝不是在这里作八股，提倡"东方语言学救国论"，说只有东方语言学有无比的神力可以救国；也不是劝每个青年都念东方语言学；因为任何一门学问单独都救不了国，无论它是符号逻辑或原子物理。但我觉得最少对这方面有兴趣有天才的青年同学不应该都为了实用或时髦起见违反了自己的个性去念工程或法律、经济。他们应该让自己的兴趣发展一下，到这块新园地来耕耘，看看能收获些什么。

1947年5月20日于北京大学

最近几年来
东方语文研究的情况

先声明几点：我在这里谈东方语文的研究情况，不能不牵涉到教学方面，因为：第一，在过去几年内，东方语文工作者主要力量是用在教学方面；第二，教学工作是为研究工作培养干部，两者有几乎不可分割的密切联系。在时间上，主要是谈最近八年来的情况和今后的计划；但为了说明问题，也必须回溯一下以前的情况。

现在谈本题。分下列几个方面来谈：

中国的解放是东方语文研究的转折点

在哲学社会科学各个部门中，东方语文的研究无疑是最薄弱的一环。新中国成立前半封建半殖民地的社会性质决定了对东方语文研究的忽视。尽管我们同其他东方国家有几百年甚至几千年的友谊；我们在历史上互相学习过很多东西，这些东西丰富了彼此的文化；在我们的史籍中，有很多关于东方各国的记载；应该说，我们是有很好的研究条件的；但是，在当时那种西风压倒东风的社会里，很多所谓学者连自己的文化都看不起，何况亚非其他国家的文化呢？

新中国成立以后，情况来了一个大转变。我们的党重视自己的文化，号召我们用去其糟粕取其精华的精神去研究先人的遗产，并且加以发扬光大；同时也重视其他国家，包括亚非国家在内的文化，也号召我们对这些文化加以研究和学习，加强同这些国家的文化交流。

东方语文的教学和科学研究工作就是在这样的情况下大跨步地加强起来的。

尽管我们在过去几千年内对东方国家可以说是有过一些研究，我们在这一方面也的确做了不少极其有价值的工作；但是真正从一个新的正确的角度来看东方文化，在一个崭新的基础上建立东方语文的研究，现在还是第一次。

因此，我们说：解放是东方语文研究的转折点。

新中国成立初期东方语文教学和科学研究的情况

新中国成立初期东方语文教学和研究的情况是很差的。我现在拿北京大学东语系做例子来说明这个问题。

从语种的多少来看，新中国成立初期，北大只有藏文（后来并入中央民族学院）、梵文和阿拉伯文，日文和满文只是附带地教一下。南京东方语专合并北大来以后，语种增加了，但也只有蒙古文、朝鲜文、日文、越南文、印尼文、泰文、缅甸文、印地文、阿拉伯文9种。此外还有几种国内少数民族语文，现并入中央民族学院，这里不谈。

只是从语言的数目来看，还不能够说是全面，因为这数目只是一个假象。当时有几种语言是徒有其名的；没有教员，或者只有一个不顶事的教员，只是在系的组织系统里有那么一种语言，难道这不是假象吗？

从学生的数目来看，新中国成立初期，北大东语系只有不到10个学生，而且几乎全是学习阿拉伯文的。东方语专合并过来以后，学生数目也不过一百零几个人。

从图书资料来看，新中国成立初期的情况如下：

蒙古文　　　书0册　　　报刊0种
朝鲜文　　　书1册　　　报刊0种
日文　　　　书668册　　报刊0种
越南文　　　书0册　　　报刊0种
印尼文　　　书19册　　　报刊0种
泰文　　　　书18册　　　报刊0种
缅甸文　　　书6册　　　报刊0种
印地文　　　书1211册　　报刊0种
阿拉伯文　　书65册　　　报刊0种

这个表也就足以说明当时图书资料是怎样少得可怜了。

当时的教学水平应该说是十分低的。没有任何语言有成套的讲义，多半都是七拼八凑、临时对付。有的就干脆用英美人的教本，根本谈不到什么科学性和系统性。有一位教印尼语的教员找到了一本日本人写的印尼语法，他就用这本书来教学生。但是他并不懂日文，于是就半猜半摸，糊涂地对付下去。有很多教员，过去自己没有学过语音学，不大懂发音原理，教同学发音，没有法子说明发音部位，只能告诉同学"把嘴张大一点"或者"把嘴张小一点"。有的同学就说，他们是在"鹦鹉学舌"。

谈到科学研究，应该说，那时候根本没有什么科学研究。很多教员对这个问题恐怕连想都没有想过，有个别的年纪比较大的教员间或写上篇把论文，也都是脱离实际，脱离需要，离真正的科学研究是有相当大的距离的。

现在的东方语文教学和科学研究的情况

在新中国成立后的九年中，北大东语系在教学和科学研究方面，有了显著地提高。

我们先从语种方面来谈一谈。在量的方面，除了原有的九种东方语言以外，又新增加了两种：乌尔都文和波斯文。教授现代的波斯文和乌尔都文，这在中国恐怕还是第一次。在质的方面，徒有其名的现象没有了。在这11种语言中，有9种已经成立了教研室；除了波斯文以外，其余10种语言的教学工作都是由中国教员担任，外籍教师只起辅助的作用。一批前途极有希望的青年教师已经成长起来了。他们将来一定能够担负起"挑大梁"的工作。

学生数目也可以说明一些问题。1957年曾经达到四百多人，现在在校的学生还有将近三百人。

图书资料方面的跃进更是突出。现在的情况是：

蒙古文	书938册	报刊16种
朝鲜文	书2996册	报刊14种
日文	书3610册	报刊13种

越南文	书2192册	报刊25种
印尼文	书1762册	报刊24种
泰文	书542册	报刊10种
缅甸文	书1214册	报刊12种
印地文	书3251册	报刊5种
阿拉伯文	书2817册	报刊9种

新增加的语言也已积累了一些图书资料。也许有人认为这都是一些芝麻绿豆，就算是芝麻绿豆吧，但也是一些真正能说明问题的芝麻绿豆，写出来不算浪费笔墨。

谈到教学水平，我们固然不敢狂妄地说我们的水平已经很高，我们的缺点还多得很，还严重得很；但是，如果同新中国成立初期比起来，进步还是很大的。一二年级的教材基本上都已经编好，而且经过几次的修改，有的水平已经相当高，起码已经超过资本主义国家。现在再没有人用资本主义国家的现成的教材了。有这些成就的原因也并不复杂，我们在学习苏联的基础上，结合着我们的具体情况，做了一些钻研工作，因而有了这一些成绩。那种鹦鹉学舌式的教发音的办法也不再存在，教员都能按照发音原理和发音部位来教同学了。

在新中国成立初期根本没有开始的科学研究工作早已经在进行，而且已经取得了一些成绩。在蒙古文方面，《蒙汉词典》的工作已经进行了多年。朝鲜文方面工作做得比较多一些。进行了五年包括五万个词的一部《朝汉词典》已经编好，估计不久就可以出版了。在朝鲜语法方面和朝汉语对比的规律方面，几位青年同志写出了不少的论文。他们现在正准备搞朝鲜语法词典、朝鲜理论语法、朝鲜语言史等方面的研究工作。日本语教研室的同志对一些日本作家，像芥川龙之介等进行过一些研究，也探索过日本语中汉字的规律。在越南文方面，《汉越词典》已经编好，对越南文的被动式也进行探讨，还介绍了越南诗歌发展的情况。印尼文教研室研究范围比较广一些，语言、文学、历史都碰到了。已经写好的论文有《印度尼西亚语的被动式》《印度尼西亚语动词首 ter》。中国印度尼西亚文化关系史和印度尼西亚民族解放运动史的研究正在进行中。从整个印度尼西亚语语法来看，在描写语法方面，我们已经有了较好的基础；至于比较语法，为条件所限制，目前还不能进行研究。印地语教研室结合备课，正开始研究词汇学和理论语法。对印度古典语言和文学，也写过一些论文，譬如对迦梨陀娑的《云使》和《沙恭达罗》，都有短文论述；在语言方面，写成论文的有《原始佛教的语言问题》和《再论原始佛教的语言问题》，后一篇是专门批判美国梵文学者富兰克林·爱哲顿（Franklin Edgerton）的方法论的。中印文化关系史的研究也正在进行中。在阿拉伯语方面，对阿拉伯文学、语言和历史的研究都已开始，目前的重点还是放在语法研究和阿汉互译的研究方面。

简略地说，北大东语系的研究情况就是这样。

我们知道，北大东语系虽然人才比较集中，但还不是"只此一家"，各研究机构和各大学还有不少的东方语文专家。但是，在目前统一研究机构还没有建立起来，彼此互不通声气的情况下，我实在没有法子一一介绍，只好请求原谅了。

厦门大学的南洋研究所，据我所了解的，主要的研究对象是华侨史,在这里也不详细介绍。

目前存在的问题

我们虽然已经做了一些研究工作,虽然已经在这一片原来几乎是完全荒芜的花园里栽种了一些花木;但是应该说,我们的工作还是做得十分不够的,质量还是相当差的。我们的东方语文研究工作离祖国人民的需要,还是有相当大的距离的;同我们国家目前在世界上的地位,是十分不相称的。

原因在什么地方呢?

据我看,有思想方面的原因,也有实际的困难。思想方面有这样几项:

第一,我们的思想没有解放。这情况表现在很多方面。年老的科学工作者给资本主义国家的那一些东方学家吓住了,认为他们的水平极高,甚至到了高不可攀的程度。自己在脑袋里幻想出一个世界水平,在工作中缩手缩脚,不敢存"非分"之想。年轻的科学工作者给年老的科学工作者所幻想的国际水平以及这些老科学家的水平吓住了。这一些年轻人总觉得自己不行,在老科学家面前直不起腰来。这一些年轻同志甚至不敢妄想能够达到老科学家的水平,他们说:"只要能做半个某人某人,就心满意足了。"老科学家也在有意无意之间摆出一些架子来,把科学研究搞得很神秘,让人们望而生畏,敬而远之。

总之,无论是年老的,还是年轻的,都自己在思想上戴上枷锁,划上界限,不敢越雷池一步。

第二，在过去的研究工作中，厚古薄今的倾向是比较严重的。大家觉得，只有古的才是学问，才值得研究。现在的东西算不了什么。也有人觉得，古代的东西已经僵化了，研究起来，比较容易下手，还不容易犯错误。现在的东西随时在变动、发展，不大容易掌握，而且还容易犯错误。由于这一些原因，就形成了这种倾向。

第三，过去的研究工作相当严重地脱离了实际，脱离了需要。很多人进行科学研究，很少或者根本没有考虑到国家人民的需要，只是一时兴之所至，随便选出一个题目，搜集一些资料，写成论文。对于国家的计划也不大遵守，觉得是一件麻烦事。

以上几项算是思想方面的原因。除了这些原因之外，也还有实际的困难。在人力物力方面，我们的基础非常差。新中国成立后，在党的无微不至的关怀下，虽然我们也尽了最大的努力，师资成长和图书资料的搜集都有了显著的成绩；但是"先天不足"的毛病一时还难完全克服。这就大大地影响了我们的研究工作。

将来的展望

我们现在正在进行着双反运动，前一阶段已经有了一些收获，第二个阶段现在已经开始了。这一阶段的主要任务是继续思想革命，深入教学改革，要解决的就正是我上面谈过的那几个思想方面的问题。

现在，无论是年老的东方语文工作者，还是年轻的，思想都在解放。我们逐渐打破了对外国的迷信，对古人的迷信，对年老的教授专家的迷信；对他们的真实本领和自己的本领做一个实事求是的估价；不夸大自己的力量，但也相信自己的力量。我们大力批判了厚古薄今、脱离实际、脱离需要的所谓科学研究。科学研究一定要政治挂帅，一定要为政治服务，一定要结合实际，结合需要。

我们现在日益感觉到东方语文的教学和研究对我国的社会主义建设是非常重要的。在东风压倒西风、亚非国家在国际问题上日益占重要地位的今天，大力开展东方语文的研究是十分必要的。我们的工作一定也要本着鼓足干劲、力争上游的"大跃进"精神来进行。

目前我们正在酝酿今后的工作，我还不能立刻就做一个全面的具体的报告。但是我相信，在不久的将来，我们每一个教研室，每一个东方语文工作者就会拿出成套的工作跃进计划，在"文化革命"高潮中我们也狠狠地"跃进"一大步。

1958 年 5 月 26 日

东方文学

东方文学，顾名思义，就是东方的文学。但"东方"这个词儿的含义，却并不十分固定。从地理上来看，应该指的是亚洲。但是多少年来又掺入了政治含义，"东风压倒西风"，好像又指的是被压迫、被剥削的国家。不管怎样，根据上面两个标准，东方文学大体上指的是亚洲和北非说阿拉伯语国家的文学。它是同欧美等西方文学相对而言的。

这样一个含义，就决定了东方文学的特点。世界上不管哪一个国家的文学，都会有文学的共同性，这是不言而喻的，但是它们也各有特殊性。在历史上，东方各国人民都对人类的共同文化宝库有所贡献。但这并不否定某些国家对别的国家影响大一些。有的人称之为"文化圈"。不管这个名词儿正确与否，这种现象是有的。在东方，这样的"文化圈"可以说是有三个：中国、印度、阿拉伯伊朗伊斯兰。东方国家，有自己的传统，这是主；同时也受到这些文化圈的影响，这是辅。

自从西方殖民主义东来，东方国家不同程度地受到剥削和压迫。这种情况必然反映到文学创作上来。在最近一百多年以来，东方文学一个很重要的主题就是：一方面反对外来的殖民主义，一方面反对本国的封建主义。这样形成了的特殊性是西方文学所没有的。

这样一个特点就决定了东方文学对我们有特别重要的意义。近代史开始以来，中国人民在反对殖民主义、帝国主义方面，就同东方其他国家的人民息息相通，互相同情，互相支援。到了今天，全国人民正在中国共产党的领导之下，意气风发、斗志昂扬地建设四个现代化。我们更需要加强同其他国家，特别是同东方国家人民的友谊与了解，来保卫世界和平，而要做到这一点，就必须在更大的规模上，对东方各国人民的生活习惯、思想状况有进一步亲切的了解。怎么去了解呢？十亿人民都到国外去，是不可能的。退而求其次，就用得着文学作品。

除了政治上的考虑之外，还有学习上的考虑。中国有长达几千年历史的非常光辉灿烂的文学传统，这是宝贵的财富，我们必须加以继承，这是主。此外，我们也必须借鉴外国文学创作，首先当然是东方文学，这是辅。这对我们创造自己的有特色的社会主义新文学会有很大的帮助。有这个借鉴同没有这个借鉴是不相同的。从事文学创作或研究的人大概都会有这方面的感性认识。

但是研究阅读东方文学的意义还不只是这一些。现在全国、全世界也一样，有很多人正在从事一种似新而实老的学科的研究，这就是比较文学。从上一个世纪起，欧洲一些国家已经开始研究比较文学。近几十年来，简直可以说是风靡全球。最近几年，我们中国对比较文学的兴趣也发展很快，青年学生对此更表现出极大的兴趣。过去已经有一些外国学者表示一定要把东方文学纳入世界比较文学的轨道上，否则比较文学是不会有什么前途的。他们高呼要成立比较文学的东方学派，其中也包括中国学派，我认为这种想法是非常有道理的。过去是用西方文学同西方文学比，其局限性是明显的。一加入东方文学，则目光顿时扩大，倘若坚持下去，则比较文学必然大放异彩。

想要完成这一件工作，阅读和研究东方文学是绝对不可缺少的。有了东方文学的知识，无论进行东方文学与西方文学的比较，还是进行东方国家之间的文学的比较，都能够做到游刃有余，得心应手，这是可以肯定的。

1983年6月

深入研究东方文学意义重大*

近几年来,在广大的读者中间,特别是在文学爱好者中间,更特别是在爱好文学的青年中间,对东方文学的爱好日益强烈。我个人认为,这是一件很值得祝贺的事情。这并不是因为我自己也算是一个东方文学研究者和爱好者,出于对东方文学的偏爱才有这样的意见,而是因为为了纠正过去的偏颇,让中国的外国文学爱好者能够全面地理解外国文学,达到借鉴的目的,更好地创造我们自己的有中国特点的社会主义新文学,我才热诚赞颂这种新风。

为什么说是纠正过去的偏颇呢?我说的偏颇是指抬高西方文学,贬低东方文学。只要平心静气地想一想,实事求是地看一看,谁都承认这种偏颇是存在的。在一些文章中,特别是在一些谈话或讲演中,我们经常可以听到、读到一些有意无意贬低东方文学的论调,特别是在个别的在文学界比较负责的同志们的言论中,有这样的意见,其影响更大、更有害。我并不想提倡"东风压倒西风",我只是想给东西方文学各以其应

---

* 本文是作者为《东方文学作品选》写的序。

有的实事求是的评价,让读者们真能兼容并蓄,吸取必要的营养,如此而已。

回顾一下将近一百年来中国介绍外国文学的历史,是颇有启发的。林纾介绍的外国文学几乎全是西方文学,其中并无深奥不测的原因:林纾自己,我想并不一定有什么明确的东西方的概念,只是同他合作的人都是通英法文的,林纾必须仰仗这些人才能翻译,其结果就是他所介绍的都是通过英法文而译出来的西方文学作品。这些作品起到了良好的作用,林纾在天之灵有福了,我们直到今天还要感谢他。

到了鲁迅时代,情况有了改变。鲁迅自己对文学有明确的界限,他的界限与其说是东方和西方,毋宁说是压迫者和被压迫者,而被压迫者偏偏多在东方。鲁迅希望被压迫者能发出声音,中国在当时也是没有声音的,所谓"无声的中国"者便是,印度的声音也不多。鲁迅希望这些没有声音的民族发出声音,并且让这声音昭告世界,振聋发聩,让被压迫者都能挺起身来,艰苦斗争,求得解放。因此他介绍的文学不限于东方,只要是被压迫者他全希望介绍,当然东方也包括在里面。我认为,鲁迅在介绍外国文学方面是一个划时代的里程碑,鲁迅的精神不朽了。我不说鲁迅在天之灵,因为他是不信这一套的。直到今天我们还蒙受其利,直到今天我们也都感谢他。

新中国成立以后,介绍外国文学开创了一个新时代。35年以来,我们做了大量的翻译、介绍、研究、阐释的工作,成绩辉煌，远迈前古。介绍的作品，既有西方也有东方，既有古代也有现代。这大大地提高了我们外国文学研究的水平，大大地扩大了外国文学爱好者的眼界，对建设精神文明有极大的裨益。

但是，美中也有不足，主要是对东方文学的介绍还不够普遍，不够深入。在这个领域内，不论古代或是近现代，都有不少的空白点。严格一点说，我们的读者对东方文学还没有看到全貌，对东方文学的价值还不能全面评价。其影响就是中国人民对第三世界国家人民的思想与感情，憧憬与希望，都缺乏实事求是的了解，从而影响了我们之间思想交流和友谊增长，也可以说是不利于我们的团结。

特别是在某一些同志心目中那种鄙视东方文学的看法，更不利于东方文学的介绍与研究。我不愿意扣什么帽子，但如果说这些同志还有点欧洲中心论的残余，难道还不能算是恰如其分吗？

实际上，有这种想法的同志们，并不一定都精通东方文学，"东方"这个词儿，作为一个地理概念，其广无垠，民族、语言、宗教、哲学，各不相同，历史长短也大相径庭，文学造诣当然更是悬殊极大，谁也无法全部了解其文学成就，再加上我们介绍不够，只是给读者以一斑，而没能给他们以全豹，产生这样的误会是可以理解的。

但是理解并不是一切，我们要纠正错误的理解，加深正确的理解。能胜任愉快做这种工作的只有研究东方文学的同志们自己。我知道，这方面的同志们正在努力，成果一天比一天增加，成绩一天比一天昭著。但兹事体大，绝非一朝一夕、一举手、一投足之劳，一蹴而就的。我们还要继续努力，还要等待。眼前编选的这一部《东方文学作品选》就可以说是在这方面一个努力的表现。

我祝贺这一部书的出版，我希望它能够给东方文学爱好者提供更多的精神食粮，给那极少数还怀偏见的同志们提供一个衡量的标准。我希望这一部书带着我的和我们的祝贺走到广大读者群中去。

1984 年 4 月 15 日

了解东方文化对文化的发展至关重要[*]

最近一年以来，在全国范围内掀起了一股"文化热"。许多地区和城市都热烈地讨论文化建设问题、文化发展战略问题等等。这是一件非常值得注意的事情。它必将对我们的社会主义精神文明的建设起巨大的作用，它也是我们社会主义建设事业到了现阶段一个合乎规律的发展。

若干年前，我就开始形成了一种想法：在世界上延续时间长、没有中断过、真正形成独立体系的文化只有四个：中国文化体系，印度文化体系，阿拉伯伊斯兰文化体系，从希腊、罗马起开始的西欧文化体系。经过几年的验证和思考，我愈加要坚持这个看法。在这四大体系中，所谓东方文化，实际上占了三个，是世界文化的四分之三，它在历史上起过重大作用，在今后的发展中还将起更大的作用。这一点我认为是可以肯定的。

现在要谈我们的文化发展的战略问题，对世界文化必须有深刻的了解，对包含三大文化体系的东方文化更必须有深刻的了解，其理自明，无待赘述。

---

[*] 本文是作者为《东方文化史话》写的序。

那么怎样来了解世界文化，特别是东方文化呢？

道路很多，但是总起来说，不外是亲身验证（这是直接的了解）和读书学习（这是间接的了解）这样两条道路。亲身验证是比较困难的，只有极少数人能够做到。绝大多数的人都必须走间接了解的道路。我们今天编这样一本书，就是想给走第二条道路的人以帮助。

想给走第二条道路的人以帮助，又可以有两种做法。一种是长篇大论、旁征博引的学术著作。这样的著作，我们必须去写。但这要有时间，而且是很长的时间，有时候甚至要白首穷经。我国广大群众是不能够等待这样长的时间的。目前，最切实可行而又像是及时雨一样的做法是写一些雅俗共赏、生动活泼，有别于"阳春白雪"，颇接近于"下里巴人"的著作。我们现在做的就是这样一种工作。

文化的定义千奇百怪，我们取的是最广义的定义。举凡人类在历史上所创造的一切精神文明和物质文明的东西，证明是对人类进步确有裨益的东西，我们都归入文明的范畴。我们这一部《东方文化史话》的范围就是这样。

据我们所知，这样的工作似乎在国内还没有人做过。俗话说：万事开头难。这一点我们是非常清楚的。我们的力量也不能说是已经足够了，但是我们有一点敢昭告天下，这就是，我们决不草率从事。幼稚是可能的，但决不马虎；浅显是可能的，但决不掉以轻心。

我就用这样几句坦诚明了的话为我们的书送行。它将来带回来的反馈会提高我们的认识，加强我们的信心。

1986 年 12 月 6 日

中国文化发展战略问题

同志们！今天讲的题目是《中国文化发展战略问题》。同志们回想一下，我们在新中国成立前讨论文化，讨论文化交流，讨论中西文化的差别，有过几次高潮。我的印象最清楚的一次是20年代。当时有人提出全盘西化，有不少人反对，曾讨论过一次"中西文化及其差别"。现在有一位老先生还在世，就是梁漱溟先生，93岁高龄了。他写了一本书，叫作《东西文化及其哲学》，好多同志都知道。可是新中国成立后这情况有了很大变化，年轻同志恐怕很难回想了，年纪大点的同志可以回想起来。我们在新中国成立后的文化讨论，据我回忆基本上没有过。这是什么原因呢？据我自己看法，就是我们受了一个大国的影响。"十月革命一声炮响，给我们送来了马克思主义。"这是不成问题的，我们应该感谢。但是同时也带来了一些教条。同志们知道社会学这个学科非常有用，比方人口问题就属于社会学的范围；劳动问题、劳动就业问题等等，好多问题也都在社会学范围以内。可是新中国一成立，我们社会学这门科学本身好像就反动了，非常滑稽。所以后来大学的社会学系也没了，关了。在同样的情况下，文化讨论也成了一个禁地。现在我们知道苏联是不大讨论这个问题的。所以一直到了十一届三中全会以后，我们中央的政策改变了。大家都感觉到，我自己也认为，十一届三中全会以后我们中央的政策是非常正确的，受到大家拥护。所以过去不敢谈的问题，今天也敢谈了，大家思想真正是解放了。大家现在讲话确实是畅所欲言，这个情况过去从没有过，同志们可以回想。因此今天我们也来谈文化发展的战略问题。

我们目前的情况同志们知道，经济改革已经取得了显著的成绩，这一点国内外没有人不承认的，因为这是事实。我们人民的生活水平有了很大的提高。现在政治改革也已经提到议事日程上来了。下一步，就是要进行精神文明的建设，中共中央已经发了个决议。所以现在全国对文化问题兴趣都很高，有几个城市开过比较大规模的讨论会，比方上海就讨论文化发展。文章发得很多，学会也成立不少。小规模的讨论文化问题的也很多，这种情况确确实实是空前的、非常令人欢欣鼓舞的。我们相信在这种情况下，我们大家来研究这文化发展战略问题是非常重要的。它将来会对我们的社会主义建设起很重大的作用。至于我自己，我不是一个专家，我对文化问题连半路出家都够不上，只在最近看了一些文章，也没看全。在看文章的基础上，有的同志让我谈过几次文化问题，所以现在我俨然成了一个文化专家了，实际不是这么回事，我不是这一行的专家。我不是故意在这儿客气，我是讲实话。现在我把我自己看文章的结果，考虑过的问题，给同志们汇报一下。我不说是请同志们批评，为什么原因呢？因为请同志们批评就证明你自己认为错了。我并不认为我自己错，我要是认为错的话，就不应该给大家讲，给大家讲就是愚弄大家。我认为我是对的，可是它不一定对。我说是让咱们大家来讨论。

现在我想讲三个问题。原来我写的提纲已经过时了。写提纲时中央的决议还没发表，那时看的文章还不太多。写好了以后，我又用了些功，看了些文章，所以那个提纲基本上不大能用了。今天我讲的跟那个提纲恐怕有很大差别。前一部分差不多，后一部分的差别就很大，先跟同志们讲一讲。今天准备讲的三个问题是：第一，文化和文明究竟是相同在什么地方，不同在什么地方；第二，当前中国社会情况；第三，怎么样开展文化交流，加强精神文明建设，理顺各方面的矛盾关系，促进生产力的发展。

为什么讲这个文明与文化的区别呢？因为我们现在，在我们日常生活里边，在我们报纸上，经常把文化说成文明。那么究竟什么叫文化，什么叫文明呢？同志们查字典也可以查出来，什么汉语字典都可以查。我现在把我的一些想法简单给同志们讲一讲。文化与文明的关系，我在提纲里画了一个图：有两个圆圈、中间是交叉的；一个圆圈是文明，一个圆圈是文化，意思就是文明与文化有一部分是相同的，有一部分是不同的。结果在打印时，两个圆圈都没了，光剩下"文明""文化"四个字摆在那个地方。同志们会觉得很奇怪：这是什么意思呢？意思就是上面讲的。同志们考虑一下，这两个词大概都是我们中国固有的。我们古代有"文明"，古代也有"文化"。同志们你们要查一查《辞源》，旧的《辞源》，不是新的，它里面有解释，什么叫文明，什么叫文化。可是那个"文明""文化"，跟我们今天的"文明""文化"不完全一样。我问一下搞日本问题的同志。我说"文明"和"文化"是不是从日本传来的?很多中国古代的词,日本借过去了,到了20世纪初年,我们又从日本借了回来,有好多这种词。我们讲"伦理学"等等,这"伦理"本来是中国的吧,可是这个词是从日本借回来的。我问他们"文明"和"文化"是不是也是这个情况呢?那几个搞日本问题的同志说"很可能"。中国固有的"文明"和"文化",意思不一样。日本借了过去,我们又借了回来。这两个词翻的是外文,大家知道是英文,一个是"Civilization",一般翻为"文明";一个是"Culture",一般翻为"文化"。我说"一般",可是同志们你们要是细心的话,你查一查英文词典,英文词典是这样注的:"Civilization""文明""文化";"Culture""文明""文化"。说明它们有共同的地方,有时很难分别。比方我们现在写一本书,叫《古代文明史》,大家觉得可以,是不是?古代文明嘛!我们换一个词《古代文化史》,行不行?照样行吧!那究竟是怎么回事呢?"文明"和"文化"含义有一部分是相同的。不同的地方,这"文明"是指什么呢?提纲里讲了,它指的是从一个野蛮状态,随着社会的进步往前发展,人类的智慧增加了,这叫"文明"。那"文化"呢?就是人类力量的往前进一步发展,人类社会中的艺术、科学等的智力发展。我想是不是可以这样讲,文明是对野蛮而言,因为原来我们人类在原始时期是比较野蛮的,然后就文明了,文明对野蛮。那么文化对愚昧,就是最初他糊涂,他愚蠢,然后他聪明,这叫作文化。是不是可以这么讲,文明对野蛮、文化对愚昧。现在我们平常讲话,说开车要"文明礼貌",不能说"文化礼貌",是不是?商店里"文明服务",不能说"文化服务"。比方这个人,原来知识少，要学文化，不能说"学文明"。说这个人有文化，行；说"这个人有文明"，不行的。现在我们有文化部，同志问了，你文化部管什么东西呢？比方出版、图书馆，原来电影也管，现在电影分出来了。还有作家协会等组织，凡是文学艺术创作，这都叫文化。联合国有一个组织，叫教科文组织，是指科学、教育、文化。科学、教育、文化既然三个并列，那么文化就不包括科学、教育，如果包括就不能并列。最近我们中央决议里面，也讲到科学、教育、文化，也是这么提的。这种对文化的了（理）解，我给它起个名，叫狭义的文化。狭义就是文学艺术叫文化。可是我们一般写文章，一般讲话讲的"文化"，那范围比这广得多。同志们，你们随便拿一本什么《中外文化交流史》，比方中国同日本、中国同印度、中国同美国、中国同德国、中国同英国的文化交流，那里边什么东西都有。那就是广义的文化。

关于文化的定义，我在一篇文章里看到，全世界给文化下定义，据说有200多个。我们在这儿不搞烦琐哲学，有些定义怎么说也不能恰如其分，它跟自然科学定义不一样。我讲的文化，还有好多同志写文章讲的文化，是广义的文化。广义的文化是什么呢？就是包括人类通过自己的劳动，这劳动包括脑力劳动和体力劳动所创造的一切精神的和物质的有积极意义的东西，这就叫作文化。当然还有别的同志，比如说庞朴同志，他最近在《中国社会科学》上写了一篇文章，叫《文化结构与近代中国》。他这样讲，他说文化"可以包括人的一切生活方式和为满足这些方式所创造的事事物物，以及基于这些方式所形成的心理和行为。它包含着物的部分，心、物结合的部分和心的部分"。庞朴同志的定义也是跟我的了解差不多，是广义的，就是人创造的，不管精神的、物质的，只要对我们人有好处的，我们就叫它文化。比如刚才我们讲的文化史，文化史绝对不是光讲文学艺术。我在这儿讲的文化战略发展问题的文化也是广义的，包括很多东西，与科学、教育、文化，那种狭义的文化，范围大小不一样。我想，文化与文明的区别，没什么重要，但讲讲有好处，因为你讲文化发展战略，你的文化是什么文化？如果狭义的话，我只能讲文学艺术，别的不能讲。我讲的是广义的，不是我们文化部那个范围的。这第一个问题是不是就讲这么多，因为这不是一个重要问题。

第二个问题讲当前的中国社会情况，因为我们谈文化发展战略，谈任何别的问题，出发点必须是我们眼前的中国社会。我们社会究竟是什么样子呢？我谈谈自己的看法。人类的整个历史，我看就是生产力发展的历史，最主要的就是生产力发展。同志们知道，在"四人帮"横行的时候，有一个名词，叫"唯生产力论"，还有什么"智育挂帅，业务第一"。老的同志知道，我在教育界工作了四十多年，大概好像我就是唯生产力论的典型，所以每次有什么运动，我要检查很容易，先检查智育第一，业务至上，唯生产力论。不然就叫作修正主义。同志们知道，我们中国共产党的八大，八大精神是对的，1956年"八大"，就讲我们先进的社会制度，跟后进的生产力不相适应。同志们知道那个后果，唯生产力论被批得一塌糊涂。但是今天我们还得讲发展生产力，没有生产力就没有历史，没有生产力的发展，人类过上好日子是不可能的。过去有个误解，建设社会主义，建设共产主义就要吃苦头。在建设过程中间，吃点苦头是难免的，也可能有牺牲，这也是难免的。可是我们建设社会主义，建设共产主义，最终目的是让人类过上好的日子。怎么叫按需分配呢？这个需啊，精神的，物质的，你要什么有什么，这怎么是吃苦呢？原来谁也不敢讲共产主义是让人过好日子的。要讲这句话，恐怕也得给你扣上一顶帽子，叫作修正主义，那不是很滑稽嘛！同志们回想一下，1883年马克思逝世时，恩格斯在他墓前讲话，讲道：人们首先必须吃喝住穿。一个人呐，一个吃，一个喝，一个住，一个穿，必须有这些东西。当然恩格斯重点讲的主要是马克思发现了经济基础和上层建筑的关系。他开头就说人们必须吃喝住穿。共产主义不是说让人饿着肚子，喝大锅清水汤啊，那不叫共产主义。我觉得这个事情与我强调的生产力的发展有关系。中共中央这个决议，同志们正在学习，这决议里有一句话，"归根结底是要促进社会生产力的发展"。我认为这个决议是非常英明的。我们精神文明建设，目的也是为了促进社会生产力的发展。没有社会生产力的发展，也就没有共产主义，也就没有社会主义。

现在我们中国的情况和国外的情况是个什么样子呢？我在一篇文章里看到这样一种说法，忘记哪一篇了，说今天的3年等于20世纪初叶的30年，等于石器时代的3000年。什么意思呢？就是今天从全世界范围看，科学技术日新月异，你稍一不注意，立刻有新的东西出现了。所以我们应该有一种紧迫感，因为这个跟我以后讲的有联系，我在这里先提一提。今天如果我们3年慢慢腾腾地不动，就等于石器时代的3000年没有动，等于20世纪初的30年没有动，那一定要落后。我们眼前的社会是怎么样呢？我们眼前的社会也是在那儿急剧变动，同志们都感觉到了，我们现在也是变动得很厉害。我看到徐惟诚同志在《北京日报》上写了一篇文章，他讲我们现在是有四个变化，是劳动方式在那儿变化，分配方式在那儿变化，交往方式在那儿变化，生活方式在那儿变化，就是说我们这个社会也是不停地在那儿变化，在这四个方面都在那儿变化。除了这个之外，我们眼前的社会是什么情况，下边是我自己的想法，不一定正确。就是我们这个社会，封建思想还有影响。大家都承认，封建思想的包袱我们还有。我记得有一次跟一个外国作家闲谈，谈到说"资本主义复辟"，她讲了一句话："你们没有发达的资本主义，复什么辟呀？"她的话恐怕有一点道理，但是不全面。资产阶级的影响还是不能低估的。另外，好多国家的资产阶级在几百年的发展中间，创造了一些好的经验。比方商品经济，讲究效益，讲究效率，讲究管理，这个我们也缺少。换句话说，在某些方面，我们还要对资本主义加以研究，得学它这些东西。现在大家对我这种说法，不会有什么反对的。如果倒退20年，我要讲这么一句话，恐怕起码得批我两个礼拜。说资本主义还要学习呀？你这不是明目张胆地鼓吹资本主义复辟吗？我们有些东西还是要学习，只要是好的。

我们现在这个社会矛盾很多，我们一个领导同志讲了一句话，这原来恐怕是老百姓讲的吧！说"端起碗来吃肉，放下筷子骂娘"。"端起碗来吃肉"，就说明我们生活好了，有肉可吃嘛！这个事情谁也不能否认。我们现在城、乡各个方面生活确实有改善，这个不能否认，都有肉吃了，这个没问题。那下一句话可真怪了，为什么"放下筷子骂娘"呢?这就很难说了，你吃了肉应该感觉很舒服嘛，肚子有油了应该很舒服嘛，为什么还要骂娘呢?在座的同志我不知道，是不是我们有时也有些牢骚，说些怪话呢?我有时也说些怪话。看了不正之风，有一些方面情况不那么令人满意，也讲些怪话；我倒没骂娘，没那么严重。这就说明现在这个社会有矛盾。有矛盾气就不顺，气不顺他才骂娘哩!气顺的话骂什么娘呢?应该理顺一下，让它顺当。"理顺"这个词过去不大多见，我觉得这个词非常好。就说我们现在不顺，才需要来理顺，理顺了，就用不着再理了。根据我自己的解释，之所以"放下筷子骂娘"，就是上面我讲的新矛盾的反映。怎么讲呢?比方现在大家讨论很多的，大家最不满意的是"不正之风"，举例子多极了，说是什么"服务态度不好""高干子弟怎么怎么样了""一个人说了算怎么样了"，又是"民主不怎么样了""法制不怎么样了"，那意见多极了。还有人说我们不尊重人才，不尊重知识，不讲效率，不重视时间，这种弊病多极了。我觉得，有的意见说过了头，不符合实际情况。其中有的也是正确的。

　　从前我在一本书上看到，西方的人讲过这么一句话，这句话可以供我们参考。他们讲什么呢?他们讲："世界上所有的人都害怕时间，时间唯独害怕东方人。"东方人包括中国、印度、阿拉伯、伊朗这些人。我觉得这句话里边有一部分真理，"时间"这个概念，咱们到今天恐怕还不是那么很重视。我们现在知道，时间就是生命，效率就是金钱。我们也讲，可实际上呢?我们做的时候还是不行。现在我们这个社会上，包括不管在哪个单位，好多做法都是浪费时间。我还看了一篇文章，里面说一个人一生平均大概有60万个小时。那么你要浪费一个小时就浪费60万分之一。时间对人来讲不是无穷无尽的。你不珍惜时间，什么事情也做不了。可是我们现在对于时间，普遍的现象不那么重视。总而言之，我的意思只是想说，我们现在这个社会好的方面我们不能否认，十一届三中全会以后，我们国家的政治形势，人民的情绪，那是向上的，这个你无论如何否认不掉。生活有提高，当然也不能说我们十亿五千万人口生活都提高了，也不能那么说，还有极少数有困难的，我们讲实话。可绝大部分都提高了。我们今天社会有好的方面，这不成问题。可我们今天社会，还有很多不好的方面，我们决议上怎么讲的呢？就是《中共中央关于社会主义精神文明建设指导方针的决议》上是这么讲的：党内和社会上一些严重的消极现象还有待于我们用很大的努力去消除。"严重的消极现象"，我体会刚才讲的都包括在这里边，是不是？党中央的决议并不是说我们现在的社会已经完美无缺，十全十美，好得不得了啦，不是这个意思，消极现象有而且还是严重的，不是一般的，就是说我们得承认这一点。不承认这一点的话，我们往前进就很困难。

我现在讲的东西，跟我们要讲的文化发展战略有关系，你要摸不清我们现在所处的社会究竟是什么情况，优点在什么地方，缺点在什么地方，你如果不讲的话，你谈文化发展战略就没有根据。你知道你为什么发展吗？（你知道）向哪个方向发展吗？（你知道）为什么发展吗？我们先要把我们整个的情况，一个世界情况，一个中国社会情况摸清楚，然后才能谈到这个文化发展的战略问题，要不然没法谈，谈的话也是空的。所以现在我就简单地把前边两个问题讲一讲，一个就是文明和文化的同和异在什么地方，第二个就是中国当前的情况，里边包括世界的情况。

今天主要讲的是第三个问题，第三个问题正是我那个提纲里边基本上没有的问题。第三个问题就是怎样开展文化交流，加强精神文明建设，理顺各方面的矛盾关系，促进生产力的发展。前边那三个是为后边这一个服务的，目的是促进生产力的发展。我为什么专讲文化交流呢？文化发展的战略问题难道就是一个文化交流吗？当然不是。现在文章多极了，我自己认为，在我们中国的今天，要讲文化发展战略，其中一个很重要的内容，一个非常重要的内容就是文化交流，这是我的想法，因此，我着重讲这个内容，我并不是说，除了文化交流之外，文化发展战略就没了，不是这个意思。今天我们中央的政策，我们中央的领导人屡次讲"对外开放，对内搞活"。我刚才说了，这个政策非常正确。专从文化方面来讲，我那个提纲上有，我提出了三句话："开放开放再开放，拿来拿来再拿来，交流交流再交流。"这里边没什么深奥的意思，只是想强调，我们要开放，要拿来，要交流。就是强调这几点。

讲到文化和交流，恐怕我们要回顾一下历史。我自己的看法，世界上任何民族，不管是大民族，不管是小民族，从它有历史那一天开始，就是文化交流的历史。同志们可以设想，原始时代那些小的部落，也要交流。比方这个部落里边发现了一个什么东西能够吃，什么草能够吃，就传到另外一个部落。比方这个部落里拿块石头可以做工具，那么可能就传到另外一个部落。总之这种事情，从人类历史一开始，就是文化交流。就说我们现在吧，在座的同志，从头顶到脚下，你们检查检查，哪一件不是文化交流的东西？头发是这样吧，前清时不是梳辫子吗？现在我们头发怎么变成这个样子了？你穿的衣服不是长袍马褂？长袍马褂也不是皇帝老子传下来的东西。你手里拿的钢笔是中国的吗？你穿的裤子是牛仔裤、喇叭裤，下边是皮鞋、尼龙袜，戴的是眼镜。在座的同志你们自己考虑考虑，从头到脚你们离不开文化交流，离了文化交流你现在的生活寸步难行。你出去骑自行车，这不是交流来的？坐汽车，不是交流来的？我眼前摆的这些玩意儿，什么扩音器之类，不都是交流来的吗？我说文化交流从人类一开始就有，而且是离不开。现在好多东西，我们不考虑则已，一考虑就这样子，从头顶到脚底都是交流来的。比方我们现在吃面包，喝啤酒，大家知道啤酒这个字不是中国字，我们抽纸烟，烟也不是中国固有的；喝咖啡，坐沙发，喝可乐，这不都是交流的？哪个是我们的？有些东西同志们不知道它，比方胡萝卜，大家一听"胡萝卜"，这个"胡"字就说明这不是中国的。拉胡琴，"胡"是外国的，吃洋葱，吃西红柿，洋柿子，这大家都知道。同志们吃的菠菜，天天吃，你知道这菠菜是哪国来的？这菠菜"菠"的本身就是音译，不是意译。它叫菠薐，菠薐菜，是印度、尼泊尔那一带产生的。你只要追究起来，我们的生活离不开交流。那我们的想法是不是也有交流来的呢？咱们以后再谈这个问题。

我刚才讲了我们拿来了外国的物质的东西，当然也不是说，我们都学外国，我们中国什么东西都没有了，那是哪么回事呢？大家知道中国的四大发明，这个纸是中国先发明的，当然后来人家改进了，是不是？火药，是不是？罗盘，是不是？那多了。另外，我们的丝，我们的茶叶，我们的印刷术，那多极了。所以说中国是很伟大的民族，我们对世界文化，对世界文明，做了很大的贡献，这个什么时候你也不能忘掉，外国人也不能不承认。可另外一方面，我们也接受别的国家的，所以这才是交流，如果光抄别人的，那不叫交流，如果光给别人，也不叫交流。所以现在哪个民族也不能讲，这个文化是我们这一个民族创造的。哪个民族也不能这么讲。如果这么讲的话，只有法西斯，德国法西斯，希特勒，他们讲。他们是什么 Nordic 人种，那种人是世界文化的创造者，我们这种人是文化的破坏者。法西斯是骗子，是疯子。脑筋正常的人是不会那么讲的。世界民族，不论大小，都对人类共同文化做出了贡献，当然贡献不完全一样。

我刚才讲了，中华民族是一个很伟大的民族，我们有很伟大的贡献，这个你不能否认。最初，文化交流大概由于交通工具和地理知识限制，有限度。过去石器时代，你出去走路能走多远呢？可是随着历史的前进，交通工具一天比一天好，是不是？我曾经开玩笑，我说唐僧取经，从中国到印度，走了3年，现在5个小时到印度，唐僧当时他能相信吗？没人相信。地理知识一天一天扩大，因此，交流也就一天比一天频繁，越来越频繁，所以现在我们这个交流快得不得了。平常我对这个事情不大注意，前几年我看见的是喇叭裤，下边一大块；现在我一看没了，又瘦又尖，成了牛仔裤了。这怎么来的呢？喇叭裤不是中国的发明创造，牛仔裤也不是中国的发明创造，都是外国来的，而且变得很快。穿衣服恐怕变得最快，特别在我们这些青年同志身上最快,我们这些老头子看不出来了,反正几十年一贯制。我的意思就是说,历史越往前进,交流越频繁,交流内容越深刻、越多。

那么我们现在看看,古代的我想不讲它了,就是从鸦片战争以后,从1840年以后,我们中国近代史开始,我们这个国家同外国的来往,究竟是个什么情况呢?因为这个跟我们以后讲的有关系。所以必须说一说。我们现在讲中国近代史,有一本书,一个洋人写的,叫《剑桥中国晚清史》,他讲了一句:中国近代史,就是从鸦片战争以后,"从根本上说,是一场最广义的文化冲突"。文化冲突,中国文化和西洋文化的冲突,这是讲历史的内容。当然他这个意见,不是他一个人讲的,说这话的很多。就说我们近代史,不管是政治方面、经济方面,都体现了东西两种文化的冲突。陈独秀他也讲过:"欧洲输入之文化与吾华固有之文化,其根本性质极端相反。数百年来,吾国扰扰不安之象,其由此两种文化相接触相冲突者,盖十之八九。"陈独秀最初是写文言文的。他的意思就是说中国文化跟西方文化不一样,很不一样。他这个"数百年来",就不限于鸦片战争以后了,甚至可能包括明朝末年,什么利马窦、南怀仁那一批人到中国来,结果弄得我们国家扰扰不安,老出事,是不是啊?出事原因,他就说是两种文化相接触、相冲突,结果产生了这么一种后果,社会搞得不安,看来他的这种意见恐怕还是对的。

我们研究中国近代史,过去我们总是以阶级斗争为纲,阶级斗争也是存在的,不能否认,是不是?可是你以文化冲突做一条线,也未始不可。用这一条线来研究中国近代史,也有道理。不论经济、政治，是不是？用我们的近代史从1840年鸦片战争开始，后来太平天国，后来什么甲午战争，什么各种各样的动荡，这是从政治上来讲，都是两种文化冲突的结果。从经济上来讲，我们旧的那种自给自足的农村自然经济被欧洲的商品经济给破坏了。我这个年龄的人，年轻时候还感（受）到了它的破坏。原来我们在家乡吃白面都是自己用磨来推的，弄一头牛、一头驴来推磨；穿衣服是自己织的布。后来我们叫"洋面"，现在叫面粉，就不是中国面，而是机器大生产的结果，这种洋面慢慢地、慢慢地就把农村那个面压倒了。农村的织布机现在根本就没了，早就没了，在我小的时候，10岁的时候还有。所以说中国经济，农村那种自然经济被欧洲的资本主义的经济破坏了，对农民的生活产生了很大的影响，这个也是东西方两种文化冲突的结果。思想上也可以看出来，有两种文化的冲突。我们讲中国近代史，实际上还可以再远一点，从明末讲起，像陈独秀讲的这个"数百年来"，就是东西方两种文化冲突造成了，构成了我们中国的近代以前一直到近代的历史。就是这么个情况。那么我们讲近代史也可以是讲近代史里边的东西方文化又冲突又汇合的一种表现——文化交流。

文化交流在这里边是一种什么情况呢？从1840年到现在146年，就算150年吧，是一个什么情况呢？实际上讲到五四运动就可以了，因为五四运动以后是另外一码事了。也可以说是从1840年到1919年，这样的话就是80年。80年从文化交流的情况来看，有这样几个问题。你讲文化交流，交流的内容是什么东西呢？我看了一些材料，三分法占主导地位，一直到今天仍然如此。

有一个人，是19世纪下半叶的，叫曾康，他写了一本书，叫《翼教丛编》。他是拥护孔教的，翼教，教也者，指孔老夫子之教也。他当时是比较右的、比较落后的这么一个人。他是从什么地方讲的呢？"变夷之议，始于言技。继之以言政，益之以言教，而君臣父子夫妇之纲，荡然尽矣。""变夷"，就拿中国来把外国人改变。他分三个层次，一个是"技巧"，技工的"技"，这是第一个层次；第二个层次是政，政治的"政"，他指的是政治制度，跟技巧不一样了；第三个是教，不是教育，而是教化，是上层建筑的东西。分三个层次"技、政、教"，从物质的一直到精神的，中间经过政治制度。到了1916年，陈独秀写了一篇文章，叫《吾人最后之觉悟》。1916年，那时候还没有五四运动，五四运动是1919年。他这里边也分了三个层次，第一个叫"学术"，学术指的是这些东西：西教、西器、火器、历法、制械、练兵。历法是从前的皇历，现在咱们的月份牌。这第一个层次，叫学术，学术意思就包括这些东西；第二个层次叫"政治"，指的是政府的制度；第三个层次叫"伦理"，就是自由、平等、独立，也是属于精神方面的东西。他这三个层次跟曾康基本一样，从物质最后到精神，都是这个样子。到了1922年，梁启超写了一篇文章，叫《五十年中国进化概论》，他怎么讲的呢？他说近50年来中国人渐渐知道自己的不足。他的意思就是说，50年以前，从1922年算起，50年以前，中国人对自己的不足不知道，大概从1870年算起吧，渐渐知道自己的不足。他感觉到中国跟西方交流分三个时期，也是三个层次。第一个叫器物，瓷器的"器"，物质的"物",就是物质的东西;第二个叫制度,意思一样;第三个叫文化根本。你看梁启超也是分三个层次,而且内容跟曾康、陈独秀一样。

他们三个人都是从物质到精神。这说明什么呢?就说明我们在鸦片战争以后,同西方来往,同西方进行文化交流,大概就是这么三个层次。从物质到精神,从低级到高级。这个意见看起来是能够成立的。什么原因呢?因为我们现在看一看,中国同别的国家文化交流的历史多极了。中国同印度、朝鲜、越南交流,同日本、美国、英国、德国也都交流。大概一般讲起来,开始总是从物质开始,而不是精神的。物质,比方说吃的东西、喝的东西、穿的东西,这个很具体。拿来以后就能吃、能用。我现在还想给同志们讲一个我自己正在搞的课题。我们现在吃糖、白糖、红糖,这糖不知同志们考虑过没有,每个人天天吃,可是糖的背后有人类一部很复杂的文化交流的历史。咱们中国过去不吃白糖,有甘蔗,没有白糖。最初我们叫糖的东西,在汉朝是关东糖,麦芽做的。糖是物质的东西,这物质的东西一旦产生、一旦制造出来,它就流遍全世界,因为每个人吃糖(后)都很满意,很甜、很舒服,很容易学,也用不着思想斗争。我的意思就是说,文化交流开始的时候一般说总是从物质开始的。因此这个三分法是有道理的,为什么三个人都一样,是不是抄袭?不知道,也许是独立思考,达到的结论都一样。这三个人一点没区别,就说明这个东西是接近真理的。

到了现在,我们这儿还有研究这个问题的。我刚才说的庞朴同志,上面我谈到他在《中国社会科学》上写了一篇文章，叫《文化结构与近代中国》。庞朴同志分析这个问题，也是分了三个层次。他叫什么呢？他第一个叫物的部分，事物的"物"。物的部分指的什么东西呢？他讲物的部分就是指的马克思称之为"第二自然"的（东西）。这是第二自然，不是第一自然，就是对象化的劳动，就是用劳动制造什么东西。对象化的劳动，指物的部分。这是第一。第二个层次是心物结合的部分。心和物结合，这里边指的什么东西呢？指的就是自然和社会的理论，社会组织制度，等等。第三个层次呢，是心的部分。物、心物、心，这么三个层次。心的部分，叫核心层，指核心，最中间的，这里指的什么东西呢？这里指的价值观念、思维方式、审美趣味、道德情操、宗教情绪、民族性格等等，这是心的部分。他这三个层次跟上边讲的也一样，从物到心，中间有一个过渡，过渡就是制度，上边几个人都讲的是制度。这是文化交流的内容方面，有这么三个层次。大概第一个层次最容易交流，这是没问题的。同时，这三个层次还代表三个时期，就是从1840年到1919年，这80年中间，这三个层次代表了三个时期。这物的部分呢？就是自鸦片战争到洋务运动，到甲午战争。在这个阶段上，中国人就说"师夷之长技"。师，以他为老师，学习夷人。夷，外国人。学习外国人擅长的技术，船坚炮利，造大炮，造战船。第二个层次是第二个时期，就是甲午战争、戊戌变法、辛亥革命。戊戌变法，要改变这个制度，要搞君主立宪，这是制度嘛！辛亥革命大家也知道，它也有它追求的政治上的理想，就是废除君主制度。这是第二个层次。第三个层次呢？心的部分，就是我刚才说的价值观念、思维方式等等等等，这是从辛亥革命到1919年五四运动。

五四运动是在文化深层进行反思,现在不是有一个名词,一个常用词吗?叫作反思,自己来思考。五四运动是最清楚的了,当时讲的五四运动要两种东西,一种德先生——德谟克拉西——民主。一种赛先生——赛因斯——科学。要民主,要科学。反思,怎么反思呢?就是我们过去没有民主,反思的结果要这个东西。所以我看这个说法是有道理的。文化交流的三个层次,三个层次代表三个阶段,就说明我们清朝末年的中国人一直到民国以后的中国人,都在那儿考虑这个问题,向外国人学习什么东西,考虑结果就这么三个阶段。一个阶段比一个阶段提高,发展是非常自然的。

刚才我介绍了几个文化交流内容的三分法,还有另外一些三分法,如周一良同志在《光明日报》1986年6月24日"史学"上写过一篇文章,叫《我对中外文化交流史的几点看法》。他也是三分法,不过他这个三分法跟前面说的几个不一样。他分三个层次,第一个叫狭义的文化,狭义的文化指的哲学、文学、美术、音乐以至宗教等,主要是与精神文明有关的东西,这叫狭义的文化。第二个叫广义的文化,指政治、经济。政治指典章制制度,经济指生产交换,以及衣食住行,婚丧嫁娶、风俗。里边包括生产工具、服饰、房屋、饮食、车船等生活用具,这叫广义的文化。第三个叫深义的文化。狭、广、深,三个层次。深义的文化是在狭义、广义互不相干的领域中进一步综合、概括、集中、提炼、抽象、升华,得出一种共同的东西,一个民族文化中最为本质、最有特征的东西。他举了个例子,拿日本来讲,说日本喜欢苦涩、闲寂、简单、质朴、纤细、含蓄、古雅、引而不发、不事雕饰。周一良同志发表在

《光明日报》上的文章讲的也是三分法。除了这些之外，也有四分法，台湾有一个学者叫余英时，他把文化交流分为四个层次，第一个层次是物质，这跟三分法一样；第二个是制度，也跟三分法一样；第三个层次是风俗习惯；第四个层次是思想与价值。好像是第一等于三分法第一，第二等于三分法第二，第三、第四等于三分法第三，好像是这么一种情况。

现在跟同志们谈几个问题，就是在19世纪后半叶到20世纪初叶，跟文化交流有关系的有三个问题。当时人们感觉到不向外国学习不行了。他们虽有这个感觉，但总是认为，向外国学习，只能学习物质的东西，精神的东西还是中国的好。他们思想向外国学，但总还放不下架子，总还想"精神胜利"。因此就产生了三个问题。

第一个叫本末问题。中国四书中的《大学》有这么几句话：物有本末，事有终始，知所先后，则近道矣。总的意思就是说：物有本，有末。本是根本，末是末梢。这个问题什么意思呢？"德者本也，财者末也。"伦理道德是本；财，物质的东西是末。他们这个意思无非是说，西洋的东西是末。当时最羡慕的是船坚炮利，为什么船坚炮利呢？因为跟洋鬼子打仗打不过他们老吃亏，后来就感觉到，说他那个船比我们厉害，他那个炮比我们厉害，我们首先学这些东西，非学不行，因为咱们那个大刀片打不过洋枪洋炮。可是他们认为这是末。本是道德，我们中华帝国虽然末不如你，可是道德比你高，实际上反映的是"精神胜利"。他们这一个本末，中国为本，西方为末。后来郭嵩焘，同志们知道他是晚清时候一个比较著名的外交家，他有他的看法，他说：西洋立国，有本有末。他说西洋人家本国也有本有末。什么叫本呢？什么叫末呢？其本，在朝廷政教、政治教化；其末，在商贾做生意、造船、制器，这是他们的末。郭嵩焘的看法比一般好像要高了一层。一般认为，西方没有本，只有末，他们不知道别的，只知道船坚炮利，能造得好船，铸得好炮。郭嵩焘呢？他说人家也有本有末。这个问题就是我刚才说的，它反映了什么呢？就反映了当时清朝有那么一批官僚，他们感觉到非向西方学习不行，可是心又不甘，不甘心，所以只好说：我是本，你是末。鲁迅讲的阿Q精神就是这类的东西。

第二个体用问题，一个体，一个用，跟上边那个差不多。体是主体，这个很清楚，中学为体，西学为用。说我们中国的文化、教育、学术，这是体，这是基本的。说你们那套东西不是体，而是用，是为我所用的。这个体用问题大概同志们知道，在19世纪鸦片战争以后，在清朝一些官僚中间，有过长期的争论。长期争论的结果大体上还是中学为体，西学为用。它反映的情况跟第一个差不多，不得不学，可又不甘心学，不敢于承认自己不行，结果我是为体，你是为用。严复，同志们知道严又陵，翻译《天演论》的，他对这个有点意见，他讽刺了。他怎么讲呢？他说"有牛之体，则有负重之用"。说有牛这个体，用来负重，可以驮重东西。"有马之体，然后有致远之用"就是说可以骑着马到很远的地方去。这是它的用，这个不成问题。他说"未闻以牛为体以马为用者也"。他这个话讲得很俏皮，他是反对那个想法的。他说你以中国为体，以西方为用。你以牛为体，以马为用，是不可能的。马有马的用，马有马的体；牛有牛的用，牛也有牛的体。总而言之，这个问题也体现了当时官僚们的思想活动。现在这个问题还在那儿提,我听说李泽厚同志就讲,以西学为体,以中学为用,发表在《群言》上。是不是在《群言》上发表过?(好像发表过)我没看过他的文章。他讲西学为体,中学为用,有些人起来纷纷反对。这是与文化交流有关的第二个问题,叫体用问题。

第三个问题夷夏问题。夷是洋人,夏天的"夏"是中华民族,外国人和中华民族的关系问题。这个也很简单,怎么叫夷夏问题呢?魏源是当时一个思想很解放的,也可以说是先进人物吧,他有一部书叫《海国图志》,是在鸦片战争前后写出来的,很大一本。同志们有兴趣翻翻这部书,非常有意思。当时19世纪中叶距今一百四五十年前,他介绍了外国的好多东西,有些方面,我想我们今天还未达到这个水平。他介绍了好多书,好多情况,说美国跟中国通商,美国一年赚多少钱,输出多少东西,输入多少东西,都写得清清楚楚。现在如你要想了解这些情况,可能还有困难。我们与美国经济关系那么密切,可是有些数字,我是不知道的,也许搞经济的同志知道。当时19世纪中叶,那时候一些先进人物写了好多书介绍外国,都是非常详细的,包括地理、经济等各个方面。他们把英国的船只,包括多少战舰,都写得详详细细。魏源这本《海国图志》非常有趣,他这个人应该说是一个很开明、很先进的人物,可是他主张什么呢?他主张我们跟外国文化交流"以夷治夷"。同志们知道这个词。鲁迅写文章有时也讲到"以夷治夷",用外国人治外国人,打外国人的牌。这夷夏问题就是这么个问题,究竟是夷——外国人改变中国呢?还是中国人改变外国,以夏变夷,用中国来改变外国。他们主张什么呢?他们主张说：我们学习外国的东西，可以学习，而且非学习不行，船坚炮利；可是我们不能让它把我们化过去，说伦常名教，中国的伦常名教是不能变的。

以上这些问题都是很复杂的问题，什么本末问题呀，体用问题呀，夷夏问题呀，因为时间关系，我只能给同志们在这里简单讲讲内容。虽然这三个问题名字听起来不一样，实际上表现的心情则是一致的，就是要学习，而又不甘心。我们天朝大国，我们有我们的好东西，就是学你们，你们也没有什么了不起。

当年有一个英国女王不是伊丽莎白二世，而是伊丽莎白一世，她在位时正是明朝末年。当时伊丽莎白一世写了一封信给中国明朝的皇帝万岁，目的是要求通商。英国是殖民主义国家，它要通商。这位英国女王说是没得到答复，当然没得到答复了。当时那个皇帝，他是天朝大国，中华帝国，地球的中心，一点也瞧不起英国。从前流传着很多笑话。外国人来要求通商，我们天朝大国皇帝不懂，大臣也不懂，一定说人家来进贡。到了北京的话，一定要洋人三跪九叩。那洋人是不磕头的，可是到了北京，不三跪九叩就不行，闹了很多笑话，多极了。这就说明鸦片战争以后，实际上我们力量已经不行了，可是天朝大国的架子放不下来，而且很愚昧，世界什么情况都根本不懂，一点不懂，出了很多笑话。实际上本末问题，体用问题，夷夏问题，都跟这个类似。当时有一些人是出过国的，如郭嵩焘，他就出过国，他不是土包子。可是到了外国看一看，看的也不是根本。不过当时还有一部分人，脑筋比较清楚。怎么叫脑子比较清楚呢？他们认为西洋除了船坚炮利之外，还有一些东西值得我们学习，所以西洋不光有物质的东西，不光是第一个层次。这在当时就不得了了。如康有为就讲过，他说欧洲对人民实行仁政。我们今天看，当然也不会真正是仁政，康有为看的也不对了。他又说："法律明备。"意思是说欧洲法律很明确，很完备。"政治修饬"，政治很好。"彬彬矞矞，光明妙严工艺之精美，政律之修明，此新世之文明乎！诚我国所未逮殆矣。"意思就是说，在欧洲政治、法律、社会风气都很好，我们中国赶不上的。他甚至这样讲，我们应该"折节而师之矣"。我们应该把人家当老师。所以说康有为这个人毕竟还是有脑筋的。当然除他之外，也有别人，刚才讲的郭嵩焘，还有薛福成等人。郭嵩焘这个人有他不清楚的一面，糊涂的一面，也有他清楚的一面。薛福成在他的日记《出使英、法、意、比四国日记》里面，光绪十六年三月十三日，他写道："郭筠仙侍郎（就是郭嵩焘，他回来当侍郎啦，是副部长），每叹羡西洋国政、民风之美。"在外国当了几年公使，回国以后老讲，西洋的国政、民风非常美。"至为清议之士所觚排。"他这么讲话，当时好多人骂他。用"四人帮"的名词，就是里通外国、崇洋媚外。大概郭嵩焘也被扣上了这么些个帽子。另外还有个李圭，他在《环游地球新录》这一本书中说到机器造纸。他讲造纸本来是中国发明的，可是机器造纸是西方搞的，所以造的纸非常好。另外他还讲那些人都非常之敏捷、爽快、通达、不执滞。常看他们做事，头绪纷繁，问题很多，可是一转瞬间，就把一切问题都弄好了。可见李圭对欧美人也是赞美的。不多举例子了。这些例子说明什么呢？就说明19世纪后半叶，就在那三个层次中三个问题本末问题、夷夏问题、体用问题闹得乌烟瘴气的时候，当时还有不少人脑筋是比较清楚的。他们说洋人好的地方，不仅是船坚炮利，人家的风俗习惯，办事的效率、法律也比我们强，不是都糊涂的。

现在，我想既然讲到这地方，我想是不是讲一讲东西方文化究竟有什么差别。这个问题也是一个大问题，光讲这个问题，恐怕半天也讲不完。东西方文化，大家都感到有差别。为什么讲这个问题呢？要不讲这个问题的话，我们下边讲我们拿来，究竟拿什么东西呢？拿来，拿好的啦，是不是？我们好的东西要发扬，我们不足的地方要改正，要拿外国的好东西来。当然要分清楚东西方优点何在？差别何在？关于这问题文章多得不得了。有一些我就不讲了，我只举一个例子，就是李大钊同志。李大钊讲过东西方的差别，严复也讲过差别。同志们要看的话，可以看民盟中央出的一个刊物叫《群言》。《群言》就是大家来说话，是1986年第5期，上面我写了一篇短的文章，叫《交光互影的中外文化交流》，我在那里引了严复他对中国跟西方究竟有什么差别，在这里我就不讲了，可以看一看那篇文章。现在我讲一讲李大钊同志。他讲东西文明有根本不同之点，首先是根本不同，东洋文明主静，西洋文明主动，一个动，一个静，这是一点。东方是为自然的，西方是人为的；东方是安息的，西方是战争的；东方是消极的，西方是积极的；东方是依赖的，西方是独立的；东方是苟安的，西方是突进的；东方是因袭的，西方是创造的；东方是保守的，西方是进步的；东方是直觉的，西方是理智的；东方是空想的，西方是体验的；东方是艺术的，西方是科学的；东方是精神的，西方是物质的；东方是灵的，西方是肉的；东方是向天的，西方是立地的；东方是自然支配人间的，西方是人间征服自然的。李大钊同志举了这么多差别，严复也讲了很多。总之是东西方文明不一样。这些意见是不是都是正确呢？也不一定。刚才一开始我讲20年代讲到东西方文化及其哲学，梁漱溟老先生他有他的看法，甚至印度泰戈尔，那个大诗人，也有他的看法，我说不一定都正确。可是大体上，第一个我们得承认东西方有差别，第二个人家的好处我们要学习，我们的好处要发扬。李大钊同志的文章叫作《东西文明之根本异点》，就是根本不同的地方，同志们可以参考一下。他讲了很多，刚才念了一下。所以我想我们把东西文化中间的不同，把它搞清楚，对我们将来讲"拿来"有好处，要不然你不知道拿什么东西。

现在我就来讲我们的主题"拿来"，就是鲁迅的"拿来主义"。就是把外国的好东西"拿来"。究竟拿什么东西呢？我做了一点研究，我的意思就是这三个方面，这三个层次都要拿来。我现在就拿庞朴同志的三分法来看一看。庞朴同志讲的"物"的部分，这个当然我们要拿。刚才我们说的这咖啡、这沙发、这啤酒、这牛仔裤和喇叭裤，这一系列的东西，只要好的，我们都拿。这是第一部分，在物的部分里边，只要好的，我们都拿，而且这个比较容易。

有个很奇怪的现象，一个什么现象呢？最近才想到，就拿啤酒来讲，听说几年来，北京啤酒老是供应不上。别的地方也有这个问题。我就很奇怪，我小的时候，没人喝啤酒，我小的时候连西红柿都没有，现在这么流行。可前几年，听到好多人讲，啤酒的味道跟马尿一样。你说啤酒是怎么好，也不敢说，反正我喝啤酒时间也不少了，我一直到今天也不敢欣赏这啤酒，我也喝。特别是可口可乐，我更不知道优点何在。喝我也可以喝，反正不是毒药，我都敢喝。可是为什么前几年说啤酒是马尿，现在竟然供不应求，买不上呢？为什么原因呢？同志们可以研究研究，非常有趣。一般讲起来，人的口味不大容易改变，四川同志你不让他吃辣，恐怕很难；山西同志不让吃酸，也很难。可为什么啤酒就能征服我们，从"马尿"到供不应求，这究竟是什么心理，值得研究。

我在日本也有个观察。同志们知道日本过去吃大米，那现在呢？你到日本看得很清楚，老头还是喜欢吃大米，年轻人吃面包，什么热狗啊，他们都吃。咱们现在中国也有热狗了。日本热狗和面包多极了，都吃这个。有人还有理论，有什么理论呢？他说吃米的人长得个矮，吃面的长得大，个子高。而且还讲，从历史上来看，都是吃面的征服吃米的。各种"学说"都有。现在日本年轻人确实长得个子高。不过我们现在年轻人个子也高，现在中国人年轻人长高，也并不是什么遗传。同志们你想一想，我们社会上有好多父亲母亲不高，儿子女儿高得不得了。这个原因对我们来讲很简单，就是今天我们这个社会，确实对青年发育有好处，他思想负担没有了，父母打人的比较少了，物质条件好了，他的个子怎么不长呢？当然长了。在日本有人讲，他因为是吃面吃的，个子高了，他父亲祖父是吃米吃的，个子很矮。原因究竟何在？反正我觉得值得研究。口味问题非常有趣，特别是啤酒、可口可乐，我不理解，我也喝。你说让我赞美它，我也不赞美；我也不说它是马尿，也没那么严重。这都是闲话，总而言之，第一部分，物的部分，好的我们拿。

第二部分心物结合的，比方说制度，制度我们也可以学习。比方我们现在的全国人民代表大会、全国人民政治协商会议，这当然我们不是抄哪一国的，可是也不完全是中国的，我们发展了。现在我们公司里也有自己的管理制度；我们明确提出，我们的管理制度有的不好，我们要学习外国的。一般讲起来，最困难的是心的部分，精神的，这个最困难。在这一部分里我们拿什么来呢？比方说是价值观念，这个恐怕很难拿，思维方式，这个也很难拿。审美趣味，我看倒是不难拿的。刚才讲的，喇叭裤一来，全都是喇叭裤了；刷地一下子一变，又都是牛仔裤了。这不是审美趣味吗？有人告诉我今年流行的形式是金字塔式，是这样一个形式，颜色是黄的，我没到大街上去观察。据说审美观念每年都不一样。而且这审美观念好像在全世界有一个指挥棒，现在的指挥棒好像是法国。原来中国的指挥棒是上海。鲁迅讲这个讲得很有意思，他说，妇女的穿着，其指挥棒是在旧社会的妓女手中，只要她们一穿，别人都来学习了。我觉得审美趣味拿来并不难，一下子就改变了。道德情操，这就困难了；宗教情绪、民族性格、价值观念，我看改变这些，也很困难，下面还讲这个问题。

我们今天讲文化交流，讲文化发展的战略，不仅物的方面要拿，那不成问题，最重要的还是要拿第三个方面的价值观念、民族性格。在这些方面，我看得要改一改，不改的话，我们的社会主义建设、生产力发展就会很难，非常难。这里边就牵扯到鲁迅，同志们都知道，毛泽东同志给他非常高的评价，今年不是他逝世50周年吗？他是1936年去世的。这个人确实是了不起的人物，在中国历史上站得住的，革命家、思想家、文学家。可是有一个问题。一个什么问题呢？大家知道，在鲁迅的杂文中、在他的小说中，对我们中国的民族性，有很多的剖析、批判。比如《阿Q正传》，你说阿Q这个人物代表什么？代表"精神胜利"，他很愚昧。怎么叫"精神胜利"呢？鲁迅也有个解释，他说清朝时候，来了一个洋人，要见外交部部长，当时不叫外交部，叫总理各国事务衙门。进来以后，拍桌子瞪眼，拿着文明杖，要打人，结果我们跟他签了条约，出卖了国家利益，我们吃了苦头了。怎么办呢？你打仗打不过他，清朝的皇帝，慈禧、光绪，完全一批废物。怎么办呢？有办法。他走的时候不开正门，总理事务衙门不是有正门吗？只开旁门让他走。洋人反正是条约签了，经济利益拿到手了，走大门也行，走旁门也行，都不在乎。可是我们中国官僚们认为"胜利"了，你看我给他面子不好看，他失了面子，我得了面子。结果我们丢的土地，我们丢的金钱，哪个都不在话下。当然鲁迅攻击我们的民族性不只这一点，还有好多，比方说糊里糊涂、马马虎虎、办事不讲效率，有的人是伪君子等等。同志们，你们看他的小说对伪君子、道学家，批判得多么深刻。《肥皂》多么深刻呀！《肥皂》，同志们知道那篇小说，是不是？它对我们的假道学攻击得很厉害。大家有时候开玩笑，说鲁迅如果活到"文化大革命"，起码是个反动学术权威，他也得关牛棚，就因为他对中国有那么些意见和批评。他可能也被认为是崇洋媚外，因为他说洋鬼子有的地方比我们强。鲁迅讲我们吃东西，肉煮得太烂；吃牛肉还是应该刀子一下去，里边还有红的。这不是崇洋媚外吗？当然是大家开玩笑！鲁迅要是活到"文化大革命"，也没有多大岁数，可是今天我们怎么来看鲁迅这些意见呢？他提的我们民族性的缺点，今天怎么看呢？我自己看法，我觉得鲁迅是对的，没有错。

我们在社会上看到好多现象，就是党中央《决议》里边讲的严重的消极的东西，这跟鲁迅指出来的，并没有不同的地方。过去有一段时间讨论鲁迅的杂文，现在不是又提倡写杂文了吗？可是有一段时间，这个杂文不敢写。同志们想一想，当时有一阵子漫画很多，后来就批判了画漫画的，当时画漫画的同志都有这个经验，华君武同志等等。画漫画当然是指出的缺点多，这个都不行。鲁迅的杂文呢？反正现在过时了，已经过了五六十年了，算了，他在历史上有那么些功绩，他的杂文今天就没意义了，失掉意义了。我自己的看法是这样：鲁迅杂文从大的方面来讲，攻击两部分，一部分是攻击国民党反动派，那很多了，这个你可以说是过时了，因为国民党反动派跑了嘛。可他讲我们社会上一些消极现象，我们民族性格里边的一些消极的东西，一直到今天还有意义。我们现在好多不正之风，是不是跟这个有关系？我想讲点与这个有关的现象。

同志们，你们打开《参考消息》，外国人、华裔，基本上都反映我们服务态度不好。你们也不满意吧！特别是外地来的。我听说我们这次听课同志有49％是外地来的。同志们，你们到北京来，是不是在服务态度方面也碰过钉子？我想恐怕是要碰的，要不碰的话是不大符合规律的。你买东西，你问他，他不理你，你再问他，呲儿你。像民航，刚出了一个广州市委书记的事件。昨天我看《人民日报》又登了类似的东西。服务态度不好，究竟是什么原因？过去对服务态度我也不满意，现在我不大敢买东西，买东西多少得挨点呲儿，算了，我叫别人去买。后来我就分析，我说服务态度不好，是不是资本主义的东西呢？同志们大概你们都同意我的意见，（但这）绝对不是资本主义的东西，资本主义国家服务好得很。你到日本去看一看就知道了。他不敢不好，不好的话立刻就丢掉饭碗，他们服务态度非常好。那是不是封建主义的东西呢？坏的东西一个资本主义，一个封建主义。封建主义的东西也不是。我小的时候应该说是半殖民地半封建社会吧，那时候服务态度还是好的，包括在饭馆子里边，都很好。

那么我们现在这股邪气从哪儿来的呢？一不是资本主义，二不是封建主义。这股邪气，就是我们在建设社会主义社会的过程中，我们认为平均主义、大锅饭，就是社会主义，这就是根源。没有平均主义，没有大锅饭，服务态度就好得很，这是一个根源。还有一个根源，就是我们生产力不发展，好多现象，好多社会上的不正之风，都与生产力不发展有关系。我听说老百姓有个顺口溜，说有四种人你得巴结他，叫什么呢？叫"听诊器、方向盘、劳资干部、售货员"。听诊器是医生，医生你得巴结他，为什么呢？你泡蘑菇的话，弄个假条，他给你写，来了好药，他给你开，得巴结他。方向盘，是指司机，司机你惹不起，得巴结他。劳资干部，掌管人事，得巴结他。售货员，是商店里卖东西的，特别是卖日用品的，比方说豆腐，现在北京豆腐好买了，原来豆腐是很不好买的东西啊，你认识售货员的话，就买得着。现在又要分大白菜了，你要认识售货员，全是一级的，你要不认识的话，或者关系不好的话，他给你从中捣点鬼。所以我们好多社会不正之风，比方走后门，大家都讨厌走后门。买车票问题，你们现在要回去，恐怕就碰到买车票的问题了，要走后门，不走的话你就十分困难。这些都是生产力不发展的结果。国外就没有这种情况。你到日本去，别的国家我不清楚，我到日本、西德去的次数比较多一点，哪有买车票排队的？滑稽了。你打个电话票就给你送来了，他巴不得你坐车。你到商店买东西，售货员你巴结他？是他巴结你，给你鞠大躬，他希望你再来。饭馆子哪里用排队呀！我们这儿饭馆子现在我不知道，以前你要吃顿饭费劲儿极了，站在后边，看人家吃完，然后自己找一个座位，盘子、碗服务员也不拿，得你自己去拿。所以我们社会上好多不正之风，跟生产力不发展有直接联系。鲁迅攻击的我们民族的某些缺点也与此有关。我看鲁迅是满怀对中国民族的热爱，来提中国民族的弱点的，他不是幸灾乐祸。

最近我们讲巴金，我看巴金这个同志也了不起，他那个《随想录》我没看全，看了一点，那真是大实话。话是非常难听，可是现在大家认为，巴金这个人就是讲实话。有人说巴金代表了中国散文的第二个高潮。第一高潮是鲁迅，第二高潮是巴金。我觉得是完全对的。他们不是假洋鬼子，说我比你高一等，你怎么怎么不行，多少多少毛病，不是。他是把自己摆到一个中国人民一分子的位置上，恨铁不成钢。我觉得鲁迅的杂文，除了攻击国民党反动派那一部分外，因为国民党反动派已经完了，其余的我看都有用。

今天社会上还有好多消极的东西。而且我讲一句很不好听的话，有的还有发展，比鲁迅那时候还严重。这个你不正视行吗？不正视，我们这个社会主义，有中国特色的社会主义怎么建设呢？生产力怎么发展呢？大家放下筷子骂娘，怎么能发展生产力呢？关于鲁迅，有人好像有这个意思，说鲁迅只看到中国民族的弱点，而中国民族的优点则没看到，这不是事实。鲁迅文章本身就讲过，鲁迅有一篇文章叫《中国人失掉自信力了吗？》，他在文章里讲的东西大概同志们都熟悉的，他这里边就讲到中国民族的优点。这是在《鲁迅全集》第六卷《且介亭杂文》里边的。他说：

> 我们从古以来，就有埋头苦干的人，有拼命硬干的人，有为民请命的人，有舍命求法的人……虽然是等于为帝王将相作家谱的所谓"正史"，也往往掩不住他们的光耀，这就是中国的脊梁。

有这么一些人，这些人一直到今天，还是了不起的。我们历史上不是没有。所以中国人的优点，鲁迅并没有没看着，说鲁迅光看到中国人民的弱点，没看到中国人民的优点，这不是事实。最近我看了些文章，其中有几个谈到中国国民性的一些问题。比方说有一篇文章是隋启仁同志写的，他说要改变封建主义的"门第观念"、"等级观念"、"资历观念"、"身份观念"，人身依附的关系、人治、封闭性、保守性、求稳不变。我们恐怕得承认有这个情况。同这些情况相对的资产阶级的观念，是平等观念、独立人格、法治、开放、冒险、标新立异等。他们要求改革嘛！我们是封闭、保守、求稳不变，这样怎么能改革呢？因此我们现在讲文化发展战略问题，讲文化交流，讲向外国学习，我们一方面应看到我们中国的好的方面，就是鲁迅讲的中国的脊梁，这个我们不能丢，无论如何也不能丢，要大胆发扬。另外一方面，要看到我们的弱点，在心理素质、价值观念方面，我们有弱点，刚才我举了好多例子。我再举一个例子。当年"九一八"，老的同志知道，"九一八"日本侵略中国，国民党反动派蒋介石不抵抗，他打日本打不了，他也不敢打。为什么呢？他认为日本的危害还不如江西苏区，他要先消灭红军，于是就对敌屈服。怎么办呢？日本进来了，一下子占了我们这么一大片土地。当时国民党的想法，就是依靠国联。国联就等于今天的联合国。依靠的逻辑是什么逻辑呢，说是我们中国是弱国，你强国侵侮弱国，不合我们中国的伦理道德，你这国联得主持正义啊。蒋介石他这么讲，根子里边是想先消灭红军，向日本人投降，可嘴里却是这么讲的。可当时中国老百姓接受这个东西。我们的伦理概念跟西方不一样，西方是优胜劣败，竞争，弱肉强食，谁软弱谁倒霉，该打倒，人家的伦理是这么个伦理。可是我们当时，蒋介石心里有鬼，我们老百姓的思想有那么个包袱，按中国的伦理纲常，大的欺侮小的，是不对的。鲁迅讲这叫隔膜，隔膜就是我们不懂国联，国联都是外国人、欧洲人，我们不懂他们的想法。结果有什么用呀，日本不是把东三省占了吗？还有一个事情，这是我自己亲眼见到的。我在德国住了多年，小孩子打架很少见。有一次就在我窗子下面两个小孩子打架了，一个高的十五六岁，一个小的七八岁。我当时脑筋里立刻就想：你怎么大的欺负小的呢？这是我的伦理概念，不行啊！大的欺负小的不对呀！可是两个小孩子打了起来，周围围了一群大人在那儿观战，没有一个出来主持正义的。结果小的不行，差远了，一下子被打倒了，躺在地上挨了几巴掌，（被）打得挺厉害。可是他站了起来，哈哈大笑。这日耳曼民族，有他们的狂气。他还接着跟这个大孩子干，大概被打倒了好几次，最后我对门住的一个老太太，拿了一盆水，往人堆里一泼，大人小孩每人弄了一身水，散开了，走了。后来我一想这不对，人家在德国，不论谁跟谁打仗，反正谁胳膊粗，谁有劲，谁就是胜利者，这就是人家的道德观念，我们认为大的不能欺负小的，这是我们的道德观念。因此我们今天的伦理道德、价值观念，其中有一些是要改变一下的，不变不行。跟洋人打交道，你就得讲竞争。

在国内我们也得讲竞争，是不是？哪个工厂不行，就破产，现在《破产法》不是要通过吗？我是赞成这个的。你不行就让别人，这个道理很容易理解。总而言之，我们现在这个伦理道德、心理素质、价值观念，对于一些事物的判断，不改不行，特别是时间观念、效率观念，非讲不行。刚才我讲过，世界上的人都怕时间，而时间却怕东方人。咱们平常浪费了多少时间呀？是不是？这样行吗？一个人一辈子60万个小时，而且现在是三年等于石器时代的3000年的时代，这么一个世界情况，如果我们还是慢慢腾腾，还是老的东西，那不行的，我们生产力发展不了。总而言之，我的意思就是要讲文化交流，要讲文化发展战略，我们就要向别的国家好的地方学习，最容易学的我们都学了，啤酒也喝了、沙发也坐了，可是我们得学最难的。就是我们的价值观念、思想方式，不能马马虎虎，得把弱点克服，要不克服的话，我们的生产力就发展不了。生产力发展不了的话，社会主义建起来就困难了。那么有的同志可能要问了：啤酒很容易拿来，不用劝我们也喝了。有些东西，我们认为是我们的缺点，认为是别的民族的一些优点，这个怎么拿来呢？这个问题非常不容易解决。我引两个人的话，一个人是梁启超，他这样讲："要拿旧心理运用新制度，决计不可能。"他讲的是心理，用旧心理运用新制度，办不到的。要运用新制度，得把旧心理改成新心理。鲁迅有一句话："人不能自成为新人，文艺不能自成为新文艺。"总而言之一句话，我们要拿比较难拿的。

怎么去拿呢？这个问题恐怕不是一年两年、十年八年能够改变的。中共中央的决议里边，建设精神文明里边恐怕也有这层意思，恐怕要用很长的时间。首先我们得承认我们有这个缺点，首先我们得承认要建设社会主义，首先就要发展生产力，这些东西不去掉，生产力发展不了。我们得承认，不承认的话，认为我们这些东西都好得很，那怎么能变呢？那还是"用夏变夷"，用我们这套国粹来改变人家，那不行的。第一个要承认，第二个要反思，反复思考，自己思考，思考怎么办，是不是？比方思想改造，现在这个词大家不大用了，不过我自己认为，思想还是要改造的，每个人都要改造。现在世界上日新月异，我们思想如果停留不变，将来一定是要落伍的。特别是我们老年人，现在我跟年轻同志谈话，就发现年轻人有股锐气，看问题敏锐，保守东西少。比方拿文艺界来讲，新名词很多，有一些人就反对，说怎么现在写文艺批评全是新名词。我是不是赞成说是新名词都好呢？也不是的。无论如何，我们要承认，年轻人容易接受新事物，老年人就不大容易接受。要反思的话，老年人恐怕更要反思，我也在内，我并不例外，我并不比别人高明。只有这样，然后才能通过实践，我们的想法才能慢慢改变。比方说当厂长的，优胜劣败嘛！厂长，谁要能把厂办好，经济效益高，团结同志好，他就当厂长，不然的话就下台。这不是实践吗？我们是唯物主义者，先有存在然后才有意识。将来类似这样的实践情况还会多得很。我想只有这样，持之以恒，坚持不懈，我们能够改变我们过去一些消极的东西，同时发扬我们积极的东西。

我再着重说一句：我们要拿来的是第三个层次里的东西，属于心的东西。我们要改变我们的一些心理素质、价值观念、思想方法等等。但这绝不是什么"全盘西化"。这只是以我为主，把对我们有用的东西"拿来"，无用的糟粕坚决拒绝。"全盘西化"，理论上讲不通，事实上办不到。

同志们，我讲的话是一家言，放言高论，跟同志们不讲假话，可能有不正确的地方，我自己当然认为正确，请同志们讨论，谢谢大家。

1987年3月7日

传统文化与现代化

先声明一句：对于"文化"的含义的理解五花八门。我在这里所说的"文化"是广义的文化，包括人类创造的物质和精神两个方面的一切优秀的东西。

传统文化代表文化的民族性，现代化代表文化的时代性。二者都是客观存在（的），是否定不掉的。二者之间的关系是矛盾统一，既相反，又相承。历史上所谓现代化，是指当时的"现代"，也可以叫作时代化。

所谓现代化或者时代化，必须有一个标准，这就是当时世界上在文化发展方面已经达到的最高水平。既然讲到世界水平，那就不再是一个国家或一个民族的事情。因此，不管哪一个时代、哪一个国家的现代化，总是同文化交流分不开的。文化交流是人类历史上以及现在人类最重要的活动之一。现代化或者时代化一个最重要的内容就是进行文化交流，大力吸收外来的文化，加以批判接受。对于传统文化，也要批判继承，二者都不能原封不动。原封不动就失去生命活力，人类和任何动物植物失去了生命活力，就不能继续生存。

在历史上，任何时代、任何正常发展的国家都努力去解决传统文化与现代化的矛盾。这一个矛盾解决好了，达到暂时的统一，文化就能得到进一步的发展，国家的社会生产力也会得到进一步的发展，经济就能繁荣。解决不好，则两败俱伤。只顾前者则流于僵化保守；只顾后者则将成为邯郸学步，旧的忘了，新的不会。

中国历史上的事实可以充分证明上述的看法。试以汉代为例。汉武帝在位期间是汉代国力达到顶峰的时代。在政治方面和经济方面都有辉煌的成就。在文化思想方面，董仲舒的"罢黜百家，独尊儒术"，可以说是保存传统文化的一种办法。但是当时的人们并没有仅仅对儒家思想抱残守缺，死死抱住不放，而是放眼世界，大量吸收外来的东西。从那时候起，许多外国的动物、植物、矿物，以及其他产品从西域源源传入中华，比如葡萄、胡瓜、胡豆、胡麻、胡桃、胡葱、胡蒜、石榴、胡椒、苜蓿、骆驼、汗血马、璧流离，等等。西域文化，比如音乐、雕刻等也陆续传入。稍晚一点，佛教也传了进来。另一方面，中国的丝和丝织品也沿着丝绸之路传到了中亚和欧洲。总之，汉武帝及其以后的长时间中，一方面发扬传统文化，一方面大搞"时代化"。尽管当时不会有什么时代化或现代化之类的概念，人们也许根本没有意识到他们是在进行这样伟大的事业；但是他们确实这样做了，而且取得了辉煌的成果。历史的辩证法就是如此。文化交流大大地促进了汉代文化的发展，也促进了国际上文化的发展。汉武帝前后的时代遂成为中国历史上最光辉灿烂的时代之一。

我再举唐代做一个例子。李唐的家世虽然可能与少数民族有某一些联系，但是几个著名的皇帝，特别是唐太宗，对保护中华民族、主要是汉族的传统文化做了大量的工作。文学、艺术、书法、绘画、哲学、宗教等文化的各个方面都得到了可喜的发展。中华文化还大量向外国输出，日本是一个显著的例子。唐太宗本人，武功显赫，文治辉煌。他是政治家、军事家，又是书法家和诗人。贞观时代，留居长安的外国人数量极大。他们带来了各自国家的物质和精神文化，又带回中国文化。盛唐时期遂成为中国历史上最兴盛的时期之一，长安成为当时世界上第一大都会，唐王朝成为经济最发达、力量最雄厚的国家。

例子还可以举出一些来，但是这两个已经够了。这一些例子透露了一条规律：在中国历史上，凡是国力强盛时，对外文化交流，也可以叫作时代化，就进行得频繁而有生气；这反过来又促进了本国社会生产力的发展，使国力更加强盛。凡是国力衰竭时，就闭关自守，不敢进行文化交流；这反过来更促成了国力的萎缩。打一个也许不太确切的比方：健康的人，只要有营养，什么东西都敢吃，结果他变得更加健康；患了胃病或者自以为有病的人，终日愁眉苦脸，哼哼唧唧，嘀嘀咕咕，这也不敢吃，那也不敢动，结果无病生病，有病加病，陷入困境，不能自拔。

清朝末年，被外国殖民主义者撞开了大门，有识之士意识到，不开放，不交流，则国家必无前途；保守者则大惊失色，决定死抱住国粹不放，决不允许时代化。当时许多有名的争论，什么夷夏之辨，什么体用之争，又是什么本末之分，都与此有关。这是一个国家似醒非醒时的一种反映，其中也包含着传统文化与现代化的斗争。以后经历了民国、军阀混战、国民党统治等混乱的时期，终于迎来了中华人民共和国成立。

在新中国成立初期，我们的国家是健康的。对于传统文化不一概抹杀，对于外来文化也并不完全拒绝。对于保护传统文化曾有过一点极"左"的干扰，影响不是很大。到了"四人帮"肆虐时期，情况完全变了。"四人帮"一伙既完全不懂传统文化，又患了严重的"胃病"，坚决拒绝一切外来的好东西。谁要是想学习外国的一点好东西，"崇洋媚外""洋奴哲学"等等莫须有的帽子就满天飞舞，弄得人人谈"洋"色变。如果"四人帮"不垮台，"胃病"势将变成"胃癌"，我们国家的前途就岌岌可危了。十一届三中全会以后，我们国家又恢复了健康。我们既提倡保护传统文化，加以分析，批判继承，又提倡对外开放，大搞现代化。纵观几千年的中国历史，人们不能不承认，这是盛世之一，是最高的盛世，是正确处理传统文化与现代化这一对矛盾的典范。从这正确的处理中，我们可以看出，所谓"全盘西化"是理论上讲不通、事实上办不到的。世界上还没有哪一个西方以外的国家全盘西化过。

1987 年 6 月 6 日

文化交流的必然性和复杂性
——在"东方文化系列讲座"上的报告

从全国范围来看,近几年来对文化的研究特别感兴趣。从报上可以知道,去年(1986年)上海大规模地开展文化发展问题的讨论,北京也搞了。这种现象自新中国成立以来还未曾有过。据我记忆,讨论文化问题,在20世纪20年代(我还是中学生的时候)有过一次;是讨论东西方文化的。后来在20世纪30年代又一次讨论文化问题。近几年来,为什么好多地方、团体、学者热心地讨论文化问题?其中必有缘故。我看讨论文化问题的热潮还没过去,还正在发展,而且方兴未艾。下面想谈谈我自己对文化问题的看法。

大家知道,我不是搞理论的,是搞语言的。对于文化问题我是外行。现在,我把自己对文化的想法和同志们谈谈。我们搞一个学术讨论会或写一篇文章,最好不要讲八股,要敞开自己的思想讲,这样彼此都有好处。我就是本着这样的一个精神来谈的。这里面肯定有正确的(我并非不谦虚),也肯定有错误,实事求是,供同志们思考。

文化交流的必然性

谈这个问题前要谈三个小问题：

什么叫"文化"？

我们这个讲座叫"东方文化系列讲座"。写文章、说话也常谈到"文化"。但你要给"文化"下个定义，并不容易。现在世界上对"文化"下的定义有几百个。有的说两百个，有的说六百个，我没做统计。但还没有一个定义是大家都同意的。大家都会感觉到，在社会科学领域里，包括人文科学，要给某个现象下个定义十分难，而自然科学较容易。如"直线"，两点之间最短的线是"直线"。大家没有什么可争论的。可是在社会科学领域里，对什么是"美"，不知有多少定义。我看了后感到都有些合理的地方和不合理的地方。今天，我也不想给"文化"勉强下一个定义。我只想谈谈自己的理解。我认为凡人类在历史上所创造的精神、物质两个方面，并对人类有用的东西，就叫"文化"。这是我对"文化"的理解，也可以算作一个"定义"吧。同志们看后会觉得，这不像定义。定义必须叙述得很神秘，拐很多弯，用好些形容词，等等。这样的事我干不了。我就是这样理解的，也可以说是最广义的文化吧。

"文化"和"文明"有何区别？

同志们写文章也好，讲话也好，提到"文化""文明"，不知大家对此是否进行过研究。什么叫"文化"？什么叫"文明"？我在这里也不是研究，也还是讲讲自己的理解。一般的英文字典，"Culture"是"文化"，"Civilization"是"文明"。可是有的英文字典，"Culture"又是"文化"，又是"文明"，"Civilization"也又是"文化"，又是"文明"。法文字典也一样。这说明这两个词有共同的地方。平常我们讲"东方文化史"也可以说"东方文明史"。可是有的时候，这两个词就不能通用。如"文明礼貌"，你说"文化礼貌"就不行；"学文化"你不能说"学文明"。因此，这两个词还有区别。我认为"文明"是对野蛮而言的，"文明"的对立面是"野蛮"。"文化"的对立面是"愚昧"。但"野蛮"和"愚昧"又有联系，"野蛮"中"愚昧"成分居多，也有不愚昧的"野蛮"。我们学文化是因为过去没有文化，学了文化把"愚昧"去掉了。我们讲文明礼貌是过去不文明，有一些野蛮，提倡文明礼貌，把"野蛮"成分去掉了。同志们或许觉得我这样理解过分简单化了，但简单化比一点想法都没有要好。

文化的产生是一元的还是多元的？

我认为文化、文明的产生是多元的。不能说世界上的文化是一个民族创造的。这种说法是有的，这就是法西斯希特勒，他认为文化都是雅利安人创造的。最近有人说人类起源于云南的元谋。我觉得其中有点问题。这不能称为"爱国主义"，这是"超爱国主义"。非洲也有人讲人类起源于非洲。关于人类起源这个问题很复杂，大家都没吵清楚，恐怕若干年后也吵不清楚。绝对不是起源于一个地方，不是元谋，也不是非洲。文化也是这样。一个部族、部落的创造、发明，比如火的发现、工具的使用，再晚一些，比如农耕、建筑等，都是人类文化的创造。但不一定在一个地方。文化的产生不是一元的，不能说一个地方产生文化。这样说也许有人会问，是否否认我们常讲的文化体系？不，我认为世界文化是有体系的。我的看法是有四大体系，即中国文化、印度文化、希腊文化、伊斯兰阿拉伯文化。有人说还有希伯来文化，我看很难成体系。它不是属于伊斯兰文化的先驱归入伊斯兰文化，就是和希腊文化合在一起。世界文化是有体系的，我们不能否认。世界四大文化体系中有三个文化体系是在东方，中国、印度、伊斯兰阿拉伯。它们的文化各有特点，有它的独立性，对其他国家有影响。专就文学而论，日本、朝鲜、越南的文学，很受中国文学的影响。中世纪印尼、柬埔寨、老挝、泰国、缅甸的文学受印度文学的影响。乌尔都、现代印尼以及印度的一部分受穆斯林阿拉伯的影响。所谓"体系"，它必须具备"有特色、能独立、影响大"这三个基本条件。我讲的文化的产生是多元的，和文化体系并不矛盾。

现在谈文化交流的必然性。

文化一旦产生，它必须要交流。上面提到一个部落发现用火，其他部落必然来学习。其他如农耕等都一样。文化一旦发现，人们感到这对他们有好处，他就必然来学习。可以这样讲，从古代到现在，在世界上还找不出一种文化是不受外来影响的。记得以前我曾做过一次报告，我问在座的同志，你们研究一下你们从头顶到脚下，有多少是出自中国的？头发式样不是；衬衣、裤子、鞋子也不是；吃的喝的东西中，面包、啤酒不是；坐的汽车、骑的自行车，以及沙发、电灯、电话等，都不是。可以说没有文化交流，就没有文化发展。我们现在生活在文化交流的时代，随时有新东西传进来，如喇叭裤（当然，它流行一时又很少见了）。现在流行牛仔裤。牛仔裤究竟要流行多久，谁也不知道。反正将来还得换。交流是不可避免的，无论谁都阻挡不住。交流总的来说是好的，当然也有坏的。坏的，对人们没有益处的，不能称为"文化"。我是说对人类有好处的、有用的，物质、精神两方面的东西交流才叫"文化交流"。现在报纸上常报道某地方发现原始民族。现在世界上恐怕没有真正的原始民族，而某些所谓原始民族其文化也有过交流。20世纪60年代初，我去非洲访问，走了很多国家，看到一些国家的农村，钉子都不会制，风箱是用牛皮灌上气，用手来按。这种文化水平，我国在公元前3000年就达到了。甚至这些国家的农村种庄稼还不用铁，用木棒在土地上杵一个坑，上面放一粒种子，这就不管了。靠天吃饭——天下雨就来收获，不下雨就算了。当时感到这些地方比较原始，但往牛皮风箱里吹气，那也是学来的。所以说在原始状态下也还是有交流。

文化交流的复杂性

在谈这个问题前，同样有三个小问题要谈一谈：

研究的方法

我们研究文化交流究竟采用什么方法。拿比较文学来说，其研究方法有很多派，如法国学派、美国学派、苏联学派、欧洲学派等。现在我们中国搞比较文学的同志想创造一个中国学派。在上述学派中，据我个人以及好多同志的看法，有两派最有代表性，一派是美国派，搞平行研究；另一派是法国派，搞影响研究。这是大体上讲。世界上的东西都不会纯之又纯的。"平行研究"是研究发展的规律。这一个国家有这一现象，另外一个国家也有这个现象。但它不一定是这个国家影响了另一个国家。我这个国家可以创造这个东西，另一个国家不受外来影响也可创造这个东西。"影响研究"是举具体事实。这个国家有什么东西，用什么方式传到另一个国家去？讲具体事实，讲它的影响。我看研究文化交流也是这两个方法，这两条道路。美法两学派多年来经常打笔墨官司。法国人对美国的办法不赞成；美国人对法国的学派不赞成。其他国家如苏联、德国、中国等也都各有各的特点。但从研究方法、道路讲，就是这么两条。我是赞成影响研究的，因为它看得见，抓得住。平行研究很玄乎。当然讲影响研究也不能绝对化，如孙悟空的猴子形象哪里来的？我认为是受到印度的影响。有的同志不赞成，并写文章反驳。对此我不在乎。但不能绝对说猴子形象完完全全是从印度搬来的，这不可能。文化交流有个特点，一国的文化传到另一个国家，那个国家必然要加以修正，完完全全照搬的很少。

有一个字很有意思。法国比较语言学家常用的一个字，法文是"Sécurite"，英文是"Securty"，意为"安全""安全感""安全的"。法国比较文学家用此字的意思是：搞平行研究不那么安全，你可以胡扯。搞影响研究安全，事实俱在。比较文学,最早是从19世纪20—30年代,由一位德国学者开始的。他研究一本阿拉伯文的书叫《卡里来和笛木乃》。这是一本寓言童话集,源自印度的《五卷书》。开始《五卷书》是翻成波斯的巴列维语的,然后再翻成阿拉伯文,书名叫《卡里来和笛木乃》,以后转译成多种文字,流行于全世界。据统计其译本之多,可以同《圣经》相比。该书影响欧洲文学的创作,如《格林童话集》中的故事就有取材于该书的。德国人因此说比较文学是德国人先开始搞的(法国人不承认,说在19世纪30年代法国已有某大学开比较文学课)。《卡里来和笛木乃》的故事很简单,它由一国传到另一国,由一种文字译成另一种文字,看得见,摸得着,一点也不玄乎。但问题是,从一个民族传到另一个民族,从一个国家传到另一个国家,到了那地方必然有所改变。如鲁迅的《中国小说史略》中讲到一个故事,说鹅笼出生的一个书生,原来是外国人,后来变成了中国人。《卡里来和笛木乃》也是,在本国就有改变,何况从一国传到另一国,不可能完全一样。

由此看来,研究比较文学、研究文化是不是可以有两个层次。第一个层次讲事实。先把事实讲出来,如一个故事从印度经波斯、阿拉伯传到其他国家,把这个过程搞清楚。但作为研究,不能就此止步。第二个层次便是要研究一个故事或一个形象。如猴子,到了这个国家后有什么变化,变化有何规律,根据事实找出规律性的东西来。没有事实空讲平行,那不着边际。罗列事实也不行。要研究从一国到另一国有何改变,改变里有何规律,摸出规律,总结成理论。这样的理论就可靠,没有事实做根据的理论很玄乎。像变戏法一样,今天这样讲，明天那样讲，我对这种理论是不感兴趣的。

传统文化与文化交流

文化可分为两部分。第一部分是一个民族自己创造文化，并不断发展，成为传统文化。这是文化的民族性。另一部分是一个民族创造了文化，同时在发展过程中它又必然接受别的民族的文化。这便是文化交流。这也是文化的时代性。文化的民族性和文化的时代性，这两个"性"有矛盾但又统一。近来，英国剑桥大学出了一本书，叫《中国晚清史》。它不是一个人写的，而是好多汉学家写的。书中提出一个论点，认为从晚清到现在这一部分的历史表现了两种文化的撞击（是西方文化和中国文化相撞击）。我看这个论点提得很有道理。中国近代史从1840年鸦片战争到现在，经过了好多时期：有旧民主主义革命、新民主主义革命、社会主义革命，约有一百四十多年了。《中国晚清史》说的两种文化的撞击，是不是结束了？我看没有。什么时候结束？不敢说。我现在手里拿着一本刊物叫《文艺研究》，刚出版的。打开书一看目录，文章的题目有《关于西方影响与民族风格》《历史继承与现实创造》等等。你看，"西方影响"即"时代性"，"民族风格"即"传统文化"，"历史继承"即"传统文化"，"现实创造"即"时代性"。这类题目目前在刊物上多得很。这说明此类问题还没解决，还要讨论下去。想到四十多年前，闻一多先生写过一篇文章，发表在清华大学学报上，题目是《母体文化的自卫与超越》，"母体文化"即"传统文化"。实际上闻一多先生在这里讲的就是"传统文化"和"引进创新"这两者之间的矛盾怎样解决。他有一句话："一切的艺术应该是时代的经线与地方的纬线所编织的一匹锦。"意思就是一切文艺的传统文化的纬线与时代性的经线相织而成一匹锦。闻一多先生当时讲到这个问题，今天我们讨论的也还是这个老问题。从1840年后，文化界有过几次大争论，如"体用之争""本末之争""夷夏之争"等，都还是那个老问题。再从政治上看，从鸦片战争到现在快150年了，也经过好几个革命阶段，但共产主义能否在很短的时期内实现？现在，大家都认为不可能。人类历史上的一个大的转折，在短时期内是不可能实现的。共产主义是人类发展的必然趋势，我仍相信人类的将来是共产主义社会，但何时才能实现？全世界都在考虑。全世界的社会主义走的步调差不多，是否中国先走了一步，很难说。不过，我们的改革在世界上有影响，而按时间来说我们不是最早的。现在苏联等国也在改革。这样一个历史上的大转折绝不是100年准能完成的。政治如此，文化也如此。文化的民族性和时代性这问题没解决。我们今天研究文化交流，讨论文化问题必然有这种需要，没有需要大家不会研究。它同我们的生活联系密切，不关心不行。我们应该把眼光放大一点、远一点，它的意义绝不限于文化。

全盘西化

现在有些青年人的思想，说好听点叫"活跃"，说不好听叫"混乱"。"全盘西化"和文化交流有联系。西化要"化"，不"化"不行，创新、引进就是"化"。但"全盘"不行，不能只有经线，没有纬线。理论上讲不通，事实上办不到。

下面讲文化交流的复杂性。我想举一个例子来说明这个问题，这个例子也是中印文化交流史上的一个例子。

最近几年我研究糖的历史。这在世界上也是一门专门学问，有好多国家的学者研究它，我也是从文化交流的角度来研究它的。因为"糖"的背后有一部文化交流的历史。中国的"糖"字，英文叫"Sugar"，法文叫"Sucre"，德文叫"Zucker"，俄文叫"Caxap"。一看就知道这个字是一个来源。一般讲，一个国家接受外来的东西，最初把外来的名字也带来了。有的后来改变了，有的没改变。如"啤酒"的"啤"字不是汉语，"沙发""巧克力"都不是。"面包"是汉字，变了，英文叫"Bread"，我们吃的"干乳酪"，英文叫"Cheese"，现在还有人称之为"计司"。糖从一个地方传到另一个地方，如果本地没有，它把外来词也带进本地。英文的"糖"字来自印度，是从梵文 Sarkarā 转借来的。一比较就知道。这说明英语国家原来没有糖，糖是从印度传去的，要不为什么用印度字呢？我们中国最早也没有糖，从前有个"餳"字不念"易"，也不念"阳"，念"糖"。中国糖最早是甘蔗做的。中国甘蔗是有的，《楚辞》中就提到。当时也吃甘蔗，也喝甘蔗浆。可是把甘蔗浆变成糖在中国用了一千多年。你看这个"餳"字，这字指的是麦芽糖，北京叫"关东糖"，不是甘蔗做的，是麦子做的。这个"糖"字，从语言学来说，六朝时才有"米"字旁的。从"食"字旁换成"米"字旁，不是随便一换这样简单。中国的《新唐书》里就讲到唐太宗李世民派人去印度学习制糖技术，这在中国的正史里有记载。这个"糖"字出现在六朝，说明唐太宗时，我们已能制糖，但水平不高，要派人去印度学习。这是历史事实。但问题不出在这里，问题是印地文中有个字叫"Cīnī"，意为"中国的"，英文叫"Chinese"。"中国"两字，英文叫"China"，法文叫"Chine"，德文叫"China"，都是从梵文"Cina"变的。而印度把"白糖"也叫"Cīnī"。印度自称在世界制糖水平最高，历史最悠久，因此Sarkarā这个字传遍世界。为什么"白糖"反而叫"Cīnī"呢?1985年我去印度参加《罗摩衍那》国际讨论会。一次我当主席，我向在座的印度学者问"Cīnī"怎么来的?糖出在印度，为什么"白糖"叫"中国的"?结果没有一位学者答得上来。我的问题也没解决。今年年初有个丹麦学者，知道我研究糖的历史，给我寄来了一篇论文。这论文也不知哪国人写的，这人叫Smith。他的论文题目是讲Cīnī及其来源。看了他的论文，感到他自己也解释不通，有矛盾。他说"Cīnī"是"中国的"，"Cīnī"又是"白糖"，而白糖却和中国没关系。因为在中古时期白糖很贵，当药来用，非皇家贵族、大商人是吃不起的。为何"Cīnī"叫"白糖"呢?这是因为中国有几件东西在世界上很有名，如瓷器。英文"China"当"中国"讲，但也是"瓷器"的意思。中国的瓷器也传入印度，印度的阔人才用瓷器。中国瓷器是白的，于是把中国瓷器的"白"和白糖的"白"连在一起。印地文中的"白糖"应该是"Cīnī Sarkarā"。后来因为字太长，简为"Cini"。看来作者有个主见，无论如何"Cīnī"和中国没关系，他想尽办法来解释。而且还说中国从来没有生产过白糖，也没向印度输出过白糖。这简直是胡说八道。但他的文章有可借鉴之处。大家知道，要研究这类问题先要确定"Cīnī"这字什么时候出现的，上限在什么时候?第二要研究在什么地方出现"Cīnī"这个字?然后再研究中国在什么时候生产白糖?什么时候，从什么地方传入印度?这样研究就比较科学。可是问题之难在于不知道"Cīnī"在印度何时出现?我问过印度学者，他们也答不出来。而 Smith 做了些工作。他查了印度的文学作品，"Cīnī"一字出现在13世纪，这是他的功绩。另外他基本上把现在印度好多种语言中表示"白糖"这个意思的词儿追踪清楚。总的情况是，在印度西部语言中，都来自梵文的 Sarkarā。在东部语言中，则是 Cini 或者 Cīnī。孟加拉文就是这样，由此我们可以推断，中国白糖是由印度东部进入印度的。再研究中国白糖有没有?出口了没有?到印度了没有?问题就好解决了。

我国7世纪唐太宗时期确实向印度学习制糖技术，我们的制糖水平不高。但学习了以后，我们后来制的糖，其颜色、味道都超过印度。《新唐书》说"色味逾西域远甚"。一方面是我们引进了，另一方面是我们改进了。这是唐朝的情况。到宋朝我们仍制糖。到了元朝又来了一个变化。13世纪马可·波罗的游记中有一段记载，说在福建尤溪地方有一批制糖工人，他们是蒙古大汗忽必烈从巴比伦找来教中国制糖工人制糖的，炼白糖。巴比伦这地方，有人说是现在的伊拉克，有人说是埃及。埃及开罗的可能性大。上述记载说明印度制糖传到波斯，从波斯传到埃及。埃及当时很多手工业占世界领先地位。而蒙古人的文化水平不高，蒙古大汗抓了些制糖工人，送到中国的福建尤溪，尤溪出甘蔗，在那里教中国人炼糖。到了明朝末年，很多书里讲炼糖，其中有一段记载说，原来糖炼不白。一次，一个偶然的机会，倒了一堵墙，墙灰落入糖中，发现制的糖变白了。这在化学上讲得通，灰里有碱，因此糖炼白了。中国的白糖到了明朝末年在国际市场成了抢手货。现在我们有根据，中国的白糖在郑成功时代已出口了。郑成功家里也做白糖生意，从中国运货去日本，在货物中就有白糖，这证明13世纪后，中国的白糖出口。那么中国的白糖是否出口到印度？在别的书上记载大概是印度人派船到新加坡那里去买中国的白糖。中国直接去印度的有没有？现在没根据，但估计可能从福建泉州运白糖到孟加拉。泉州当时是世界很大的港口，那里有穆斯林的、印度教的文化遗迹。福建尤溪制的糖运到泉州，泉州有印度船运回印度。上岸的地方是东印度，讲孟加拉语，不是西印度。

以上讲的是事实，从事实中得出什么结论呢？说明文化交流绝不是直线的，而是非常复杂、曲折的。"Cīnī"这个字的例子说明文化交流的复杂性。印度还有一个字叫"Misri"，意为"冰糖"，但"Misri"也是"埃及的"意思。从语言现象来看，印度制糖是先进的，但另一方面不能否认它也向别的国家学习了。东面学中国，"白糖"叫"Cīnī"；西面学埃及，"冰糖"叫"Misri"。从语言现象分析只能得出这个结论。

上面讲的几个问题，是我的想法。是否合理、正确，供同志们参考。

1988年8月

谈文化交流

一[*]

一部人类的历史，证明了一个事实：文化交流促进了人类文化的发展，推动了人类社会前进。

既然讲文化交流，就必须承认，文化不是哪一个民族、哪一个国家，或哪一个地区单独创造和发展的，在整个人类历史上，国家不论大小，民族存在不论久暂，都或多或少或前或后对人类文化宝库做出了自己的贡献。人类文化发展到了今天这个地步，是全世界已经不存在的和现在仍然存在的民族和国家共同努力的结果，而文化交流则在其中起了关键性的作用。

同时，我们也不能否认，统治今天世界的文化是西方资本主义国家在过去几百年中创造并发展起来的。社会主义文化虽然已见端倪，但还没达到同资本主义文化分庭抗礼的水平。这是一个活生生的事实，没有辩论和讨论的余地。

---

[*] 本文是作者为《东方文化丛书》写的总序。

欧美一些比较有远见的历史学家，比如英国的汤因比，从研究全部人类历史中发现，一种文化或者文明都有一个发生、发展、演变、衰退的过程。他们把过去的人类文化或者文明，分成了许多独立的个体。有的个体，比如美洲的玛雅文化，今天已经荡若云烟，不再存在了。有的至今仍然存在而且发展得如日中天，但是，哪一种文化或者文明也不可能万岁。

一种文化或者文明，怎样才能继续发展，继续前进，继续洋溢着生气勃勃的活力呢？关键除了内因以外，外因也起重要的作用，外因中最重要的一个就是文化交流。哪一种文化或者文明，如果在发展到一定的水平以后，就自我欣赏，自我感觉良好，故步自封，墨守成规，这表示，它已经失掉了生命的活力，注定要衰微或者消亡了。这也是一个历史事实，没有辩论和讨论的余地。

此外，根据我们的观察，在五花八门纷然杂呈的众多的文化或文明中，显然有文化圈的存在。换句话说就是，在某一个比较广阔的地区内，某一个国家或民族的文化或者文明，由于内部和外部的原因，影响了周围的一些国家和民族，发挥了比较大的作用，积之既久，就形成了这样的文化圈。古希腊和罗马文化、从希伯来起一直到伊斯兰时期的闪族文化、印度文化和中国文化都形成了各自的文化圈，在很辽阔的地区内，在相当长的历史时期中，对圈内的国家产生了或大或小或强或弱的影响。这影响不是单方面的，圈内的国家间有着文化交流，圈与圈之间也有文化交流，总起来看，是一个互相学习、互相渗透的过程。

这样四个大文化圈，又约略可以分为两大文化体系：一个是西方文化体系，指的是从古希腊、古罗马一直到今天的欧美文化；一个是闪族、印度和中国的东方文化体系。在人类几千年的历史上，这两大文化体系表现出来的情况依然是互相学习、互相渗透、交光互影、独立发展。这当然也是一种文化交流，是在最大的宏观的基础上的文化交流，而且这两大文化体系的关系是，三十年河东，三十年河西，哪一个文化体系也不是自一开始就占据着或者永远占据着关键地位、主导地位、支配地位、垄断地位。

在今天的世界上，正如我们上面已经谈到的那样，统治者是西方文化体系。我们东方国家——在这里，"东方"既有地理含义，也有政治含义，即所谓第三世界的国家——中国也包括在内，近几百年以来就是向西方学习，向西方寻求真理。专就中国而论，我们的衣、食、住、行，我们的文学艺术，甚至我们的风俗习惯和我们的思想意识，无不打上了西方的印记。这个学习我们一定要坚持下去，不但今天学习，明天仍然要学习，决不能稍稍放松。

但是，在努力向西方学习的同时，我们的头脑也必须清醒，我们的眼光也必须放远。我们必须上下几千年，纵横数万里，以人类全部历史和整个地球为背景，来观察东西方文化的关系，这样才能看出两大文化体系相对消长、互相学习的关系。最近几百年来所表现出来的情况，只代表最近几百年的发展。前于此者，情况有所不同，后于此者，情况也将会有所不同。只有放眼观宇宙，我们才能真正客观地、实事求是地观察问题。我们才能真正客观地、实事求是地了解西方文化、了解东方文化、了解中国文化。我们才能在错综复杂令人眼花缭乱的情况下，准确地给西方文化以应有的地位，准确地给东方文化以应有的地位，准确地确定我们文化发展的战略部署，准确地预见我们学习西方文化的结果。

我们这一套《东方文化丛书》，顾名思义，就是想给读者以有关东方文化的知识，帮助他们了解什么叫东方文化？中国文化在东方文化中占什么地位？东方文化当前的作用是什么？衡以西方文化，东方文化的发展前景如何？我国社会主义建设发展到今天这个地步，全国人民关心文化问题，是合乎规律的，是完全可以理解的。对我们在这里提出来的这几个问题，我们应该有自己的答案。近几年来，全国各地出版了大量的有关文化问题其中也包括东方文化的专著和论文，汗牛充栋，车载斗量，目迷五色，花团锦簇。我们想在这一面锦上再添上几朵鲜花，共庆升平。对目前注意东方文化很不够的情况，我们想加以矫正或者平衡。因为是丛书，作者很多，探讨的方面也很多，观点就可能有不一致的地方。我们认为，这是好事，而不是坏事。我们编委会对此概不干预。每个人的观点由作者自己负责。只要持之有故，言之成理，文章达到一定高度的学术水平，材料又翔实可靠，我们就收入丛书中。我们希望真正能做到百家争鸣，而只有真正的百家争鸣才能促进学术的发展。这是我们的信念，也是我们的行动方针。

1989 年 1 月 19 日

二*

在人类的文化史上，像中国和日本这样文化关系异常密切的国家，实不多见。两国间的文化交流，至少已经有了将近两千年的历史，这一点是大家公认的。过去的论者多强调在历史上日本向中国学习的一面，而不甚注意中国向日本学习的一面。我认为，这至少是一个偏颇。

去年在中国召开的中日民间人士的会议上，我发言时引用了黑格尔关于事物发展的三个阶段的理论，谈了中日的文化关系。这三个阶段是大家所熟知的：正 These、反 Antithese、合 Synthese。我觉得，这个理论完全可以应用到中日文化关系史上来。从中日文化交流开始直至1868年日本明治维新，主要是日本向中国学习，这算是正的阶段。从1868年起直到1949年或者前后，主要是中国向日本学习，这算是反的阶段。从现在开始一直到长远的未来是中日共同学习、互相学习、共同发展、共同进步的时期，这算是合的阶段。当时我曾强调说，中日两国友谊源远流长。源，我们都清楚了，是一个非常长的源。流，我们还不太清楚，可能是一个比源还要长的流，现在还难以估算。我们现在常常讲，中日两国人民将世世代代友好下去。这个口号非常响亮，中日两国人民都同声响应。但是，具体内容则颇有点模糊。现在我提出了三个阶段的说法，又把重点放在第三个阶段上。我想，我的看法是能够为

---

* 本文是作者为《中日比较文化论集》写的序。

两国学者所接受的。在那次会议上，我发言后，就有日本学者表示同意，并同我握手长谈。我的看法至少可以弥补那个模糊的缺憾。

我在上面两次用了"主要"二字，意思是说，即使在两国之一向对方学习时，也不会是纯粹的一边倒，也还有互相学习的成分在。

我在那次会议上着重解释了中国向日本学习的问题。因为这个问题似乎还从来没有人这样明确地提出来过。我碰到不少对中国抱有好感的日本学者，他们也都只是强调在历史上日本向中国学习的一面。那么，我为什么现在提出中国向日本学习的问题呢？试想一想19世纪末20世纪初中国向西方学习的情况，便可一清二楚。当时的人们昭告天下：向西方学习。但是许多向西方学习的代表人物却同日本有密切的关系，他们是通过日本向西方学习，当然同时也就学习了日本。我举出几个代表人物的名字：孙中山、章太炎、王国维、梁启超、苏曼殊、陈独秀、李大钊、鲁迅、郭沫若、田汉、郁达夫等等。都是非常显赫的名字。汉语中很多科学名词和政治术语，都是从日本移栽过来的。连马克思主义最初也是从日本传过来的。陈望道版本的《共产党宣言》，最早的汉译本，恐怕主要是根据日译本转译的。20年代，许多讲马克思主义文艺理论的书籍，也是从日译本译过来的。这些都是非常明显的事实。可惜没能引起人们足够的重视，所以我必须在这里着重提一下。

在中日文化交流中，还有一件事情也值得我们注意，这就是，虽然中日两方面的学者都努力研究对方文化的特点，但是比较研究还没有发展到足够的程度。我对于中日文化交流问题是一个门外汉，了解得不多。可是就我浏览所及，中日文化对比的研究确实还有待于发展和提高。我早就希望，有朝一日，中日双方的学者能够注意到这个问题。

现在他们果然注意到了。1987年10月，中日两方的一些著名的学者，在北京大学日本文化研究所的主持下，在日本国际交流基金的赞助下，在北京大学联合召开了中日比较文化研讨会。中日两国的学者在会上宣读了内容精湛的论文。为了更好地保存这些论文，推动中日比较文化的研究，北京大学日本文化研究所的同仁们，汇集了这一本《中日比较文化论集》。我个人认为，这是一件非常有意义的事情。它一定会受到中日两方学者们的热烈赞扬。

中日两国人民间已经有了长达两千年的友谊。在目前新的形势下，两国人民又都渴望加强、发展这个传统友谊。加强、发展友谊的方式多种多样，而通过加深彼此的理解则是最有效的。想加深彼此的理解，方式也是多种多样，而通过彼此文化的比较研究，则是最有效的，最根本的。现在，中日文化的对比研究方在（才）开始，来日方长，前途辉煌。我在上面曾引用过黑格尔事物发展三阶段的理论。我们现在已经进入了合的阶段。在互相学习、共同前进的基础上，我们两国人民将真正地世世代代永远友好下去。

1989年3月21日

三*

年鉴的重要性，尽人皆知。最近几年来，我国确实出版了不少的年鉴，许多学科都有了自己的年鉴。这是一个十分令人欢欣鼓舞的现象。

如果说还有什么缺憾的话，那就是，中国文化还没有自己的年鉴。近年来研究中国文化的高潮，在全国激荡。异论蜂起，众说纷纭，论文如雨，专著如云。（这）对我国社会主义精神文明的建设，起着促进推动的作用。可是，想找一本提纲挈领的年鉴一类的书，能够让读者一览无余，立刻对中国文化的研究得到一个全貌，却还没有。

中国文化书院建院数年以来，以弘扬中国文化，引进外国文化为职志，举办了许多全国范围内的培训班，召开了一些国际学术讨论会，出版了大量的论著和学报，团结了大批的中外港台的知名学者，成绩俱在，用不着老王卖瓜。去年，院内的一些同仁又着手编纂一部《中国文化年鉴》。经过了坚持不懈的努力，现在终于编成了。这填补了我国年鉴出版工作的一个空白，一定会受到国内外欢迎的。

年鉴，顾名思义，记载的应该是过去一年的事。但是，因为这是第一册，只讲过去一年，不足以概全貌。因此，我们就把时间上限延伸了不少。以后再出的话，就能够严格地遵守年鉴的规格了。

---

* 本文是作者为《中国文化年鉴》写的序。

现在，我们怀着良好的愿望，伴之以真诚的祝福，把这一册年鉴送出去，送给海内外爱好中国文化的志同道合者。既在雪中送了炭，又在锦上添了花，愿它走向天涯，走向海角，走出中国，走向世界。得到赞赏，我们高兴；得到批评，我们感谢。无论如何，对己对人，都会有好处的。

1989 年 4 月 5 日

四 *

我一向认为，文化交流是促进人类社会进步的主要动力之一。我们甚至可以说，没有文化交流，人类就没有进步，就没有今天世界上这样繁荣兴旺的社会。

环顾我们四周，我们今天的衣、食、住、行，哪一件没有文化交流的痕迹?如果没有几千年，特别是近几百年来的文化交流，我们今天的社会能有现在这个样子吗?

文化交流表现的形式很多，外来词在其中占一个很重要的地位。所谓外来词，无非是两大类：一类代表精神方面的，抽象的东西；一类代表物质方面的，具体的东西。佛、菩萨、耶稣等等属于前者，沙发、咖啡、巧克力等等属于后者。无论是抽象的东西，还是具体的东西，这些词儿所代表的东西原来都是外国货，传入中国，必须有一个华名，于是千奇百怪的外来词就应运而生。有的最初是译音，后来中国人民觉得不

---

* 本文是作者为《外来词——异文化的使者》写的序。

习惯,于是改为意译,比如电话,最初叫德律风,等等。有的始终保持原来的音译,比如沙发、咖啡等等。决定取舍的是广大人民群众。

有很多东西,我们早已忘记了它们是外来的了。比如葡萄、菠菜等等。我们不是天天在吃吗?有谁还会想到:这些东西原来都是"舶来品"——可能是"骆驼来品"——呢?想不到它们是外来品,葡萄、菠菜等的美味决不会受丝毫的影响,我们照样可以大快朵颐。但是,如果我们在津津有味地享用这些东西之余,能够知道一点它们的来源,不是会更增添一些美感,增加一些历史的美丽的回忆吗?我甚至相信,有了这一些美感,有了一点美丽的历史回忆,在潜移默化中,会加强我们的国际主义精神,意识到世界林林总总的人民总是互相帮助的,共同进入大同之域的理想也绝非一个乌托邦。

我在这里并不要求社会上每一个人都成为研究外来词的专家。他们在读书和生活中遇到一些外来词和用外来词所表示的生活用品,尽管他们不知道这是外来词或舶来品,只要能理解,能享用,这也就够了。但是,对一些从事文教工作的人,一些大、中、小知识分子,特别是从事历史研究、语言研究,或其他有关研究工作的人,似乎应该在这方面要求高一些,应该要求他们对外来词能有一定程度的了解,这绝非过高的要求。

可惜的是,我国对外来词的研究,一向受不到重视。世界上一些先进的文明国家,往往都有一批研究外来词的专家,有不少的外来语词典。一般老百姓,如果有兴趣的话,可以随时查阅,既能扩大知识面,又能提高文化修养。反观我国,不无遗憾。研究外来词的专家很少,编纂成的专著和词典更不多见,广大人民群众对这方面的知识,几乎等于零。这与我们改革开放的大气候显得异常不协调。

史有为同志是个有心人。他多年以来,勤勤恳恳,兢兢业业,不怕坐冷板凳,焚膏继晷,兀兀穷年,从事外来词的研究,现在终于写成了这一部《外来词——异文化的使者》专著,既能当学术著作来读,又能当外来语词典来查,深入浅出,雅俗共赏,为我国学术界弥补了一个缺憾。我相信,这样一部著作,一方面会受到专家学者的赞美,另一方面又会受到广大人民群众的欢迎。

1989年9月19日

五*

我年近耄耋,生平阅人多矣,已经成为一个地道的"世故老人"。根据我的"世故经",我一向认为,企业家和文学家是两类水火不相容的概念。

古人说:"为学日益,为道日损。"企业与文学之间的关系,颇有点类似学与道之间的关系。我生平还没有遇到过一个既是企业家同时又是文学家的人。

有之自周颖南先生始。

在会面之前,我已经听说过颖南先生的大名。他同我们

---

* 本文是作者为《南国华声——周颖南创作四十周年》写的序。

国家一些文化名人有密切的友谊，出过一些通信集一类的书籍。后来又听说，周先生在新加坡是著名的企业家，又是华文文学的著名作家。更难能可贵的是，周先生对我国怀有深厚的感情，同叶圣陶、俞平伯、刘海粟、巴金、萧乾等受国人尊敬的文学艺术家，有多年的交往。他同香港的饶宗颐先生也有亲密的友谊。这都可以说是文坛佳话，也可以说是商坛佳话吧。

最近几年，我经常考虑经济与文化的关系问题。我觉得，一部人类进化史证明了一个历史事实：经济离不开文化，文化也离不开经济。没有经济的发展，文化不可能繁荣。没有文化的繁荣，经济也不可能发展。两者相辅相成，互为依存。怎样解释，也解释不掉这个历史事实。认识这一点是异常重要的，对于平民老百姓和当权者，都是重要的。要想国家富强，必须两方面都抓，偏于一方，后果严重。

这话扯得远了一点，个人与国家毕竟不完全相同，对一个人来说，不两者来抓，是没有多大影响的。但是，话又说了回来，如果一个人能够两者都抓，不也会更好吗？再来上一个"但是"——我们不能要求，每个人都能做到这一步，这是异常困难的。

而周颖南先生尚矣。

说话绕了这样多弯子，直白地说吧，在我眼中，周先生是一个畸人，可以入"畸人传"的。

我就是怀着这一点敬意，写了这篇短序。

1989 年 12 月 11 日于北京大学

从宏观上看中国文化

季羡林按：此文原为国家教委主持的 1989 年五四科学讨论会而作。当时限于时间，未能畅所欲言。最后一部分显然给人以仓促鸣金收兵的印象。我对于文化问题涉猎不深。此文所谈的看法，知音恐亦不多。但我自问立论是公允有据的，决非一时心血来潮而发。对当今社会上泛滥的"月亮只有外国的圆"的思潮，即使不能是一声断喝，至少也能起振聋发聩的作用。既然我自己认为是正确的、有益的，我就希望多多益善地让人能够了解我的看法。适值中华书局征稿，我对文化问题思考的那一点本钱已经用光，"江郎才尽"，再也写不出比较好的文章来了，在再三考虑之余，决定以此文滥竽。但又不能原封不动端上去，于是就把旧文加以充实、扩大，增加了一些新东西，观点则原封不动。以此祝贺中华书局成立八十周年。

最近几年，在全国范围内，掀起了一股"文化热"的高潮。这是完全可以理解的。我们国家的社会主义建设发展到了今天这个地步，在接受几十年来的经验和教训的基础上，大家都认识到，文化建设的任务已经提到议事日程上来了。

我想大家都会同意，人类历史上任何社会，都不能专靠科技来支撑，物质文明与精神文明同步建设。我们今天的社会也决不能是例外。

在众多的讨论中国传统文化与现代化问题的论文和专著中，有很多很精彩的具有独创性的意见。我从中学习了不少的非常有用的东西。我在这里不详细去叙述。我只有一个感觉，这就是，讨论中国文化，往往就眼前论眼前，从几千年的历史上进行细致深刻的探讨不够，从全世界范围内进行最广阔的宏观探讨更不够。我个人觉得，探讨中国文化问题，不能只局限于我们生活于其中的这几十年、近百年，也不能局限于我们居住于其中的960万平方公里。我们必须上下数千年，纵横数万里，目光远大，胸襟开阔，才能更清楚地看到问题的全貌，而不至于陷入井蛙的地步，不能自拔。总之，我们要从历史上和地理上扩大我们的视野，才能探骊得珠。

我们眼前的情况怎样呢？从19世纪末叶以来，我们就走了西化的道路。当然，西化的开始还可以更往前追溯，一直追溯到明末清初。但那时规模极小，也没有向西方学习的意识，所以我不采取那个说法，只说从19世纪末叶开始。从中国社会发展的需要来看，从全世界文化交流的规律来看，这都是不可避免的。近几百年以来，西方文化，也就是资本主义文化，垄断了世界。资本主义统一世界市场的形成，把世界上一切国家都或先或后地吸收过去。这影响表现在各个方面。不但在政治、经济方面到处都打上了西方的印记，在文学方面也形成了"世界文学"，从文学创作的形式上统一了全世界。在科学、技术、哲学、艺术等等方面，莫不皆然。中国从清朝末年到现在，中间经历了许多惊涛骇浪，帝国统治、辛亥革命、洪宪窃国、军阀混战、国民党统治、抗日战争、解放战争，一直到中华人民共和国建立后的社会主义初级阶段，我们西化的程度日趋深入。到了今天，我们的衣、食、住、行，从头到脚，从里到外，试问哪一件没有西化？我们中国固有的东西究竟还留下了多少？我看，除了我们的一部分思想感情以外，我们真可以说是"全盘西化"了。

我并不认为这是一件坏事。我认为，这是一件天大的好事。无论如何，这是一件不可抗御的事。我一不发思古之幽情，二不想效法九斤老太。对中国自然经济的遭到破坏，对中国小手工业生产方式的消失，我并不如丧考妣，惶惶不可终日。我认为，有几千年古老文明的中国，如果还想存在下去，就必须跟上世界潮流，决不能让时代潮流甩在后面。这一点，我想是绝大多数的中国有识之士所共同承认的。

但是，事情还有它的另外一面，它也带来了不良后果。这最突出地表现在一些人的心理上。在新中国成立前，侨居上海的帝国主义者在公园里竖上木牌，上面写着："华人与狗不许入内。"这是外来的侵略者对我们中华民族的污辱。这是容易理解的。但是，新中国成立以后，我们号称已经站起来了，然而崇洋媚外的心理并未消失。古已有之，于今为烈。这是十分令人痛心的事。50年代曾批判过一阵这种思想，好像也并没有收到预期的效果。到了"十年浩劫"，以"四人帮"为首的一帮人，批崇洋媚外，调门最高，态度最"积极"。在国外读过书的知识分子，几乎都被戴上了这顶帽子。然而，实际上真正崇洋媚外的正是"四人帮"及其爪牙自己。现在，"四人帮"垮台已经十多年了,社会上崇洋媚外的风气,有增无减。有时简直令人感到,此风已经病入膏肓,贾桂似的人物到处可见。多么爱国的人士也无法否认这一点。有识之士慭然忧之。这种接近变态的媚外心理,我无论如何也难以理解。凡是外国的东西都好,凡是外国人都值得尊敬,这是一种反常的心理状态。中国烹调享誉世界,有一些外国食品本来并不怎么样。但是,一旦标明是舶来品,立即声价十倍,某一些味觉顿经改造的人们,蜂拥而至,争先恐后。连一些外国朋友都大惑不解,只有频频摇头。

　　在这样的情况下,要来谈中国文化,真正是戛戛乎难矣哉。在严重地甚至病态地贬低自己文化的氛围中,人们有意无意地抬高西方文化,认为自己一无是处,只有外来的和尚才会念经。这样怎么能够客观而公允地评价中国文化呢?我的意思并不是要说,要评价中国文化,就必须贬低西方文化。西方文化确有它的优越之处。19世纪后半叶,中国人之所以努力学习西方,是震于西方的船坚炮利。在以后的将近一百年中,我们逐渐发现,西方不仅是船坚炮利,在精神文明和物质文明方面,他们都有许多令人惊异的东西。想振兴中华,必须学习西方,这是毫无疑问的。20年代,就有人提出了"全盘西化"的口号。今天还有不少人有这种提法或者类似的提法。我觉得,提这个口号的人动机是不完全一样的。有的人出于忧国忧民的热忱,其用心良苦,我自谓能充分理解。但也可能有人别有用心。这问题我在这里不详细讨论。我只想指出,人类历史证明,全盘西化(或者任何什么化)理论上讲不通,事实上办不到。但这并不影响我们向西方学习。我们必须向西方学习,今天要学习,明天仍然要学习,这是决不能改变的。如果我们故步自封,回到老祖宗走过的道路上去,那将是非常危险的。

但是，我始终认为，评价中国文化，探讨向西方文化学习这样的大问题，正如我在上面已经讲过的那样，必须把眼光放远，必须把全人类的历史发展放在眼中，更必须特别重视人类文化交流的历史。只有这样，才能做到公允和客观。我是主张人类文化产生多元论的。人类文化绝不是哪一个国家或民族单独创造出来的。法西斯分子有过这种论调，他们是别有用心的。从人类几千年的历史来看，民族和国家，不论大小，都或多或少地对人类文化宝库做出了自己的贡献。这恐怕是一个历史事实，是无法否认掉的。同样不可否认的事实是，每一个民族或国家的贡献又不完全一样。有的民族或国家的文化对周围的民族或国家产生了比较大的影响，积之既久，形成了一个文化圈或文化体系。根据我个人的看法，人类自从有历史以来，总共形成了四个大文化圈：古希腊、罗马一直到近代欧美的文化圈，从古希伯来起一直到伊斯兰国家的闪族文化圈，印度文化圈，中国文化圈。在这四个文化圈内各有一个主导的、影响大的文化，同时各个民族或国家又是互相学习的。在各个文化圈之间也是一个互相学习的关系。这种相互学习就是我们平常所说的文化交流。我们可以毫不夸大地说，文化交流促进了人类文化的发展，推动了社会前进。

倘若我们从更大的宏观上来探讨，我们就能发现，这四个文化圈又可以分为两大文化体系：第一个文化圈构成了西方大文化体系；第二、三、四个文化圈构成了东方大文化体系。"东方"在这里既是地理概念，又是政治概念，即所谓第三世界。这两大文化体系之间的关系也是互相学习的关系。仅就目前来看，统治世界的是西方文化。但是从历史上来看，二者的关系是三十年河东，三十年河西。

人类历史上曾出现过许多文化，欧洲史学家早有这个观点，最著名的代表是英国历史学家汤因比。他在他的巨著《历史研究》里，从世界历史全局出发，共发现了21个或23个文化（汤因比称之为社会或者文明）：西方社会、东正教（又可以分为拜占庭和俄罗斯两个东正教）社会、伊朗社会、阿拉伯社会、印度社会、远东（又可以分为中国和朝鲜，日本两部分）社会、古希腊社会、叙利亚社会、古印度社会、古代中国社会、米诺斯社会、印度河流域社会、苏末社会、赫梯社会、巴比伦社会、埃及社会、安第斯社会、墨西哥社会、尤卡坦社会、玛雅社会、黄河流域古代中国文明以前的商代社会。

汤因比明确反对只有一个社会——西方社会这一种文明统一的理论。他认为这是"误入歧途"，是一个"错误"。虽然世界各地的经济和政治的面貌都已经西化了，其他的社会（文明）大体上仍然维持着本来的面目。文明的河流不止西方这一条。

汤因比在本书的许多地方，另外在自己其他著作，比如《文明经受着考验》中，提出了一个观点：文明发展有四步骤——起源、生长、衰落、解体。在《文明经受着考验》中，他提到了德国学者斯宾格勒的名著《西方的沉落》，对此书给了很高的评价，也提到了斯宾格勒思想方法的局限性。在《历史研究》的结尾处，429—430页，他写道：

> 当作者进行他的广泛研究时发现他所搜集到的各种文明大多数显然已经是死亡了的时候，他不得不做出这样的推论：死亡确是每个文明所面对着的一种可能性，作者本身所隶属的文明也不例外。

他对每一个文明都不能万岁的看法是再明确不过的了。

了解了我在上面谈到的这些情况，现在再来看中国文化，我们的眼光就比以前开阔多了。在过去相当长的历史时期内，中国文化对世界文化的发展产生了影响，这是我们的骄傲，这也是一个历史事实。汤因比对此也有所论述，他对中国过去的文化有很好的评价。但是，到了后来，我们为什么忽然不行了呢？为什么现在竟会出现这样崇洋媚外的思想呢？为什么西方某一些人士也瞧不起我们呢？我觉得，在这里，我们自己和西方一些人士，都缺少历史的眼光。我们自己应该避免两个极端：一不能躺在光荣的历史上，成为今天的阿Q；二不能只看目前的情况，成为今天的贾桂。西方人应该力避一个极端，认为中国什么都不行，自己什么都行，自己是天之骄子，从开天辟地以来就是如此，将来也会永远如此。

那么，我们应该怎么办呢？我们东西双方都要从历史和地理两个方面的宏观上来看待中国文化，决不能囿于成见，鼠目寸光，只见片段，不见全体；只看现在，不看过去，也不看未来。中国文化，在西方人士眼中，并非只有一个看法，只有一种评价。汉唐盛世我不去讲它了，只谈十六七世纪以后的情况，也就能给我们许多启发。这一段时间，在中国是从明末到清初，在欧洲约略相当于所谓"启蒙时期"。在这期间，中国一方面开始向西方学习；另一方面，中国的文化也大量西传。关于这个问题，中西双方都有大量的记载，我没有可能，也没有必要一一加以征引。方豪在他的《中西交通史》中有比较详细而扼要的介绍。我在下面利用他的资料介绍一下在这期间中国文化流向西方的情况。

中国经籍之西传

四书、五经在中国历史上有至高无上的权威。如果中国经籍西传，首当其冲的理所当然的就是这些书。明朝万历二十一年（1593年），利玛窦将四书译为拉丁文，寄还本国。天启六年（1626年），比人金尼阁将五经译为拉丁文，在杭州刊印。到了清朝，殷铎泽与郭纳爵合译《大学》为拉丁文，康熙元年（1662年）刻于建昌。殷氏又将《中庸》译为拉丁文，于康熙六年（1667年）和康熙八年（1669年）分别刻于广州及印度果阿。《论语》之最早译本亦出殷、郭二人之手，亦为拉丁文。康熙二十年（1681年），比教士柏应理返回欧洲。康熙二十六年（1687年）在巴黎发刊其著作《中国之哲学家孔子》。中文标题虽为《西文四书解》，但未译《孟子》，名实实不相符。康熙二十六年（1687年），奥国教士白乃心用意大利文写的《中国杂记》出版。康熙五十年（1711年），布拉格大学图书馆出版卫方济用拉丁文翻译的四书及《孝经》《幼学》，1783年至1786年译为法文。卫氏又以拉丁文著《中国哲学》，与上书同时同地刊出。白晋著有拉丁文《易经大意》，未刊。康熙四十年（1702年），白晋自北京致书德国大哲学家莱勃尼兹，讨论中国哲学及礼俗。现在梵蒂冈图书馆中尚藏有西士研究《易经》之华文稿本十四种，宋君荣曾译《书经》，刘应译《礼记》的一部分。康熙末年，马若瑟节译《书经》《诗经》。康熙四十六年（1707年），马若瑟自建昌府致函欧洲，讨论儒教。雷孝思参加绘制《皇朝一统舆地全图》，对中国古籍亦有研究。傅圣泽有《道德经评注》，为拉丁文及法文合译稿本。他又用法文译《诗经》。赫苍璧于康熙四十年（1701年）来华，亦曾从事翻译《诗经》。

到了雍正乾隆年间，中籍西译继续进行。宋君荣所译之《书经》于乾隆三十五年（1770年）刊于巴黎。他还研究中国经籍之训诂问题。孙璋为后期来华耶稣会神父中最精通汉学者。他所译拉丁文《诗经》附有注解。他又译有《礼记》，稿成未刊。蒋友仁制作圆明园中的喷水池，为人所艳称。他又深通汉籍，用拉丁文译有《书经》《孟子》等书。乾隆时有一个叫钱德明的人，精通满汉文，译有《盛京赋》，并研究我国古乐及石鼓文等，他是西人中最早研究我国苗族及兵学者。乾隆四十年（1775年）在北京著《华民古远考》，列举《易经》《诗经》《书经》《春秋》及《史记》为证。乾隆四十九年（1784年），又在北京刊印《孔子传》，为钱氏著作中之最佳者。此外，他还有《孔门弟子传略》，以乾隆四十九年（1784年）或次年刊于北京。韩国英译有《大学》及《中庸》，又著有《记中国人之孝道》。韩氏可能是19世纪前西人研究我国经籍的最后一人。他的本行是生物学。

从明末到乾隆年间，中国经籍之西传，情况大体如上。既然传了过去，必然产生影响。有的影响竟与热心翻译中国经书之耶稣会神父的初衷截然相违。我在下面介绍方豪一段话：

    介绍中国思想至欧洲者，原为耶稣会士，本在说明彼等发现一最易接受"福音"之园地，以鼓励

> 教士前来中国，并为劝导教徒多为中国教会捐款。
> 不意儒家经书中原理，竟为欧洲哲家取为反对教会
> 之资料。而若辈所介绍之中国康熙年间之安定局面，
> 使同时期欧洲动荡之政局，相形之下，大见逊色；
> 欧洲人竟以为中国人乃一纯粹有德性之民族，中国
> 成为若辈理想国家，孔子成为欧洲思想界之偶像。

中国俗话说"搬起石头砸自己的脚"，颇与此相类了。

受中国经籍影响的，以法、德两国的哲学家为主，英国稍逊。举其荦荦大者，则有法国大哲学家笛卡尔等。法国百科全书派也深受中国思想之影响。在德国方面，启蒙时期的大哲学家斯宾诺莎、莱勃尼兹等，都直接受到了笛卡尔的影响，间接受到中国影响。康德认为，斯宾诺莎的泛神论完全受的是老子的影响。莱勃尼兹21岁就受到中国影响，后与闵明我、白晋订交，直接接受中国思想。1697年，莱氏的拉丁文著作《中国近事》出版。他在书中说："在实践哲学方面，欧洲人实不如中国人。"有人认为，康德的哲学也受了中国哲学的影响，特别是宋儒理学。

中国经籍西传，不但影响了欧洲哲学，而且也影响了欧洲政治。在德国，莱勃尼兹与华尔弗利用中国哲学推动了德国的精神革命。在法国，思想家们则认为中国哲学为无神论、唯物论与自然主义，这三者实为法国大革命之哲学基础。百科全书派全力推动革命的发展，法国大革命实质上是反宗教之哲学革命。法国的启蒙运动，也是以反宗教为开端，形成这种反宗教的气氛者，归根结蒂是中国思想传播的结果。法国

大革命前夕，中国趣味在法国以及整个欧洲广泛流行，宫廷与贵族社会为中国趣味所垄断。而宫廷与贵族又是左右法国政治的集团，则中国趣味对法国政治之影响，概可想见了。

百科全书派把反宗教和鼓吹革命的思想注入所撰写的百科全书中。他们与中国文化有深刻的接触，但因认识中国之渠道不同，对中国的意见也有分歧。孟德斯鸠与卢梭谈的多是欧洲旅客的游记等，对中国遂多有鄙薄之论。荷尔巴旭、服尔德、波勿尔、魁斯奈等等，所读多是耶稣会士之报告或书札，对中国文化多有钦慕之意。孟德斯鸠著《法意》第一卷第一章，给法律下定义，提出"万物自然之理"，主张"有理斯有法"，完全是宋儒思想。服尔德七岁即在耶稣会士主办的学校中受教育，对中国文化无条件地赞赏，在自己的小礼拜堂中，供孔子画像，朝夕礼拜。他认为，孔子所说"仅为极纯粹之道德，不谈奇迹，不涉玄虚"。他说："人类智慧不能获得较中国政治更优良之政治组织。"又说："中国为世界最公正最仁爱之民族。"他还根据《赵氏孤儿》写了一部《中国孤儿》。第德洛对中国有批评意见，但认为中国文化在各民族之上。卢梭承认中国为文明最高古国，但他认为文明并非幸福之表记，中国虽文明，而不免为异族所侵凌，他是"文明否定论者"。中国思想除了影响了上述的哲学家之外，还影响了所谓政治经济学上的"重农学派"。这一学派以自然法代替上帝的功能。他们倡导"中国化"，不遗余力，甚至影响了国王路易十五。英国经济学家亚当·斯密受了法国思想家的影响，在《原富》一书中应用中国材料颇多。

在德国，中国影响同样显著。大文豪歌德是一个突出的代表。哲学家也深受中国思想影响。莱勃尼兹、斯宾诺莎，上面已经谈到。其他哲学家，康德、菲希特、谢林、黑格尔等，都受了莱勃尼兹的影响，也可以说，间接受了中国影响。叔本华哲学中除了有印度成分外，也受了朱子的影响。

中国美术之西传

随着中国哲学思想之西传，中国美术也传入欧洲。欧洲美术史上的罗柯柯（洛可可）时代约始于1760年，即乾隆二十五年，至18世纪末而未衰。此时中国美术传入，产生了显著影响。在绘画上重清淡之色彩。在建筑上力避锐角方隅，多用圆角。在文学上则盛行精致的小品。在哲学上采用模棱两可的名词。这与流行于当时的"中国趣味"或"中国风"是分不开的。

中国情趣表现在许多方面，首先是在园林布置方面。欧洲人认为，中国园艺兼有英、法二国之长。他们说，中国园艺匠心独运，崇尚自然，不像欧洲那样整齐呆板。于是中国式的庭园一时流行于欧洲各国，法国、英国、德国等地都出现了中国庭园的模仿物，遗迹至今尚能见到。

中国绘画也传入欧洲，主要是中国的山水画和人物画，在瓷器上表现最为突出。有一些画家也作有中国情趣的绘画，比如孤岛帆影、绿野长桥之类。据说梵高也学过中国泼墨画。

除了绘画之外，中国用具也流行欧洲。轿顶围的质料与颜色，受到中国影响。中国扇子、镜子传入欧洲。17世纪后半叶，法国能制绸。中国瓷器西传，更不在话下。同时中国瓷器也受到西洋影响。

明末至清朝乾隆年间中国经籍和美术西传的情况大体上就是这个样子。

我现在举一个说明西方人如何看待中国文化的具体的例子。我想举德国最伟大的诗人歌德，他的一生跨越18、19两个世纪，是非常关键的时期。他在1827年1月31日同爱克曼谈话时说道：

> （中国传奇）并不像人们所猜想的那样奇怪。中国人在思想、行为和感情方面几乎和我们一样，使我们很快就感到他们是我们的同类人，只是在他们那里一切都比我们这里更明朗，更纯洁，也更合乎道德。在他们那里，一切都是可以理解的，平易近人的，没有强烈的情欲和飞腾动荡的诗兴……他们还有一个特点，人和大自然是生活在一起的。你经常听到金鱼在池子里跳跃，鸟儿在枝头歌唱不停，白天总是阳光灿烂，夜晚也总是月白风清。月亮是经常谈到的，只是月亮不改变自然风景，它和太阳一样明亮……还有许多典故都涉及道德和礼仪。正是这种在一切方面保持严格的节制，使得中国维持到几千年之久，而且还会长存下去。（《歌德谈话录》，朱光潜译，人民文学出版社，1978年，页112）

这是歌德晚年说的话，他死于1832年。他死后没有过多少年，欧洲对中国的调子就逐渐改变了。据我个人多年的观察与思考，这与发生在1840年的鸦片战争有关。在这以前，中国这个天朝大国，虽然已经有点破绽百出，但仍然摆出一副纸老虎的架势，吓唬别人，欺骗自己。鸦片战争一下子把这只纸老虎戳破，真相暴露于光天化日之下。西方对中国的政治、经济，进而对中国文化逐渐贬低起来。他们没有历史观点，以为从来就是这个样子，中国从来就没有好过。他们自己的老祖宗所说的一些话和所做的一些事，他们也忘了个一干二净。随着他们科学技术的发展，政治、经济的发展，环顾海内，唯我独尊，气焰万丈了。

第一次世界大战给他们敲了一下警钟。他们之中的有识之士开始反思。于是出了像斯宾格勒《西方的沉落》这样发人深思的书，可惜好景不长。到了20年代末30年代初，法西斯思潮抬头，把西方文化，特别是所谓"北方"文化捧上了天，把其他文化贬得一文不值。中国人在法西斯分子眼中成了劣等民族，更谈不到什么欣赏中国文化了。不久就爆发了第二次世界大战，比第一次大战还要残酷，还要野蛮。这又一次给西方敲了警钟。西方有识之士又一次反思，汤因比可以作为代表。预言已久的第三次世界大战，始终没有爆发。虽然在全球范围内大大小小的战争从未停止过，大家总算是能够和平共处了。到了今天，人类共同的公害，比如人口问题、粮食问题、污染问题、土地问题等等，一个个被认识得越来越清楚。两个超级大国似乎也认识到，靠武力征服世界的美梦是不现实的，他们似乎也愿意和平共处了。在这样的情况下，人们要怎样来认识西方文明，怎样来认识东方文明——中国文明，怎样来认识文化交流，就非常值得我们注意了。

我在上面提到的英国历史学家汤因比，对中国文化和中国未来的作用有自己的看法。在同日本宗教活动家池田大作的谈话中，他详细阐述了自己的看法。为了把他的观点介绍得明确而翔实起见，我想在这里多引用他的一些话。汤因比说：

  因此按我的设想，全人类发展到形成单一社会之时，可能就是实现世界统一之日。在原子能时代的今天，这种统一靠武力征服——过去把地球上的广大部分统一起来的传统方法——已经难以做到。同时，我所预见的和平统一，一定是以地理和文化主轴为中心，不断结晶扩大起来的。我预感到这个主轴不在美国、欧洲和苏联，而是在东亚。
  由中国、日本、朝鲜、越南组成的东亚，拥有众多的人口。这些民族的活力、勤奋、勇气、聪明，比世界上任何民族都毫无逊色。无论从地理上看，从具有中国文化和佛教这一共同遗产来看，或者从对外来近代西欧文明不得不妥协这一共同课题来看，他们都是联结在一条纽带上的。并且就中国人来说，几千年来，比世界任何民族都成功地把几亿民众，从政治文化上团结起来。他们显示出这种在政治、文化上统一的本领，具有无与伦比的成功经验。这样的统一正是今天世界的绝对要求。中国人和东亚各民族合作，在被人们认为是不可缺少和不可避免的人类统一的过程中，可能要发挥主导作用，其理由就在这里。

如果我的推测没有错误，估计世界的统一将在和平中实现。这正是原子能时代唯一可行的道路。但是，虽说是中华民族，也并不是在任何时代都是和平的。战国时代和古代希腊以及近代欧洲一样，也有过分裂和抗争。然而到汉朝以后，就放弃了战国时代的好战精神。汉朝的开国皇帝刘邦重新完成中国的统一是远在纪元前二〇二年。在这以前，秦始皇的政治统一是靠武力完成的。因此在他死后出现了地方的国家主义复辟这样的反动。汉朝刘邦把中国人的民族感情的平衡，从地方分权主义持久地引向了世界主义。和秦始皇带有蛊惑和专制性的言行相反，他巧妙地运用处世才能完成了这项事业。

将来统一世界的人，就要像中国这位第二个取得更大成功的统一者一样，要具有世界主义思想。同时也要有达到最终目的所需的干练才能。世界统一是避免人类集体自杀之路。在这点上，现在各民族中具有最充分准备的，是两千年来培育了独特思维方法的中华民族。不是在半个旧大陆，而是在人们能够居住或交往的整个地球，必定要实现统一的未来政治家的原始楷模是汉朝的刘邦。这样的政治家是中国人？日本人？还是越南人？或者朝鲜人？

池田说：

从两千年来保持统一的历史经验来看，中国有资格成为实现统一世界的新主轴。您这一说法，在考虑今后世界问题时，具有极为重要的启示。

这两位著名的国际活动家，主要是从历史上和政治上谈论了中国的和世界的未来，其中也涉及文化。他们的意见，我觉得非常值得注意。至于我自己是否完全同意他们的意见，那是一个次要的问题。重要的是，在目前我们国内有那么一小撮人，声嘶力竭地想贬低中国，贬低中国文化，贬低中国的一切，在这样的时候，有像汤因比这样的通晓世界历史发展规律的大学者，说出了这样的意见，至少可以使这些人头脑清醒一下。你不是说月亮是外国的圆吗？你们中间不是有人竟认为中国连月亮都没有吗？现在有外国人来说，中国有月亮，中国的月亮也是圆的，而且圆得更美妙了。这一小撮人不是应该好好地反思一下吗？这一些人也许根本不知道汤因比是何许人。但那没有关系。他们最怕外国人，反正汤因比是外国人，这一点是错不了的。对这些人来说，这一点也就够了。我决非听了外国人说中国月亮圆而飘飘然忘乎所以，把久已垂下的尾巴又翘了起来。中国的月亮也有阴晴圆缺，并不总是亮而圆。但这是另一个问题。我们当务之急是全面地、实事求是地从最大的宏观上来考虑中国文化在世界上已经起过的作用和将来能够起的作用。在这样的时刻，兼听则明，汤因比和池田大作的意见是值得我们深思的。

对于人类文明前途的问题，我也曾胡思乱想过一些。我现在想从哲学上或者思想方法上来谈一谈我的想法。西方哲学或者思想方法是分析的，而东方的则是综合的。这两种方法异曲同工,各臻其妙。这已几乎是老生常谈,没有不同的看法。但是,对于分析的前途则恐怕是仁者见仁,智者见智。首先一个问题是:能不能永恒地分析下去?庄子说:"一尺之棰,日取其半,万世不竭。"从理论上和逻辑上来讲,这是毫无问题的。但是,对具体的东西的分析,比如说对原子的分析,能不能越分越细,一至万世不竭呢?西方的自然科学走的就是分析的道路。一直到今天,这一条路是走得通的。现在世界上的物质文明就来源于此。这是事实,不容否认。但是,这一条路是否能永远走下去呢?在这里有两种意见:一种认为可以永远走下去,越分析越小,但永不能穷尽。一种认为不行,分析是有尽头的。我自己赞同后一种意见。至于我为什么赞同后者,我认为,这不是一个理论问题,而是一个实践问题。我自己解释不了,我也不相信别人的解释。只有等将来的实践来解答了。

  我觉得,目前西方的分析已经走得够远了。虽然还不能说已经到了尽头,但是已经露出了强弩之末的端倪。照目前这样子不断地再分析下去,总有一天会走到分析的尽头。那么怎么办呢?我在上面已经说过,东西两大文化体系的关系从几千年的历史上来看是三十年河东,三十年河西。现在球已经快踢到东方文化的场地上来了。东方的综合可以济西方分析之穷,这就是我的信念。至于济之之方究竟如何,有待于事物(其中包含自然科学)的发展来提供了。

  我从宏观上看中国文化,结果就是这样。希望有识之士共同来讨论。

1989 年 10 月 25 日

东西方文化的转折点

很多人,特别是对时间推移一向敏感的知识分子,都对新世纪有所考虑,有所幻想。我现在就常常考虑21世纪的情景。

人类历史告诉我们,一个世纪的转折点并不总是意味着社会发展的转折点,也不会在人类前进的长河中形成一个特殊的阶段。但是世纪末往往对人类的思想感情产生影响,20世纪末就是一个明显的例子。

在对人类文化发展的看法方面,我是颇为同意英国史学家汤因比(Toynbee)的观点的。他在人类全部历史上找出了二十几个文明。他发现,每一个文明都有诞生、成长、兴盛、衰微、灭亡这样一个过程,哪一个文明也不能万岁。尽管汤因比论多于史,在论的方面也颇有一些偏颇之处;但是总体来看,他的看法是正确的,是持之有故、言之成理的。

近代中国受到西方文化的猛烈冲击。最初是震于西方的船坚炮利,以后又陆续发现,西方的精神文明也有其独到之处。于是激进者高呼"全盘西化",保守者则想倒退。公说公有理,婆说婆有理,其实都不全面,都有所偏激。

原因何在呢?我个人认为,原因就在没能从宏观上看待东方文化和西方文化,目光浅隘,认识肤薄,只看到眼前的这几百万平方公里,只想到近代这一百多年。如果把眼光放远,上下数千年，纵横几万里，则所见必是另一番景象。汤因比是具有这样眼光的人。他虽然是西方人，但并不迷信西方文明，在他眼中，西方文明也不能千秋万岁。这个文明同世界上其他文明一样，也有一个诞生、成长、兴盛、衰微、灭亡的过程。对我们中国人来说，我们当然更不应当认为眼前如日中天的西方花花世界会永远这样繁华昌盛下去。

人类历史又告诉我们，东方文化和西方文化在历史上更替兴衰，三十年河东，三十年河西。今天我们大讲"西化"，殊不知在历史上有很长一段时间讲的是"东化"，虽然不见得有这个名词。你只要读一读鸦片战争以前西方哲人关于中国的论著，看一看他们是怎样赞美中国，崇拜中国，事情就一清二楚了。德国伟大诗人兼思想家歌德在1827年同爱克曼谈话时，大大地赞扬中国小说、中国文化、中国人的思想感情和道德水平。他认为，西方人应该向中国人学习。这是一个非常典型的例子。根据我个人的看法，是鸦片战争戳破了中华帝国这一只纸老虎。从那以后，中国人在西洋人眼中的地位日降，最后几乎被视为野人。奇怪的是，中国人自己也忘记了这一切，跟在西洋人屁股后面，瞧不起自己了。

我不敢说，到了21世纪，中国文化或包括中国文化在内的东方文化，就一定能战胜西方文化。但是西方文化并不能万岁，现在已见端倪。两次世界大战就足以说明西方文化的脆弱性。现在还是三十年河西，什么时候三十年河东，我不敢确切说，这一定会来则是毫无疑问的，21世纪可能就是转折点。

1990年10月3日

再谈东方文化

最近一年多以来，我经常考虑东方文化与西方文化的关系问题。初步考虑的结果，已经写在《从宏观上看中国文化》那篇文章中。我的总看法是，从人类全部历史上来看，东方文化和西方文化的关系是三十年河东，三十年河西。目前流行全世界的西方文化并非从来如此，也绝不可能永远如此。这个想法后来又在几篇短文和几次发言中重申过，而且还做了进一步的发展，这就是，到了21世纪，三十年河西的西方文化就将逐步让位于三十年河东的东方文化，人类文化的发展将进入一个新时期。

我对自己这个看法，虽然几经考虑，慎思明辨，深信不疑，但自知不是此道专家，提出这样的意见，似乎有点冒昧，说不好听的，就是有点近乎狂妄。因此，口头上虽然一而再再而三地这样讲，心里有时未免有点打鼓，有点信心不足。

那么，为什么我又很自信地认为，到了21世纪西方文化就将让位于东方文化呢？我是从一种比较流行的、基本上为大家接受的看法出发的，东方的思维方式、东方文化的特点是综合，西方的思维方式、西方文化的特点是分析。从总体上来看，我认为这个看法是实事求是的。在西方，从伽利略以来

400年中，西方的自然科学走的是一条分析的道路。越分越细，现在已经分析到层子（夸克）。有人认为，分析还没有到底，还能够分析下去的。

在这里，自然科学界和哲学界发生了一场争论：物质真是无限可分吗？赞成这个观点的人占绝大多数，他们相信庄子的话"一尺之棰，日取其半，万世不竭"。如果真是这样的话，西方的分析方法、西方的思维方式、西方的文化就能永远存在下去，越分析越琐细，西方文化的光芒也就越辉煌，以至无穷。三十年河东，三十年河西，这一条人类历史发展启示的规律，就要被扬弃。

反对这种物质无限性观点的人，只占极少数。金吾伦同志的新著《物质可分性新论》，可以作为代表。我自己是赞成这个看法的。最近金吾伦同志给了我一封信，我现在就借用信中的一段话，这样的意见我自己写不出来：

> 我认为，"物质无限可分论"无论在哲学上还是科学上都缺乏根据。在哲学上不能用归纳法支持一个关于无限的命题，休谟对归纳法的批判是深刻的。
>
> 在科学上：（1）夸克禁闭，即使夸克再可分，也不能证明物质粒子无限可分；（2）宇宙学研究表明宇宙有起源，我们无法追溯到起源以前的东西；（3）量子力学新进展否定了层层往下追索的隐变量理论。无限可分论玩的是一种"套层玩偶"。
>
> 分析方法曾对科学和哲学的繁荣做过极大的贡献，但绝不能无限夸大，而且正日益显示它的局限。

当代物理学和自然科学的新进展表明，宇宙是一个不可分割的整体，而无限分割的方法与整体论是相悖的。无限可分论是机械论的一种表现。

金吾伦同志这一段话，言简意赅，用不着我再加以解释了。

在这里，我联想到一种目前已开始显露光芒、方兴未艾的新学说：混沌学。一位美国学者格莱克写了一本书《混沌：开创新科学》，此书已有汉文译本。周文斌同志在《光明日报》1990年11月8日写了一篇书评，介绍这本书。我现在也仿前例，借用周文中的一段话：

混沌学是关于系统的整体性质的科学。它扭转了科学中简化论的倾向，即只从系统的组成零件夸克、染色体或神经元来做分析的倾向，而努力寻求整体，寻求复杂系统的普遍行为。它把相距甚远的各方面的科学家带到了一起，使以往的那种分工过细的研究方法发生了戏剧性的倒转，亦使整个数理科学开始改变自己的航向。

它揭示了有序与无序的统一，确定性与随机性的统一，是过程的科学而不是状态的科学，是演化的科学而不是存在的科学。它覆盖面之广，几乎涉及自然科学与社会科学的各个领域。它不仅改变了天文学家看待太阳系的方式，而且开始改变企业保险决策的方式，改变政治家分析紧张局势导致武装冲突的方式。难怪有的学者竟然这样断言，20世纪的科学只有三件事将被记住：相对论、量子力学和混沌学。他们认为，混沌学是20世纪物理科学的第三次大革命。

这些话也是言简意赅的，我自己写不出来。

以上两例都应当引起我们深刻认真的反思：为什么到了20世纪末，西方文化正在如日中天、光芒万丈的时候，西方有识之士竟然开创了与西方文化整个背道而驰的混沌学呢？答案只能有一个，这就是：西方有识之士已经痛感，照目前这样分析是分析不下去的，必须改弦更张，另求出路，人类文化才能重新洋溢着活力，继续向前发展。

我对哲学几乎是一个门外汉。但是，我最近几年来就感觉到，西方的哲学思维是，只见树木，不见森林；只从个别细节上穷极分析，而对这些细节之间的联系则缺乏宏观的概括；认为一切事物都是一清如水。而实际情况并非如此。我是相信辩证法的。我认为，中国的东方的思维方式从整体着眼，从事物之间的联系着眼，更合乎辩证法的精神。连中医在这方面也胜过西医，西医是头痛治头，脚痛治脚，而中医则是全面考虑，多方照顾，一服中药，药分君臣，症治关键，医头痛从脚上下手，较西医更合乎辩证法。我还认为，现在世界上流行的模糊数学，也表现了相同的精神。

因此，我现在的想法是，西方形而上学的分析已经快走到穷途末路了，它的对立面东方的寻求整体的综合，必将取而代之。这是一部人类文化发展史给我的启迪。以分析为基础的西方文化也将随之衰微，代之而起的必然是以综合为基础的东方文化。这种取代在21世纪中就将看出分晓。这是不以人们的主观愿望为转移的社会发展的客观规律。

1990年12月8日

续补：

　　文章写完了，读到申小龙先生的文章《关于中西语言句型文化差异的讨论》。受到启发，再补写一点。

　　申先生的文章，正如篇名所揭示的那样，是讨论中西语言句型分歧的背后文化差异问题的。文中列举了吕叔湘先生、史有为先生以及申小龙先生自己对这个问题的看法。除了讨论中西语言句型外，还涉及东西方有关绘画的理论问题。他们的讨论有相当的深度和启发性。我在这里不想参加讨论。我只是觉得，文中的一些意见颇符合我对中西文化分歧的看法。因此，我想引用一下，目的是把我观察这个问题的面再扩展大一些，使我得出的结论更富于说服力，更确凿可靠。

　　申小龙先生先引用中西绘画理论中的一对范畴——焦点视和散点视，来解释语言现象。他说："把汉语句子格局概括为'散点透视'，我以为有两方面的含义。一是汉语句子格局是有流动性。它以句读为单位，多点铺排，如中国山水画的格局，可以步步走，面面观，'景内走动'。二是汉语句子格局具有整体性。它不欣赏个体语言单位（如单个句法结构）的自足性，而着意使为完成一个表达意图而组织起来的句读群在语义、逻辑、韵律上互为映衬，浑然一体。这时单个句读（词组）的语义和语法结构的'价值'须在整个句子格局中才能肯定。这在中国山水画格局来说即'景外鸟瞰',从整体上把握平远、深远与高远。"他又引用他祖父和父亲两位山水画家的意见:构图首先是整体视觉。他还提到李约瑟、普利高津等所理解和欣赏的汉民族的有机整体思维方式。

我个人觉得,申小龙先生这些意见是很有启发性的。至于三位先生之间的一些术语,比如"散点透视""散点视"等不同意见,我不去讨论。我在本文正文中提到的中国思维方式是倾向于综合,而不是分析。在中国山水画中和汉语句型中,我的意见得到了证据。不这样也是不可能的。一个民族典型的思维方式,是一切精神文明(甚至一些物质文明)生产的基础,它必然表现在各个方面。

1990 年 12 月 18 日

东方文化与西方文化相互间的盛衰消长问题

最近几年来,我经常考虑一些有关文化交流的问题。我越来越认识到文化交流的重要性。我觉得,如果没有文化交流,人类社会的进步恐怕不会是现在这个样子。

我逐渐发现,一方面很多人对文化交流的重要性认识不够;另一方面,不少的人有不少模糊的看法,特别是在中国文化在世界文化中的地位问题上,更是如此。他们有意无意地贬低中国文化的价值,神化西方文化。我在很多地方都说到,我不赞成"全盘西化"这个提法,我认为这在理论上讲不通,事实上做不到。世界上没有哪一个西方世界以外的国家是"全盘西化"了的。连以西化著名的日本也不是这个样子。

但是,这并不等于说,我们不向西方学习。西方的物质文化,我们必须学习。在这里我们决不能闭关锁国,那样做等于后退,后退是没有出路的。

我个人觉得,当前的关键问题是正确地、实事求是地认识中国文化的真正价值,扩而大之,认识以中国文化为基础的东方文化的真正价值,中国文化与东方文化的真正价值认识了，有比较才能有鉴别，西方文化的真正价值也就能够实事求是地加以认识。现在有不少的人对于东方文化与西方文化的真正价值认识得不全面，有偏颇。贬低东方，神化西方，都是没有根据的。

为什么会出现这种现象呢？我个人认为，其原因就在于没有宏观的历史眼光，也缺少宏观的地理眼光。有不少人，中国人和外国人都有，只看到最近一二百年的历史，没有上下数千年的眼光。他们只看到我们的几百万平方公里，没有纵横几万里的眼光，难免给人以坐井观天的印象。这样看问题，当然不会全面的，当然会有偏颇的。

如果能够做到从历史和地理两点都能最大限度地用宏观的眼光看待这个问题，则必然能够看到，东方文化和西方文化过去不是现在这个样子，两者之间的关系也不是现在这个样子。用两句通俗的中国话来说，两者间的关系是三十年河东，三十年河西。

近几十年来，西方个别的有识之士也认识到这个问题。他们也逐渐感觉到，自己的文化不是没有问题的。两次世界大战都爆发于欧美白人之间。如果自己的文化真正像一些人吹嘘的那样完美无缺，这自相残杀的根源又是从哪里来的呢？他们开始怀疑自己文化的价值，他们也不再迷信自己的文化会万岁千秋地延续下去，所谓"天之骄子"不过是自欺欺人的一句口号。在这些人中的佼佼者也寄希望于中国文化与东方文化。但是，不足或遗憾之处是，他们中哪一个人也没有提出东西方文化之间三十年河东，三十年河西的看法。十分明确地提出了东西文化之间存在着盛衰消长的问题的，我可以算是始作俑者。而且根据我个人的肤浅的观察，现在西方出现了一些新的学说，虽然倡导这种学说的人根本没有意识到，他们所揭橥的新学说实际上已经涉及东西方文化盛衰消长的问题，可是他们的学说却给这个问题提供了理论依据。

我甚至还幻想到，东方文化在一些方面能济西方文化之穷。现在流行的看法是，西方几百年来所创造和发展的自然科学，简直几乎就成了真理，它改变了我们对自然界的看法，加深了我们对自然界的认识。这一点是不能不承认的。在这方面，我们中国人在历史上以及现在，也是做出了贡献的，这里面包含着相对的真理，这一点也是不能不承认的。

这是不是就完全算是真理了呢？在向绝对真理前进的路途上，这是不是就是唯一的一条正确的道路呢？我没有什么理论水平，对自然科学更几乎是一窍不通。但是，根据普通常识，我总觉得，这不像是一条唯一正确的路。如果是的话，就不应该在自然科学所揭示的自然规律以外还有例外，还有另外的某些规律。我举一个最简单的例子。一个人如果赤足踏上烧红了的炭火，或者伸手到烧得翻滚的油锅里去捡什么东西，按照现在的自然科学的规律，他的手和脚必然被烧成灰。然而在世界上一些国家，在中国的一些地方，有不少人亲眼看到过这种事情，他们的手和脚并没有被烧成灰。这应该怎样去解释呢？至于现在流行的所谓气功，有一些神奇的举动，信之者说有，不信者说无。我没有资格去评断，且不去说它。反正有不少的现象是现在西方自然科学所无法解释的，而且同它的规律是正相矛盾的。我们是唯物主义者，是回避不了的，也是不能视而不见的。我们必须予以答复。

这些都是异常复杂的问题。以我的理论水平之肤浅，科学知识之短缺，我从未敢妄想去解决这些问题。我所有的不过是一点点浅薄的幻想力。我想把这个问题同东方文化和西方文化相互间的关系联系在一起。在这里，东方文化是否能从西方文化手里接过接力棒再向前向着解决这个问题的方向跑上去呢？东方文化是否能够在通向真理的道路上开辟另一条道路呢？这些问题我都解答不了。但是，我认为，可能性是存在的。

我曾把这些想法写成了几篇短文，也曾在一些座谈会上简略地谈过自己的意见。颇有一些朋友认为能够成立。不久前，在北召开的"东方文化与现代化国际学术研讨会"上，我应邀发言，极其简短地讲了这一层意思。限于时间，远远未能畅所欲言。不意竟得到了一个海外的知音。日本神户大学教授仓泽行洋博士非常赞成我的意见，特别要求要同我细谈。我在发言中讲到，东方思维方式从整体着眼，注意事物之间的联系，更合乎辩证法；而西方则是只见树木，不见森林，头痛医头，脚痛医脚，注意整体不够。仓泽教授非常同意我这个提法，相约进一步共同探讨。

得到知音，当然高兴。但是，我还有点自知之明，我的能力实在不足以探讨这样的问题，济之之方只有广泛征求意见。在目前我还没有能力把一些零星而又杂乱的想法组织成一篇文章的情况下，我就把过去写的几篇短文，按写成日期的顺序，发表在这里。将来还会写一些短文的。诗云："嘤其鸣矣，求其友声。"有友声，我当然欢迎。即便是非友声，我仍然会以同样的甚至更大的热忱和感激的心情来欢迎的。

1991 年 4 月 12 日

21世纪：东方文化的时代

人类创造的文明或文化从世界范围来说可分为东方文化和西方文化两大体系，每一个文明或文化都有一个诞生、成长、发展、衰落、消逝的过程，不可能是一成不变的。从人类的全部历史来看，我认为，东方文化和西方文化的关系是：三十年河东，三十年河西。目前流行全世界的西方文化并非历来如此，也绝不可能永远如此。到了21世纪，三十年河西的西方文化将逐步让位于三十年河东的东方文化，人类文化的发展将进入一个新的时期。

为什么我认为到了21世纪西方文化将让位于东方文化呢？我是从东西方文化的基础的、最根本的差别在于思维方式不同这一点来考虑的。东方的思维方式、东方文化的特点是综合；西方的思维方式、西方文化的特点是分析。举个最简单的例子，从我们坐的凳子来说，看看太和殿皇帝的宝座，四方光板，左不能靠，右不能靠，后又不能靠，坐久了会很不舒服。再看看西方人做的凳子，中间一道略为隆起，两边稍凹，这样坐着会很舒服，但要换个姿势就会硌得难受。而我们太和殿的宝座，光板一块，虽然坐久了不舒服，但是用什么姿势坐都可以。这件小事，可说明东方人的思维和西方人不一样。在西方，从伽利略以来的400年中，西方的自然科学走的是一条分析的道路，越分越细，现在已经分到层子（夸克），而且有人认为分析还没有到底，还能往下分。东方人则是综合的思维方式。用哲学家的语言说即是西方是一分为二，东方是合二为一。

在这方面，自然科学界和哲学界是有争论的。物质是无限可分的吗？有不少人相信庄子的话："一尺之棰，日取其半，万世不竭。"果真如此，则西方的分析方法、西方的思维方式、西方的文化就能永远存在下去，越分越琐细以至无穷，西方文化的光芒也就越辉煌。三十年河东，三十年河西这一条人类历史发展启示的规律就要被扬弃。但是庄子所说的是一个数学概念，我所说的分析是物理概念，二者不可混同。

国际上对物质是否无限可分也有两派之争。反对物质无限性观点的代表、大科学家海森堡（Heisenberg）认为物质不是永远可分的，最后有个界限，这个界限是夸克，称之为夸克封闭。其理由是夸克虽能被电子对撞机击碎，但击碎后仍是夸克，并未产生出新的物质。国内金吾伦同志著有《物质可分性新论》，也主张夸克封闭。我是同意这种看法的，因为对物质永远可分的这个观点现在无法证实。我认为夸克现在不能封闭，但将来总有一天要封闭的。我们的一切文明、一切文化现象甚至科技不同于西方。即使是数学，看起来应该是东西方没有差别，一加三等于四，而且还有公式，但是前两年我在自然辩证法通讯中，看到中科院数学所吴文俊教授对《九章》一书所写的序言里讲到东方和西方解决数学问题的方法不一样。对数学这个自然科学的基础尚且不一样，何况其他科学？

多年前，我就讲过21世纪是东方的世纪。西方在资本主义发展到帝国主义阶段,自认为是天之骄子。第一次世界大战从1914年打到1918年,基本上是欧洲人打欧洲人,战后20年代初期,欧洲思想界出现了反思的热潮,他们思考的是为何自认为文化至高无上的欧洲都要自相残杀。看来西方不行了,要看东方。有本风行一时的书叫《欧洲的沦亡》,说欧洲要垮台、要灭亡,仰望东方。当时中国的《老子》《庄子》非常流行,《老子》德文译本有五六十种。有一位我认识的牙医,既非汉学家,又非文学家,却凭着一本字典、一股傻劲硬是把《老子》翻译了一遍。这说明当时不论是否搞哲学都向东方看齐。第二次世界大战打了六年,死的人比"一战"还要多。战后,欧洲再次出现一股眼望东方的反思热潮。当时除《老子》《庄子》外,又增加了禅宗、中医、《易经》,还有印度大乘佛教。一位英国的史学家汤因比(Toynbee)在他所著的《历史研究》(*Historical Studies*)中,把各国民族的历史做了个总结。他认为人类共同创造了23个或26个文明,每个文明或文化都有其诞生、生长、繁荣、衰微、消逝的过程,没有任何一种文明或文化可以贯穿千秋。从他的哲学基础出发得出的结论是西方的文化将来要消灭。至今欧美思想界仍感觉他的反思比较深沉。

我们还可以从20世纪后半期西方兴起的几种新的科学模糊学、混沌学中进一步地说明。模糊学是从模糊数学开始的,以后又有模糊逻辑、模糊语言……就说模糊语言,我们天天开口讲话,从未怀疑过自己的语言是模糊的,但是说天气好,怎么叫好?天气暖,怎么叫暖?长得高,怎么叫高?这件事情好,怎么叫好?都是模糊的。我们可以对这些问题仔细分析、追根到底,但是要讲清楚却很难。混沌学被誉为继爱因斯坦的相对论和普朗克的量子力学之后20世纪科学的第三个伟大的发现。关于混沌学，美国学者格莱克写过一本书《混沌：开创新科学》，此书有汉译本，我国周文斌先生在1990年11月8日《光明日报》写有书评，文中有一段话说：

> 混沌学是关于系统的整体性质的科学。它扭转了科学中简化论的倾向，即只从系统的组成零件夸克、染色体或神经元来做分析的倾向，而努力寻求整体，寻求复杂系统的普遍行为。它把相距甚远的各方面的科学家带到了一起，使以往的那种分工过细的研究方法发生了戏剧性的倒转，亦使整个数理科学开始改变自己的航向。它揭示了有序与无序的统一，确定性与随机性的统一，是过程的科学而不是状态的科学，是演化的科学而不是存在的科学。它覆盖面之广，几乎涉及自然科学与社会科学的各个领域。

为什么在20世纪后半期，西方有识之士开创了与西方文化整个背道而驰的模糊学、混沌学呢？这说明他们已经痛感西方分析的思维方式不行了。世上万事万物没有绝对的、百分之百正确，金无足赤、人无完人，绝对的好、绝对的美是不存在的，一切都是相对的。分析的方法有限度，要把一切都弄得清清楚楚是办不到的。必须改弦更张、另求出路，这样人类文化才能继续向前发展。

我说三十年河东，三十年河西，许多事情就是这样。从整个世纪来看，中国文化在世界上占领导地位，这是东方，三十年河东。到明朝末年，西方文化自天主教传入起，至今几百年了，西方资本主义的物质文明给人类带来很大的福利，但另一方面也带来灾难，癌症、艾滋病、淡水资源短缺、环境污染、生态平衡的破坏等等。这些灾难中任何一个解决不了，人类就难以继续生存。怎么办？人类到了今天，三十年河西要过，我们就像接力赛一样，在西方文化的基础上，接过这一棒，用东方文化的综合思维方式解决这些问题，去除掉这些弊端。所谓综合，就是整体观念、普遍联系这八个字。西方的哲学思维是只见树木不见森林，只从个别细节上穷极分析，而对这些细节之间的联系则缺乏宏观的概括，认为一切事物都是一清如水，而实际情况并非如此。我认为中国的东方的思维方式从整体着眼，从事物之间的联系着眼更合乎辩证法的精神。就像中医治病是全面考虑、多方照顾，一服中药，药分君臣，症治关键，医头痛从脚上下手，较西医的头痛治头、脚痛治脚更合乎辩证法。

总之，我的认为是西方形而上学的分析已快走到尽头，而东方的寻求整体的综合必将取而代之。以分析为基础的西方文化也将随之衰微，代之而起的必然是以综合为基础的东方文化。"取代"不是"消灭"，而是在过去几百年来西方文化所达到的水平的基础上，用东方的整体着眼和普遍联系的综合思维方式，以东方文化为主导，吸收西方文化中的精华，把人类文化的发展推向一个更高的阶段。这种取代，在21世纪中就可见分晓。21世纪，东方文化的时代，这是不以人们的主观愿望为转移的客观规律。

1992 年 3 月 10 日

东方文化和西方文化

据说全世界学者对文化下的定义超过五百多个。这就等于没有定义。根据我粗浅的理解，人类在精神和物质方面所创造的一切优秀的东西，就叫作文化。

文化的产生

笼统地说，对文化产生不外有两种看法：一是一元产生论；二是多元产生论。

一元产生论主张世界上只有一个民族产生文化，这就是Nordic（北欧人）。其他民族都不产生文化，甚至是文化的破坏者。这是德国法西斯的"理论"，自然为我们所不取。

我是主张文化产生多元论的。世界上任何民族，不论大小，都能产生文化，都对人类总体文化有贡献。但是，各民族产生的文化，在质和量上，又各自不同，甚至有极大的差别，这是历史事实。不承认这一点，不是实事求是的态度，不是科学态度。

文化的交流

自从有人类那一天起，就有文化交流。一个人在获取食物方面有了一个新的方法，别人学习，这就是交流。这当然是最简单、最原始的交流。在历史发展过程中，人类逐渐形成了氏族、部落，等等。氏族与部落也有文化交流。以后形成了民族，形成了国家，民族与国家之间也有文化交流，这是更大范围的、内容越来越丰富的文化交流。一直到今天，文化交流还在全世界各民族、各国家之间进行，以至形成了眼前的光辉灿烂的、五光十色的人类文化。人类的生活越来越丰富，寿命越来越延长。

文化交流是促进人类社会前进的最主要的力量。

文化的体系

尽管文化是不同地区、不同民族创造出来的，但是归根结蒂，这些文化却形成了或者结成了一些规模比较大的文化体系。根据我个人的看法，有史以来一直到今天人类共形成了四个文化体系，这些体系是：

一、中国文化体系（其中包含日本文化，后者有了某些改造与发展）；

二、印度文化体系；

三、古希伯来、埃及、巴比伦、亚述以至阿拉伯伊斯兰闪族文化体系；

四、古希腊、罗马以至近现代欧美的印度欧罗巴文化体系。

两大文化体系

以上四个文化体系，如果再归纳一下的话，可以分为两大文化体系：一个是东方文化体系，包括上面的一、二、三三个文化体系；第二个是西方文化体系，就是上面的第四个。

人类自古以来的文化，尽在此矣。

两大文化体系的同与异

两大文化体系相同的地方是，都为人类造福，都提高了人的本质，都提高了人类的生活和享受水平，都推动了人类社会的发展。

两大文化体系不同的地方，表现在很多方面。但是，我认为，最根本的不同却表现在思维模式方面，这是其他一切不同之点的基础和来源。一言以蔽之，东方文化体系的思维模式是综合的(Comprehensive)，而西方则是分析的(Analytical)。正如人类只能有东西两大文化体系，人类也只能有两个思维模式，不能有第三个。这种二分法，好像是大自然以及人类思维的一个基本原则。中国《易经》讲乾坤，也就是阴阳。自然界有日月、昼夜。宗教哲学伦理有光明与黑暗，善与恶，等等。

所谓综合思维，其特点可以归结为两句话：整体概念与普遍联系。用一句通俗的话来说，就是既见树木，又见森林。用医学来打个比喻：头痛可以医脚，反之亦然。

所谓分析思维，其特点就是抓住物质，一个劲地分析下去，一直分析到基本粒子。是不是还能再往下分呢？在这里，科学界和哲学界意见都有分歧，一派主张物质无限可分，一派主张有限。这种分析的思维模式，用一句通俗的话来说，就是只见树木，不见森林。再用医学来作比喻，就是头痛医头，脚痛医脚。

中国古代"天人合一"的思想，是东方思维模式的最有典型意义的代表。印度古代哲学宗教的"你就是它"——指宇宙，也表现了同一思想。印度佛教的名相分析，看似分析，深究其实，则与西方的分析迥乎不同。

对东方文化的看法

现在主宰世界的是西方文化，这是事实，谁也无法否认，但这只能是一时的现象。西方人轻视东方文化，实出于民族偏见；东方人，特别是中国人，轻视东方文化，则是短见。如果看问题能上下数千年，纵横几万里，则能看到事实的真相。

三十年河西，三十年河东

从人类几千年的历史上来看，东西方文化的相互关系是

"三十年河西，三十年河东"。中国在汉唐时期，长安（西安）实际上是世界经济文化的中心。这也是事实，谁也否认不掉的。自明末西学东渐开始，情况逐渐有了变化。1840年的鸦片战争是一个转折点。日本认真学习西方文化，自1868年明治维新开始，时间早于中国，成绩大于中国，直到今天，科技浸浸乎将据世界首位矣。

河西河东行将易位

西方人挟其科技优势，自命为天之骄子。然而，据我的看法，人类历史上从来没有哪一个文化能延长万岁千秋，从下一个世纪开始，河东将取代河西，东方文化将逐渐主宰世界。西方人自认为他们那种以分析思维模式为基础的科学和哲学是绝对真理，然而自然界和人类社会中许多现象和问题，他们并不能解决。这一点西方许多有识之士已经敏锐地感觉到了，比如德国的施宾格勒（Spengler）、英国的汤因比（Toynbee）等等。西方最近几年兴起的一些新兴学科，比如模糊学、混沌学等等，也表现了同一个朕兆。我认为，这些新兴学科，尽管内容不尽相同，甚至完全不同，却表现了某一些共同的思维特点。这些特点不同于西方传统的、典型的、分析的思维模式，而是表现出近似东方的综合的思维模式，比如主张普遍联系，有了一些整体概念。

人类文化发展的前途

我说,自21世纪起,东方文化将逐渐取代西方文化,我的意思并不是说完全铲除或者消灭西方文化,那是根本不可能的,也是违反人类社会发展规律的。正确的做法是继承西方文化在几百年内所取得的一切光辉灿烂的业绩,以东方文化的综合思维济西方文化分析思维之穷,把全人类文化提高到、发展到一个更高、更新的阶段。

人类文化总会不断地前进的,在任何时候也不会停步不前的,这就是人类社会发展的规律。

1992 年 8 月 4 日

"天人合一"新解

"天人合一"是中国哲学史上的一个非常重要的命题。中外治中国哲学史的学者,哪一个也回避不开。但是,对这个命题的理解、解释和阐述,却相当分歧。学者间理解的深度和广度、理解的角度,也不尽相同。这是很自然的,几乎没有哪一个哲学史上的命题的解释是完全一致的。

我在下面先简略地谈一谈这个命题的来源,然后介绍一下几个有影响的学者对这个命题的解释,最后提出我自己的看法,也可以说是"新解"吧。对于哲学,其中也包括中国哲学,我即使不是一个完全的门外汉,最多也只能说是一个站在哲学门外向里面望了几眼的好奇者。但是,天底下的事情往往有(是)非常奇怪的,真正的内行"司空见惯浑无事",对一些最常谈的问题习以为常,熟视无睹,而外行人则怀着一种难免幼稚但却淳朴无所蔽的新鲜的感觉,看出一些门道来。这个现象在心理学上很容易解释,在人类生活和科学研究中,并不稀见。我希望,我就是这样的外行人。

我先介绍一下这个命题的来源和含义。

什么叫"天人合一"呢?"人",容易解释,就是我们这一些芸芸众生的凡人;"天",却有点困难,因为"天"字本身含义就有点模糊。在中国古代哲学家笔下，天有时候似乎指的是一个有意志的上帝，这一点非常稀见；有时候似乎指的是物质的天，与地相对；有时候似乎指的是有智力、有意志的自然。我没有哲学家精细的头脑，我把"天"简化为大家都能理解的大自然。我相信这八九不离十，离真理不会有十万八千里。这对说明问题也比较方便。中国古代的许多大哲学家，使用"天"这个字，自己往往也有矛盾，甚至前后抵触。这一点学哲学史的人恐怕都是知道的，用不着细说。

谈到"天人合一"这个命题的来源，大多数学者一般的解释都是说源于儒家的思孟学派。我觉得这是一个相当狭隘的理解。《中华思想大辞典》说：

> 主张"天人合一"，强调天与人的和谐一致是中国古代哲学的主要基调。

这是很有见地的话，这是比较广义的理解，是符合实际情况的。我现在就根据这个理解来谈一谈这个命题的来源，意思就是，不限于思孟，也不限于儒家。我先补充上一句：这个代表中国古代哲学主要基调的思想，是一个非常伟大的、含义异常深远的思想。

为了方便起见，我还是先从儒家思想介绍起。《周易·乾卦·文言》说：

> "大人"者与天地合其德，与日月合其明，与四时合其序，与鬼神合其吉凶，先天而天弗违，后天

而奉天时。

这里讲的就是"天人合一"的思想,这是人生的最高的理想境界。

孔子对天的看法有点矛盾。他时而认为天是自然的,天不言而四时行,而万物生。他时而又认为,人之生死富贵皆决定于天。他不把天视作有意志的人格神。

子思对于天人的看法,可以《中庸》为代表。《中庸》说:

> 能尽人之性,则能尽物之性;能尽物之性,则可以赞天地之化育;可以赞天地之化育,则可以与天地参矣。

孟子对天人的看法基本上继承了子思的衣钵。《孟子·万章上》说:

> 莫之为而为者,天也;莫之致而致者,命也。

天命是人力做不到、达不到而最后又能使其成功的力量,是人力之外的决定的力量。孟子并不认为天是神,人们只要能尽心养性,就能够认识天。《孟子·尽心上》说:

> 尽其心者,知其性也;知其性则知天矣。

到了汉代，汉武帝独尊儒术。董仲舒是当时儒家的代表，是他认真明确地提出了"天人之际，合而为一"的思想。《春秋繁露·人副天数》中说：

> 人有三百六十节，偶天之数也；形体骨肉，偶地之厚也；上有耳目聪明，日月之象也；体有空窍理脉，川谷之象也。

《阴阳义》中说：

> 天亦有喜怒之气，哀乐之心，与人相副，以类合之，天人一也。

董仲舒的"天人合一"思想，是非常明显的。他的天人感应说，有时候似乎有迷信色彩，我们不能不加以注意。

到了宋代，是中国所谓"理学"产生的时代。此时出了不少大儒。尽管学说在某一些方面也有所不同。但在"天人合一"方面，几乎都是相同的。张载明确地提出了"天人合一"的命题；程颐说："天、地、人，只一道也。"

宋以后儒家关于这一方面的言论，我不再介绍了。我在上面已经说过，这个思想不限于儒家。如果我们从更宏观的角度来看这个问题，把"天人合一"理解为人与大自然的关系。那么在儒家之外，其他道家、墨家和杂家等等也都有类似的思想。我在此稍加介绍。

老子说："人法地，地法天，天法道，道法自然。"王弼

注说:"与自然无所违。"《庄子·齐物论》说:

> 天地与我并生,而万物与我为一。

看起来道家在主张天人合一方面,比儒家还要明确得多。墨子对天命鬼神的看法有矛盾。他一方面强调"非命""尚力",人之富贵、贫贱、荣辱在力不在命。但是在另一方面,他又推崇"天志""明鬼"。他的"天"好像是一个有意志行赏罚的人格神。天志的内容是兼相爱。他的政治思想,比如兼爱、非攻、尚贤、尚同,也有同样的标记。至于吕不韦,在《吕氏春秋·应同》中说:

> 成齐类同皆有合,故尧为善而众善至,桀为非而众非来。《高箴》云:"天降灾布祥,并有其职。"

这里又说:

> 山云草莽,水云鱼鳞,旱云烟火,雨云水波,无不皆类其所生以示人。

从这里可以看出,吕氏是主张自然(天)是与人相应的。

中国古代"天人合一"的思想,就介绍这样多。我不是写中国哲学史,不过聊举数例说明这种思想在中国古代十分普遍而已。

不但中国思想如此,而且古代东方思想也大多类此。我只举印度一个例子。印度古代思想派系繁多。但是其中影响比较大、根底比较雄厚的是人与自然合一的思想。印度使用的名词当然不会同中国一样。中国管大自然或者宇宙叫"天",而印度则称之为"梵"(brahman)。中国的"人",印度称之为"我"(Ātman,阿特曼)。总起来看,中国讲"天人",印度讲"梵我",意思基本上是一样的。印度古代哲学家有时候用 tat(等于英文的 That)这个字来表示"梵"。梵文 tatkartr,表面上看是"那个的创造者",意思是"宇宙的创造者"。印度古代很有名的一句话 tat tvam asi,表面上的意思是"你就是那个",真正的含义是"你就是宇宙"(你与宇宙合一)。宇宙,梵是大我;阿特曼,我是小我。奥义书中论述梵我关系常使用一个词儿 Brahmātmaikyam,意思是"梵我一如"。吠檀多派大师商羯罗(Śaṅkara,约788—820年),张扬不二一元论(Advaita)。大体的意思是,有的奥义书把"梵"区分为二:有形的梵和无形的梵。有形的梵指的是现象界或者众多的我(小我);无形的梵指的是宇宙本体最高的我(大我)。有形的梵是不真实的,而无形的梵才是真实的。所谓"不二一元论"就是说:真正实在的唯有最高本体梵,而作为现象界的我(小我)在本质上就是梵,二者本来是同一个东西。我们拨开这些哲学迷雾看一看本来面目。这一套理论无非是说梵我合一,也就是天人合一,中印两国的思想基本上是一致的。

从上面的对中国古代思想和印度古代思想的介绍中,我们可以看到,尽管使用的名词不同,而内容则是相同的。换句话说,"天人合一"的思想是东方思想的普遍而又基本的表露。我个人认为，这种思想是有别于西方分析的思维模式的东方综合的思维模式的具体表现。这个思想非常值得注意，非常值得研究，而且还非常值得发扬光大，它关系到人类发展的前途。

专就中国哲学史而论，我在本文一开头就说道：哪一个研究中国哲学史的学者也回避不开"天人合一"这个思想。要想对这些学者们的看法一一详加介绍，那是很难以做到的，也是没有必要的。我在下面先介绍几个我认为有代表性的哲学史家的看法，然后用比较长一点的篇幅来介绍中国现当代国学大师钱宾四（穆）先生的意见，他的意见给了我极大的启发。

首先介绍中国著名的哲学史家冯芝生（友兰）先生的意见。芝生先生毕生研究中国哲学史，著作等身，屡易其稿，前后意见也不可避免地不能完全一致。他的《中国哲学史》是一部皇皇巨著，在半个多世纪的写作过程中，随着时代潮流的变换，屡屡改变观点，直到逝世前不久才算是定稿。我不想在这里详细讨论那许多版本的异同。我只选出一种比较流行的也就是比较有影响的版本，加以征引，略作介绍，使读者看到冯先生对这个"天人合一"思想的评论意见。我选的是1984年中华书局版的《中国哲学史》。他在上册第164页谈到孟子时说：

"万物皆备于我""上下与天地同流"等语，颇有神秘主义之倾向。其本意如何，孟子所言简略，不能详也。

由此可见，冯先生对孟子"天人合一"的思想没有重视，认为"有神秘主义倾向"。看来他并不以为这种思想有什么了不起。他的其他意见不再具引。

第二个我想介绍的是中国著名的思想史家侯外庐先生。他在《中国思想通史》第1卷，谈到《中庸》的"天人合一"的思想。他引用了《中庸》的几段话，其中包括我在上面引的那一段。在第381页侯先生写道：

> 这一"天人合一"的思想，已在西周的宗教神上面加上了一层"修道之谓教"。

看来这一位中国思想史专家，对"天人合一"思想的理解与欣赏水平，并没能超过冯友兰先生。

我想，我必须引征一些杨荣国先生的意见，他代表了一个特定时代的御用哲学家的意见。他的《简明中国哲学史》可以代表他的观点。在这一部书中，杨荣国教授对与"天人合一"思想有关的古代哲学家一竿子批到底。他认为孔子"要挽救奴隶制的危亡，妄图阻止人民的反抗"，孔子的"政治立场的保守，决定他有落后、反动的一面"。对子思和孟子则说，"力图挽救种族统治、把孔子天命思想进一步主观观念化的唯心主义哲学"，"孟子鼓吹超阶级的性善论"，"由于孟子是站在反动的奴隶主立场，是反对社会向前发展的，所以他的历史观必然走上唯心主义的历史宿命论"，"由是孔孟之道更加成为奴役劳动人民的精神枷锁。要彻底砸烂这些精神枷锁，必须批判孔孟哲学，并肃清其流毒和影响"。下面对董仲舒，对周敦颐，对程颐，对朱熹，等等，所使用的词句都差不多，我不一一具引了。这同平常我们所赞同的批判继承的做法，不大调和。但是它确实代表了一个特定时期的思潮，读者不可不知，所以我引征如上。

最后，我想着重介绍当代国学大师钱穆（宾四）先生对"天人合一"思想的看法。

钱宾四先生活到将近百岁才去世。他一生勤勤恳恳，笔耕不辍，他真正不折不扣地做到了"著作等身"，对国学研究做出了极其重要的贡献。他涉猎方面极广，但以中国古代思想史为轴心。因此，在他漫长的一生中，在他那大大小小、长长短短的著述中，很多地方都谈到了"天人合一"，我不可能一一列举。我想选他的一种早期的著作，稍加申述，然后再选他逝世前不久写成的他最后一篇文章。两个地方都讲到"天人合一"，但是他对这个命题的评价却迥乎不同。我认为，这一件事情有极其重要的含义。一个像钱宾四先生这样的国学大师，在漫长的生命中，对这个命题最后达到的认识，实在是值得我们非常重视的。

我先介绍他早期的认识。

宾四先生著的《中国思想史》中说：

> 中国思想，有与西方态度极相异处，乃在其不主离开人生界而向外觅理，而认真理即内在于人生界之本身，仅指其在人生界中之普遍者共同者而言，此可谓之内向觅理。

书中又说：

> 中国思想，则认为天地中有万物，万物中有人类，人类中有我。由我而言，我不啻为人类中心，人类不啻为天地万物之中心。而我之与人群与物与天，则寻本而言，浑然一体，既非相对，亦非绝对。

在这里，宾四先生对"天人合一"的思想没有加任何评价。大概他还没有感觉到这个思想有什么了不起之处。

但是，过了几十年以后，宾四先生在他一生最后的一篇文章《中国文化对人类未来可有的贡献》中，对"天人合一"这个命题有了全新的认识。文章不长，《中国文化》系专门学术刊物又不大容易见到，我索性把全文抄在下面：

〔前言〕中国文化中，"天人合一"观，虽是我早年已屡次讲到，唯到最近始激悟此一观念实是整个中国传统文化思想之归宿处。去年九月，我赴港参加新亚书院创校四十周年庆典，因行动不便，在港数日，常留旅社中，因有所感而思及此。数日中，专一玩味此一观念，而有激悟，心中快慰，难以言述。我深信中国文化对世界人类未来求生存之贡献，主要亦即在此。惜余已年老体衰，思维迟钝，无力对此大体悟再作阐发，唯待后来者之继起努力。今适中华书局建立八十周年庆，索稿于余，姑将此感写出，以为祝贺。

中国文化过去最伟大的贡献，在于对"天""人"关系的研究。中国人喜欢把"天"与"人"配合着讲。我曾说"天人合一"论，是中国文化对人类最大的贡献。

从来世界人类最初碰到的困难问题，便是有关天的问题。我曾读过几本西方欧洲古人所讲有关"天"的学术性的书，真不知从何讲起。西方人喜欢把"天"与"人"离开分别来讲。换句话说，他们是离开了人来讲天。这一观念的发展，在今天，科学愈发达，愈易显出它对人类生存的不良影响。

中国人是把"天"与"人"和合起来看。中国人认为"天命"就表露在"人生"上。离开"人生"，也就无从来讲"天命"。离开"天命"，也就无从来讲"人生"。所以中国古人认为"人生"与"天命"最高贵、最伟大处，便在能把他们两者和合为一。离开了人，又从何处来证明有天。所以中国古人，认为一切人文演进都顺从天道来。违背了天命，即无人文可言。"天命""人生"和合为一，这一观念，中国古人早有认识。我以为"天人合一"观，是中国古代文化最古老、最有贡献的一种主张。

西方人常把"天命"与"人生"划分为二，他们认为人生之外别有天命，显然是把"天命"与"人生"分作两个层次、两个场面来讲。如此乃是天命，如此乃是人生。"天命"与"人生"分别各有所归。此一观念影响所及，则天命不知其所命，人生亦不知其所生，两截分开，便各失却其本义。决不如古代中国人之"天人合一"论，能得宇宙人生会通合一之真相。

所以西方文化显然需要另有天命的宗教信仰，来做他们讨论人生的前提。而中国文化，既认为"天命"与"人生"同归一贯，并不再有分别，所以中国古代文化起源，亦不再需有像西方古代人的宗教信仰。在中国思想中，"天""人"两者间，并无"隐""现"分别。除却"人生"，你又何处来讲"天命"。这种观念，除中国古人外，亦为全世界其他人类所少有。

我常想，现代人如果要想写一部讨论中国古代文化思想的书，莫如先写一本中国古代人的天文观，或写一部中国古代人的天文学，或人生学。总之，中国古代人，可称为抱有一种"天即是人，人即是天，一切人生尽是天命的天人合一观"。这一观念，亦可说即是古代中国人生的一种宗教信仰，这同时也即是古代中国人主要的人生观，亦即是其天文观。如果我们今天亦要效法西方人，强要把"天文"与"人生"分别来看，那就无从去了解中国古代人的思想了。

即如孔子的一生，便全由天命，细读《论语》便知。子曰："五十而知天命""天生德于予"。又曰："知我者，其天乎！""获罪于天，无所祷也。"

倘孔子一生全可由孔子自己一人做主宰，不关天命，则孔子的天命和他的人生便分为二。离开天命，专论孔子个人的私生活，则孔子一生的意义与价值就减少了。就此而言，孔子的人生即是天命，天命也即是人生，双方意义价值无穷。换言之，亦可说，人生离去了天命，便全无意义价值可言。但孔子的私生活可以这样讲，别人不能。这一观念，在中国乃由孔子以后战国时代的诸子百家所阐扬。

读《庄子·齐物论》，便知天之所生谓之物。人生亦为万物之一。人生之所以异于万物者，即在其能独近于天命，能与天命最相合一，所以说"天人合一"。此义宏深，又岂是人生于天命相离远者所能知。果使人生离于天命远，则人生亦同于万物与万物无大相异，亦无足贵矣。故就人生论之，人生最大目标、最高宗旨，即在能发明天命。孔子为儒家所奉称最知天命者，其他自颜渊以下，其人品德性之高下，即各以其离于天命远近为分别。这是中国古代论人生之最高宗旨，后代人亦与此不远。这可以说是我中华民族论学分别之大体所在。

近百年来，世界人类文化所宗，可说全在欧洲。最近五十年，欧洲文化近于衰落，此下不能再为世界人类文化向往之宗主。所以可说，最近乃是人类文化之衰落期。此下世界文化又将何所向往？这是今天我们人类最值得重视的现实问题。

以过去世界文化之兴衰大略言之，西方文化一衰则不易再兴，而中国文化则屡仆屡起，故能绵延数千年不断。这可说，因于中国传统文化精神，自古以来即能注意到不违背天，不违背自然，且又能与天命自然融合一体。我以为此下世界文化之归结，恐必将以中国传统文化为宗主。此事含义广大，非本篇短文所能及，暂不深论。

今仅举"天下"二字来说，中国人最喜言"天下"。"天下"二字，包容广大，其含义即有，使全世界人类文化融合为一，各民族和平并存，人文自然相互调适之义。其他亦可据此推想。

我抄了宾四先生的全文。此文写于1990年5月。全抄的目的无非是想让读者得窥全豹。我不敢擅自加以删节，恐失真相。

我们把宾四先生早期和晚期的两篇著作一对比便发现，他晚年的这一篇著作，对"天人合一"的认识大大地改变了。他自己使用"澈悟"这个词，有点像佛教的"顿悟"。他自己称此为"大体悟"，说这"是中国文化对人类最大的贡献"，又说"此事含义广大"，看样子他认为这是一件了不起的事。我们当然都非常希望知道，这"澈悟"的内容究竟是什么。可惜他写此文以后不久就谢世，这将成为一个永恒的谜。宾四先生毕生用力探索中国文化之精髓。积80年之经验，对此问题必有精辟的见解，可惜我们永远也不会知道了。

他在此文中一再讲"人类生存"。他讲得比较明确："天"就是"天命"；"人"就是"人生"。这同我对"天""人"的理解不大一样。但是，他又讲到"不违背天，不违背自然",把"天"与"自然"等同,又似乎同我的理解差不多。他讲到中国文化与西方文化,认为"欧洲文化近于衰落",将来世界文化"必将以中国传统文化为宗主"。这一点也同我的想法差不多。

宾四先生往矣。我不揣谫陋,谈一谈我自己对"天人合一"的看法,希望对读者有那么一点用处,并就正于有道。我完全同意宾四先生对这个命题的评价:含义深远,意义重大。我在这里只想先提出一点来:正如我在上面谈到的,我不把"天"理解为"天命",也不把"人"理解为"人生";我认为"天"就是大自然,"人"就是我们人类。天人关系是人与自然的关系。看来在这一点上我同宾四先生意见是不一样的。

我怎样来解释"天人合一"呢?

话要说得远一点,否则不易说清楚。

最近四五年以来,我以一个哲学门外汉的身份,有点不务正业,经常思考一些东西方文化关系问题,思考与宾四先生提出的"此下世界文化又将何所向往"相似的问题。我先在此声明一句:我并不是受到宾四先生的启发才思考的,因为我开始思考远在他的文章写成以前。只能说是"不谋而合"吧。我曾在许多文章中表达了我的想法,在许多国际学术研讨会上,我也发表了一些讲话。由最初比较模糊,比较简单,比较凌乱,比较浅薄,进而逐渐深化,逐渐系统,颇得到国内外一些真正的行家的赞许。我甚至收到了从西班牙属的一个岛上寄来的表示同意的信。

那么,我是如何思考的呢?

详细地介绍，此非其地。我只能十分简略地介绍一下。我从人类文化产生多元论出发，我认为，世界上每一个民族，不管大小，都或多或少地对人类文化做出了贡献。自从人类有历史以来，共形成了四个文化体系：

一、中国文化

二、印度文化

三、从古代希伯来起经过古代埃及、巴比伦以至伊斯兰阿拉伯文化的闪族文化

四、肇端于古代希腊、罗马的西方文化

这四个文化体系又可以划分为两大文化体系：东方文化和西方文化。前三者属于东方文化，第四个属于西方文化。两大文化体系的关系是：三十年河西，三十年河东。

东西两大文化体系的区别，随处可见。它既表现在物质文化上，也表现在精神文化上。具体的例子不胜枚举。但是，我个人认为，两大文化体系的根本区别来源于思维模式之不同。这一点我在上面已经提到过：东方的思维模式是综合的，西方的思维模式是分析的。勉强打一个比方，我们可以说：西方是"一分为二"，而东方则是"合二而一"。再用一个更通俗的说法来表达一下：西方是"头痛医头，脚痛医脚""只见树木，不见森林"，而东方则是"头痛医脚，脚痛医头""既见树木，又见森林"。说得再抽象一点，东方综合思维模式的特点是：整体概念，普遍联系。而西方分析思维模式则正相反。

现在我回到本题。"天人合一"这个命题正是东方综合思维模式的最高、最完整的体现。

我在上面已经说到，我理解的"天人合一"是讲人与大自然合一。我现在就根据这个理解对人与自然的关系进行一些分析。

人，同其他动物一样，本来也是包括在大自然之内的。但是，自从人变成了"万物之灵"以后，顿觉自己的身价高了起来，要闹一点"独立性"，想同自然对立，要平起平坐了。这样才产生出来了人与自然的关系。

人类在成为"万物之灵"之前或之后，一切生活必需品都必须取给于大自然，衣、食、住、行，莫不皆然。人离开了自然提供的这些东西，一刻也活不下去。由此可见人与自然关系之密切、之重要。怎样来处理好人与自然的关系，就是至关重要的了。

据我个人的观察与思考，在处理人与自然的关系方面，东方文化与西方文化是迥乎不同的，夸大一点简直可以说是根本对立的。西方的指导思想是征服自然；东方的主导思想，由于其基础是综合的模式，主张与自然万物浑然一体。西方向大自然穷追猛打，暴烈索取。在一段时间以内，看来似乎是成功的：大自然被迫勉强满足了他们生活的物质需求，他们的日子越过越红火。他们有点忘乎所以，飘飘然、昏昏然自命为"天之骄子""地球的主宰"了。

东方人对大自然的态度是同自然交朋友，了解自然，认识自然；在这个基础上再向自然有所索取。"天人合一"这个命题，就是这种态度在哲学上的凝练的表述。东方文化曾在人类历史上占过上风，起过导向作用，这就是我所说的"三十年河东"。后来由于种种原因，时移事迁，沧海桑田，西方文化取而代之。钱宾四先生所说的"近百年来,世界人类文化所宗,可说全在欧洲"。这就是我所说的"三十年河西"。世界形势的发展就是如此,不承认是不行的。

东方文化基础的、综合的思维模式,承认整体概念和普遍联系,表现在人与自然的关系上就是人与自然为一整体,人与其他动物都包括在这个整体之中。人不能把其他动物都视为敌人,要征服它们。人吃一些动物的肉,实在是不得已而为之。从古至今,东方的一些宗教,比如佛教,就反对杀牲,反对肉食。中国固有的思想中,对鸟兽表示同情的表现,在在皆有。最著名的两句诗,"劝君莫打三春鸟,子在巢中待母归",是众所周知的。这种对鸟兽表示出来的怜悯与同情,十分感人。西方诗中是难以找到的。孟子的话"恻隐之心人皆有之",也表现了同一种感情。

东西方的区别就是如此突出。在西方文化风靡世界的几百年中,在尖刻的分析思维模式指导下,西方人贯彻了征服自然的方针。结果怎样呢?有目共睹,后果严重。对人类的得寸进尺、永不餍足的需求,大自然的忍耐程度并非无限,而是有限度的。在限度以内,它能够满足人类的某一些索取,过了这个限度,则会对人类加以惩罚,有时候是残酷的惩罚。即使是中国,在我们冲昏了头脑的时候,大量毁林造田,产生的后果,人所共知:长江变成了黄河,洪水猖獗肆虐。

从全世界范围来看,在西方文化主宰下,生态平衡遭到破坏,酸雨到处横行,淡水资源匮乏,大气受到污染,臭氧层遭到破坏,海、洋、湖、河、江遭到污染,一些生物灭种,新的疾病冒出,等等,威胁着人类的未来发展,甚至人类的生存。这些灾害如果不能克制,则用不到一百年,人类势将无法生存下去。这些弊害目前已经清清楚楚地摆在我们眼前,哪一个人敢说这是危言耸听呢?

现在全世界的明智之士都已痛感问题之严重。但是却不一定有很多人把这些弊害同西方文化挂上钩。然而,照我的看法,这些东西非同西方文化挂上钩不行。西方的有识之士,从20世纪20年代起直到最近,已经感到西方文化行将衰落。钱宾四先生说:"最近五十年,欧洲文化近于衰落。"他的忧虑同西方眼光远大的人如出一辙。这些意见同我想的几乎完全一样,我当然是同意的,虽然衰落的原因我同宾四先生以及西方人士的看法可能完全不相同的。

有没有挽救的办法呢?当然有的。依我看,办法就是以东方文化的综合思维模式济西方的分析思维模式之穷。人们首先要按照中国人,东方人的哲学思维,其中最主要的就是"天人合一"的思想,同大自然交朋友,彻底改恶向善,彻底改弦更张。只有这样,人类才能继续幸福地生存下去。我的意思并不是要铲除或消灭西方文化,不是的,完全不是的。那样做,是绝对愚蠢的,完全做不到的。西方文化迄今所获得的光辉成就,决不能抹杀。

我的意思是,在西方文化已经达到的基础上,更上一层楼,把人类文化提高到一个前所未有的高度。"三十年河西,三十年河东"这个人类社会进化的规律能达到的目标,就是这样。

有一位语言学家讽刺我要"东化"。他似乎认为这是非圣无法、大逆不道之举。愧我愚陋,我完全不理解:既然能搞

"西化",为什么就不能搞"东化"呢?

"风物长宜放眼量。"我们决不应妄自尊大,但是我们也不应妄自菲薄。我们不应当囿于积习、鼠目寸光,认为西方一切都好,我们自己一切都不行。这我期期以为不可。

多少年来,人们沸沸扬扬,义形于色,讨论为什么中国自然科学不行,大家七嘴八舌,争论不休,都认为这是一件事实,不用再加以证明。然而事情真是这样吗?我自己对自然科学所知不多,不敢妄加雌黄。我现在吁请大家读一读中国当代数学大家吴文俊先生的一篇文章:《关于研究数学在中国的历史与现状》(见《自然辩证法通讯》1990年第4期)。大家从中一定可以学习很多东西。

总之,我认为,东方文化中有不少好东西,等待我们去研究,去探讨,去发扬光大。"天人合一"就属于这个范畴。我对"天人合一"这个重要的命题的"新解",就是如此。

1992年11月22日

关于"天人合一"思想的再思考

今年春天,我在新创刊的《传统文化与现代化》杂志上发表了一篇论文《"天人合一"新解》(以下简称《新解》),阐述了我最近对东西文化关系的一些新的想法,大概仍然属于野狐谈禅之类。不意竟引起了很大反响(柴剑虹、向云驹等先生相告)。同时,我自己也进一步读了一些书。我并无意专门搜集这一方面的资料,资料好像是自己跃入我的眼中。一经看到,眼明心亮。我自己也有点吃惊:资料原来竟这样多呀!这些资料逼迫我进一步考虑这个问题。

我想到,东西文化关系的问题,是当前国内热门话题之一,国外也有类似倾向。最近一两年内,我曾多次参加国内和国际研究东西文化关系的学术研讨会。同声相求,同气相应,颇有一些意见相同者,窃以为慰。但是,兹事体大,绝非一两个人,在一两年内,就能获得比较满意的结果的。因此,把我进一步考虑的结果以及新看到的一切资料,搜集起来,对《新解》加以补充,会是有益的。

这就是这篇论文产生的根源。

我的做法是,先补充一些资料,然后再分别介绍李慎之先生一篇文章和郑敏先生一篇文章。最后讲一点纳西族的哲学思想。

补　充

我在《新解》中引用了不少中国资料，但是对一个非常重要的人物，宋代的张载，却只提了一句，这无疑是一个很大的缺憾。张载是宣扬"天人合一"思想的最深刻、最鲜明的代表，是万万遗漏不得的。我现在来弥补一下。

张载是宋代的理学大家之一。在遵照唯物主义和唯心主义斗争的条条框框写成的中国哲学史中，他一向被认为是唯物主义者。我对这种愣贴标签的、把哲学现象过分简单化的做法是不敢苟同的，这且不去说它。我现在引他一些话，补《新解》之不足。

"天人合一"思想在张载的著作中，到处都有表现。比如在《正蒙》中他说"爱必兼爱"，他又说"物无孤立之理"，意思就是，事事物物都互相联系。这同我多次提到的东方文化的特点整体概念、普遍联系，是一个意思。表现"天人合一"思想最鲜明、最深刻的例子，是张载著名的《西铭》（后收入《正蒙》中）。《西铭》极短，我不妨全文抄出：

乾称父，坤称母；予兹藐焉，乃混然中处。故天地之塞，吾其体；天地之帅，吾其性。民吾同胞，物吾与也。大君者，吾父母宗子；其大臣，宗子之家相也。尊高年，所以长其长；慈孤弱，所以幼其（吾）幼。圣其合德，贤其秀也。凡天下疲癃残疾、惸（茕）独鳏寡，皆吾兄弟之颠连而无告者也。于时保之，子之翼也；乐且不忧，纯乎孝者也。

张载就补充这样多。在当时，张载同程朱一派的理学家意见是不同的，甚至是矛盾的。但是对张载这种鲜明的"天人合一"的思想，程朱也是赞赏的。可见这种思想，在中国哲学史上，是深入人心的。

现在我想补充一点关于日本的资料。

日本深受中国宋明理学的影响，对于"天人合一"的思想并不陌生。这一点在讲日本思想史的书中，在许多中国学家的著作中，可以很容易找到，无需我再加以详细论列。前不久，我接到日本神户大学教授、哲学和日本学专家仓泽行洋博士的新著《東洋と西洋》，其中有的地方讲到天人合一：第一章，"世界观の东西""13. 众生本来佛""14. 万物我と一体"。我请人（北京大学东方学系于荣胜同志，谨向他表示谢意）把14译为汉文，附在这里，以供参考：

14. 万物与我一体

这样，在佛教中认为人与万物并无差别，同为佛，实质上同为一物。当然，我们即使不以佛作为依据，在其他许多地方也同样可以发现人与万物本质上完全相同。

譬如，在印度有一种古老的哲学，叫"奥义书"。这种哲学出现在佛教尚未形成之时。奥义书哲学的根本理念、根本思想就是 ātman 与 brahman 同一。ātman 就是自我的本质、我的实体。brahman 就是宇宙的原理，译为"梵"。这里就是讲我与梵、自我的本体与宇宙的原理是相同之物。日本明治时代的某位学者把它称为"梵我一如"。奥义书思想之本就在于"梵我一如"。这是一个十分出色的表现。"梵我一如"也是我、人与人以外的万物完全相同的另一种讲法。

另外，还有一种十分简洁、十分明确的说法，这就是"天地与我同根，万物与我一体"。这句话出自中国的一本古书《碧岩录》。此句的意义，我想是不说自明的。

与此十分相似的还有《庄子》中的一句话："天地与我并生，而万物与我为一。"

《庄子》中还有这样一句话："万物皆一，万物一齐。"此处的万物中包含着人类。包括人类在内的万物从本质上看都是相同的。"万物一齐"的"一齐"就是相同、相等之意，所以就等于说万物毫无例外都是平等的。

此类例子不胜枚举。

现在补充一点关于朝鲜的资料。

朝鲜有比较悠长的哲学发展的历史,一方面有自己本土的哲学思想,另一方面又受到了邻国中国哲学思想的影响。中国儒家思想在三国时期已传入朝鲜,儒家的天命观影响了朝鲜思想。到了高丽末李朝初期,宋代程朱之学传入。作为宋代理学基础的"天人合一"思想,也在朝鲜占了上风。在这(个)时期出现了一批程朱理学的代表人物,比如李穑(1328—1396年)、郑梦周(1337—1392年)、郑道传(1337—1398年)等等,在他们的学说中,都有一些关于天地万物之理的论述;但是,明确提出"天人合一"思想的是权近(1352—1409年)。他用图表来解释哲学思想,其中最重要的是"天人心性合一之图",他把这张图摆在所有图的最前面,以表示其重要性。他反对天人相胜论。他说:

就人心性上,以明理气善恶之殊,以示学者……人兽草木千形万状,各正性命者,皆自一太极中流出。故万物各具一理,万理同出一源,一草一木各一太极,而天下无性外之物,故中庸言,能尽其性,则能尽人之性,能尽物之性,而可以赞天地之化育,呜呼,至哉。

权近又提出了天人相类相通的学说,他说:

盖天地万物,本同一体,故人之心正,则天地之心亦正;人之气顺,则天地之气亦顺。是天地之有灾祥,良由人事之有得失也。人事得,则灾祥顺其常;人事失,则灾祥反其正。

他还说:

> 人众胜天,天定亦能胜人。天人之际,虽交相为胜,然人之胜天,可暂而不可常;天之胜人,愈久而愈定也。故淫者必不能保其终,而善者必有庆于后矣。

李朝前半期的哲学思想,以及那以后的哲学思想,仍然或多或少地呈现出"天人合一"的色彩。因此我们可以说,这种东方特有的"天人合一"的思想,在朝鲜哲学史上也是比较明确的。

补充就这样多。在《"天人合一"新解》里,我论述了中国和印度的"天人合一"的思想。现在,我又补充了日本和朝鲜(韩国)的"天人合一"的思想。东方几个有代表性的国家,我都谈到了。因此,我说,"天人合一"的思想,是东方文明的主导思想,应该说是有坚实可靠的根据的。

文章介绍*

我在下面介绍两篇文章,第一篇是李慎之教授的《中国

---

* 此标题为编者所加。

哲学的精神》。

在进入正文之前，我想先讲一点琐事，也可以算是"花絮"吧。

我最初并不认识李慎之先生。只在中国国际交流协会的理事会上见过几次面。我认为他不过是一个外交官，一个从事国际活动的专家，没有给我留下多么深刻的印象。前几年，台湾的星云大师率领庞大的僧尼代表团，来大陆访问。赵朴老在人民大会堂设素斋招待。排座位，我适与他邻座。既然邻座，必然要交谈。谈了没有几个回合，我心里就大吃一惊，我惊其博学，惊其多识，我暗自思忖："这个人看来必须另眼相看了。"

《吴宓与陈寅恪》一书出版，在懂行的人们中，颇引起一点轰动。报纸杂志上刊出了几篇文章，从不同的角度上对陈吴二师的思想学术和交谊，做了一些探讨，极有见地，相当深刻，发潜德之幽光，使二师的真相逐渐大白于天下，我心中窃以为慰。

有一天，见到李先生。他告诉我，他看到我为那一本书题的封面，我在书名之外写上了"弟子季羡林敬署"。这本是一件微末不足道的小事，他却大为感慨。我小时候练习过毛笔字，后来长期在国外，毛笔不沾手者十有余年。我自知之明颇有一点，自知书法庸陋，从不敢以书法家自命。不意近若干年以来，竟屡屡有人找我写这写那。初颇惶恐觳觫，竭力抗拒。人称谦虚，我实愧恧。于是横下了一条心："你不嫌丑，我就不脸红！"从而来者不拒，大写起来。但是，《吴宓与陈寅恪》却不属于这个范畴。为两位恩师的书题写书名，是极大的光荣。题上"弟子"字样，稍寓结草衔环之意。这一切都是在有意与无意之间进行的。然而慎之却于其中体会出深文奥义，感叹当今世态浇漓，师道不尊，"十年浩劫"期间，学生以打老师为光荣，而今竟有我这样的傻子、呆子、花岗岩的老脑袋瓜，仍遵古道，自署"弟子"。他在慨叹之余，提笔写了一篇关于《吴宓与陈寅恪》一书的文章，寄了给我。不知何故，没能收到。他又把文章复制了一份，重新付邮，并附短札一通。文章的名字叫《守死善道　强哉矫》，副标题是"读《吴宓与陈寅恪》"。信与文章都是一流的。我现在先把信抄在下面：

季先生：

　　拙文于六月底草成后即寄上请正。既然没有收到，就再次挂号寄上。

　　上次信中，还写了一些对陈吴两先（生）表示钦仰的话，并且希望两先生的老节能为中国知识分子之操守立一标准。这次就都不说了。只是仍然深感自己才力薄弱，不足以发两先生的潜德幽光，滋有愧耳。

　　专此即颂

秋安

　　　　　　　　　　　李慎之　1992年中秋夜

看了这封信，我相信，读者会认为我抄它是应该的。至于那一篇文章，我力劝他发表，现已在《瞭望》1992年第42期上刊出。我劝对陈吴两师有意研究了解者务必一读。我认为这是一篇难得的好文章，有见解，有气势，有感情，有认识；对两先生毕生忠于自己的信念，不侮食自矜，不曲学阿世，给予了最高的评价；对两先生生死全交、终生不渝的友谊给予了最高的赞美。文章说：

陈先生的悲剧并不在他的守旧而正在于他的超前，这就是所谓"先觉有常刑"。

真可以掷地作金石声！
这就是我认识李慎之的经过，这就是我认识的李慎之。
这"花絮"实在有点太长了。但是，我相信，读者读了以后，或许还有人认为，它还应该再长一点。
现在来介绍《中国哲学的精神》。
按照平常的做法，我应当先对本文加以概述，然后选取某些点加以详细评论，或赞同或否定，或誉或毁，个人的看法当然也要提到，于是一篇文章便大功告成。我现在不想这样办。我觉得，这样办虽符合新八股的规律，然而却是"可怜无补费精神"。大家不是常说"求同存异"吗？我想反其道而行之，来一个"求异存同"，并非想标新立异，实不得不尔耳。
说到"求异存同"，我又不得不啰唆几句。李慎之先生在《守死善道　强哉矫》那一篇文章里引用了古人的话："朋友,以义合者也。"我认为,这是含义深刻的一句话。但是,什么叫"义"呢?韩文公说:"行而宜之之谓义。"这仍然是"妻者,齐也"同音相训的老套。我个人觉得,"义"起码包含着肝胆相照这样一层意思,就是说,朋友之间不说假话,要讲真实的话。慎之做到了这一点,我现在努力步其后尘。

在这个思想的指导下,我介绍《中国哲学的精神》一文,不谈本文,只谈《后记》。慎之说:

> 我过去看到季先生一些短篇论东西文化的文章,总以为他的思想与我大相径庭。这次看到他的长篇论述,才发觉我们的看法原来高度一致。

这对我无疑是一个极大的鼓舞,给了我极大的安慰。关于"高度一致"的地方,我就不再谈了。我现在专谈"高度不一致"的地方。

这样的地方我归纳为以下三点,分别谈谈我的意见。

一、西方科学技术的副作用问题

李慎之先生说:"季先生似乎对西方科学技术的副作用看得多了一点。"可我自己觉得,我看得不是太多,而是太少。关于这个问题,我并不是先知先觉。西方有识之士早已看到了,而且提出了警告。不但今天是这样,而且在一百多年以前已经有人提出来了。下面介绍郑敏教授的文章时,我还将谈论这个问题。这里就暂且不谈了。

前几天，我在香山召开的"东方伦理道德与青少年教育国际研讨会"上听到一位女士说，她最近读了一本外国某专家的书，书中列举了大量类似我在《新解》中所指出的西方科技产生出来的弊害，有说明，有理论，他最后的结论是，到了21世纪末，人类就到了"末日"，实在让人惊心动魄。我还没有像他那样悲观，原因大概就是因为我并非科技专家，也非社会学家。我所能看到的并且列举出来的弊害，并不全面。虽然我在列举弊害时，往往在最后加上"等等"，甚至两个"等等"这样的字样，看来是胸有成竹，种种弊害罗列心头，唾手可得。实际上是英雄欺人，是我耍的一种手法。我限于能力，再也列举不出更多、更具体、更有力的证据了。

但是，就拿我所能列举出来的弊害来看，这些都是确确实实存在着的，而且还日益发展蔓延。这绝不是我个人的幻想，而是有目共睹的。可怜当今世界上那些有权势的能在这方面有所作为的大人物，对这些问题视而不见，懵懵懂懂，如在梦中，仍然在争名于朝、争利于市，自我感觉极端良好哩。

慎之在《后记》中又提到：

> 去年六月讨论环境问题的全球首脑会议前夕，有一批当今世界上在各种学科居于领导地位的科学家特地写信给首脑会议发出呼吁，认为只有发展科学、发展技术、发展经济，才有可能最后解决环境问题。决不能为保护环境而抑制发展，否则将两俱无成。我是赞成他们的意见的。

直白地说，我是不赞成他们的意见的，我期期以为不可。为了保护环境决不能抑制科学的发展、技术的发展和经济的发展，这个大前提绝对是正确的。不这样做是笨伯，是傻瓜。但是，处理这个问题，脑筋里必须先有一根弦，先有一个必不可缺的指导思想，而这个指导思想只能是东方的"天人合一"的思想。否则就会像是被剪掉了触角的蚂蚁，不知道往哪里走。从发展的最初一刻起（From the very beginning），就应当在这种思想的指引下，念念不忘过去的惨痛教训，想方设法，挖空心思，尽上最大的努力，对弊害加以抑制，决不允许空喊："发展！发展！发展！"高枕无忧，掉以轻心，梦想有朝一日科学会自己找出办法，挫败弊害。常言道："道高一尺，魔高一丈。"到了那时，魔已经无法控制，而人类前途危矣。中国旧小说中常讲到龙虎山张天师打开魔罐，放出群魔，到了后来，群魔乱舞，张天师也束手无策了。最聪明、最有远见的办法是向观音菩萨学习，放手让本领通天的孙悟空去帮助唐僧取经。但同时又把一个箍套在猴子头上，把紧箍咒教给唐僧。这样可以两全其美，真无愧是大慈大悲的观世音。西方科学家们决不能望其项背。他们那一套"科学主义"是绝对靠不住的。事实早已证明了：科学绝非万能。

二、东西方文化融合的问题

李慎之先生说：

事实上，人类已经到了全球化的时代，各种文化的融合已经开始了。（见《辨同异　合东西》）

笼统地说，我是同意这个看法的。因为，文化一经产生并且发展到了一定的程度，就会融合；而只有不同的文化的融合才能产生更高一层的文化。历史事实就是如此。

在这里，关键问题是"怎样融合？"也就是慎之所说的"如何"（how）的问题。这也就是我同他的分歧之所在。他的论点看样子是东西文化对等地融合，不分高下，不分主次，像是酒同水融合一样，你中有我，我中有你，平起平坐，不分彼此。这当然是很理想的，很美妙的。

但是，我却认为，这样的融合是不能解决问题的，倒不是因为我们要争一口气。融合必须是不对等的，必须以东方文化为主。

这不是有点太霸道了，太不讲理了吗？为了说明这个问题，话必须扯得远一点。

英国历史学家汤因比（Toynbee）在他的巨著《历史研究》（*Historical Studies*）中，把人类在几千年的历史上所创造的文明归纳为23种或26种。意思就是说，任何文明都不能万岁千秋，永存不朽。这个观点是符合人类历史发展情况的。我归纳了一下，认为人类的文明或者文化大体上有五个阶段：诞生，成长，繁荣，衰竭，消逝。这种消逝不是毫不留踪迹地消失了，而是留有踪迹的，踪迹就存在于接它的班的文化中。这其实也是一种文化融合，但却不是对等的，而是有主有从的。

我们现在所说西方文化，是指汇合了古代希腊文化和希伯来文化而发展下来的欧美文化。其思想基础是分析的思维模式。其繁荣期是在工业革命以后。与资本主义的诞生有密切联系。这个文化把人类文化的发展推向一个空前的高度，创造的物质财富使全人类皆蒙其利，无远弗届。这一点无论如何也要强调的。但是，中外少数有识之士，已经感到，到了今天，这个文化已呈强弩之末之势。它那分析的特点碰到了困难，一些西方的物理学家提出了"夸克封闭"的理论。我于此是一个完全的外行，不敢赞一辞。即使是还能分析下去，也决不能说永远能分析下去。那种"万世不竭"的想法，恐怕只是一种空想。反正一向自认为已经抓到了真理，无所不适、无所不能的自然科学家并不能解决或者解释自然界和人类躯体上的一切问题，这已经是有目共睹的了。

西方文化衰竭了以后怎样呢？我的看法是：自有东方文化在。

可是，李慎之先生在这里又提出了问题。他在《辨同异合东西》这一篇发言里说：

> 首先是，所谓东方与西方文化究竟何所指，就很难弄清楚。

这话自有其道理。一直到今天，主张东西文化有别的人还没有哪一个能够条分缕析地，翔实而又确凿地，令人完全信服地说出个道理来。这有待于我们进一步地思考与研究。但是决不能因噎废食，就说东西文化分不清楚了。世界上万事万物，没有哪一个是绝对地纯的。连"真空"也不是百分之百的"真"。自其大者而言之,东西文化确有差别,而且差别极为明显,这一点无法否认。人类创造的文化很多,但是从总体上来看,可以分为东西两大文化体系。人类的思维模式,尽管名目繁多,但是从总体上来看也只能分为两大体系:综合的思维模式与分析的思维模式。这与东西两大文化体系适相对应。我在上面已经谈到,西方文化绝不能万岁千秋,西方的科学技术也绝非万能。自然界和人体内许多现象,西方科技无法解释。比如人体特异功能、中国的气功,还有中国傩文化中的一些现象,按照西方自然科学的规律是无法说得通的。把这些东西过分夸大,说得神乎其神,我并不相信;但是这种现象确实存在,又无法否认。

怎样来解释这些现象呢?西方的科学技术已经无能为力,也就是说,西方以分析思维模式为主导的探讨问题的方式已经无能为力了。换一个方式试试看怎样呢?在这里,Alternative只有东方文化,只有以综合思维模式为主导的东方探讨问题的方式。实迫处此,不得不尔。一个人的个人爱好在这里是无能为力的。

东西方文化的差别表现在众多的地方。原来我以为只有在社会科学和人文科学方面是这样的。后来我读了一些书和文章,才知道区别并不限于上述两种科学,连自然科学也不例外。给我启发最大的两篇文章,一篇是吴文俊教授的《关于研究数学在中国的历史与现状》,副标题是"东方数学典籍《九章算术》及其刘徽注研究序言",发表在《自然辩证法通讯》1990年第4期上。第二篇是关士续先生的《科学历史的辩证法与辩证唯物主义的历史观》,副标题是"由吴文俊教授一篇序言引起的思考和讨论",发表在《自然辩证法研究》1991年第5期上。两位作者都根本不是讨论东西方文化的问题,然而对探讨这两种文化之差别时有非常深刻的启发意义。我郑重推荐给对这个问题有兴趣的同行们读一读。

话扯得有点太远了,是收回来的时候了。话虽然多,但我深信并不是废话。看了这些话以后,读者自然就能明白,我理解的东西文化融合与慎之理解的大相径庭。我理解的不是对等的融合,而是两个文化发展阶段前后衔接的融合,而是必以一方为主的融合,就是"东风压倒西风"吧。试问一个以综合思维为基础的文化怎样能同一个以分析思维为基础的文化对等地融合呢?那样产生出来的究竟会是一种什么样的文化呢?

这里有一个十分关键的问题,必须加以解决,否则的话,我上面的那一些论证都成了肥皂泡,一吹就破。这就是:中国文化,或者泛而言之的东方文化,也已有了若干千年的历史,难道这个文化就不受我在上面提出来的文化发展的五个阶段的制约吗?难道在这里必须给东方文化以"特权"吗?否,否,东方文化也必须受那五个阶段的制约。在规律面前,方方平等。我拿中国文化做一个例子来解释一下这个问题。汤因比在他的书中曾把中国文化分为几个文明。其说能否成立,姑置不论。但是中国文化作为一个整体,在几千年的发展过程中,有过几次"输液"或者甚至"换血"的过程。印度佛教思想传入中国,是第一次"输液";明清之际西方思想传入,是第二次"输液";五四运动也可以算是第三次"输液"。有这样几次"输液"的过程,中国文化才得以葆其青春。这样的

"输液",西方文化是不明显的。工业革命以后的繁荣阶段,更是根本没有。这是东西方文化最显著的区别之一。

基于上述理由,我不能同意慎之的意见。

三、"三十年河东,三十年河西"的问题

这个问题在上面二里实际上已经解决了。但是,慎之在《后记》里十分强调说:"季先生所提出的'三十年河东,三十年河西'论,是我最不能同意的。"因此,我觉得还有必要,再唠叨上几句。

这个问题,与其说是一个理论(慎之的"论"),毋宁说它是一个历史事实。既然在人类历史上有过许多文化或者文明,生生灭灭,变动不已,从广义上来看,这就是"三十年河东,三十年河西"。把范围缩小一点,缩为东西两大文化体系,情况稍有不同。在这里,历史上曾有过"三十年河东",现在正是"三十年河西",是否能再有一个"三十年河东",这就有点理论味道了,因为历史还没有证明其"是"与"否"。我认为是"是",理由上面二里已经陈述过了。至于究竟如何,那就有待于历史的证明。黑格尔用正—反—合这个公式说明事物发展规律。我觉得,在东西文化的关系上应该是正—反—正。但是我对于理论不是内行,提出来求教于通人。

写到这里,我想起了一个古老的笑话,是关于两个近视眼看匾的,内容大家都知道的。我同慎之以及其他先生讨论的问题,等于还没拿出来的那一块匾。这样的问题只有历史的发展能最终解决,理论不管多么完美,多么奇妙,在没有被事实证明以前,都只能说是空想。因此,我对这个问题的考虑

就到此为止，今后不想再写21世纪"畅想曲"了。这个问题留给文学家，留给诗人去处理吧。

下面介绍第二篇文章：郑敏教授的《诗歌与科学：世纪末重读雪莱〈诗辨〉的震动与困惑》。雪莱（1792—1822年）这一篇文章是一篇极为重要的文章，真正闪耀着"天才的火花"。西人有言：诗人是预言家。这话极有见地。诗人大概比我在上面提到的看（猜）匾的近视眼要高明得多多了。郑敏先生又以自己诗人的敏感写出了重读这篇文章的震动与困惑，极具有启发性。这与我在《新解》中提出的看法几乎完全符合。我不禁有点沾沾自喜了。

我在下面就郑敏教授的文章谈几点意见。

一、雪莱预言工业发展的恶果

英国浪漫主义诗人雪莱以惊人的诗人的敏感，在西方工业发展正如火如荼地上升的时候，预先看到了它能产生的恶果。因为我自己没有读《诗辨》，我只能依靠郑敏先生的介绍，我还是抄一点她的文章吧：

> 在他的感受里19世纪上半期的英国文化和人民的心态可谓病入膏肓。人们醉心于利用新兴的科学占领财富，一味放纵钻营的才能，而忽视心灵的培养。人们以机械的生产压制真正的创造性，而只有创造性才是真正的知识的源。在《诗辨》中雪莱指控工业革命将人们引上贪财、自私、愚昧的道路。

郑敏先生接下去在下面又写道：

> 从17世纪到19世纪，西方文明在强大富裕的路上疾驰，价值观念经受强大的冲击，科技的惊人成就使得人文科学黯然失色。为积累财富所需的知识和理性活动成为文教界所重视的，而诗和想象力由于其无助于直接换取市场上的优势而受到忽视，前者雪莱称之为钻营的本领，诗人意识到物质的丰富并不必然促成文明自低向高发展。

这些话对我们今天的中国也还有其借鉴的意义。我并不主张一切的财富积累都必须反对。那是某些宗教教派的信条，为我所不取。但在积累财富的同时不应该进行点精神文明方面的教育吗？

接下去，郑敏教授根据雪莱的预言列举了一些随着高科技在20世纪的发展而产生出来的"罪恶"：原子弹、艾滋病、民族仇恨的战火、森林的被破坏、海洋受污染、动物种类不断减少、臭氧层遭破坏、吸毒的蔓延、国际贩毒活动猖狂、黑手党的暴力活动、灭绝种族的纳粹大屠杀、恐怖的夜间失踪、精神病院的黑暗等等。这同我在一些文章中列举的"弊端"，大同而小异。真是触目惊心，令人不寒而栗。

二、雪莱开出的药方

上面列举的那一些现象，不管称之为什么，反正都是确确实实存在的，必须有解救的办法，必须有治这些病的药方。

根据郑先生的介绍，雪莱开出来的药方是诗与想象力，再加上一个爱。

根据郑先生的解释，"诗"，在很多情况下指的是诗的功能。雪莱认为，诗是神圣的，它具有一种道德的威力，它能克服邪恶。"想象力"，雪莱在《诗辨》中提出了它作为对物质崇拜和金钱专政相对抗的解毒剂。这种想象力的成分有柏拉图的理念、康德的先验主义，以及大量带有非理性（不是反理性）色彩的人文主义。在《诗辨》看来，那在富与高尚之间遗失的环节，就是想象力和诗。

雪莱医治人类创伤的另一剂良药就是"爱"。在《解放了的普罗米修斯》中，地下凶神德漠高更说爱这双有医疗功能的翅膀拥抱满目疮痍的世界。

总之，雪莱的浪漫主义想以爱来医治人的创伤，以想象力来开拓人的崇高，以诗来滋润久旱的土地。他的这一些想法，我们不见得都能接受。但是，这对我们会有很大的启发性，则是必须肯定的。

三、人与大自然的关系

一讲到爱，就会同人与大自然的关系挂上了钩。在这个问题上，郑敏教授有非常中肯的论述。我在下面抄一段她的话：

> 譬如当一部分人为了发财而疯狂地破坏自然时，诗心使得一些人抗议滥杀野生动物，破坏原始森林，

破坏臭氧层。愈来愈多的人走出以"人"为中心的狭隘、愚昧的宇宙观,认识到自然并不是为人而存在的,反之,人若要存在下去,要了解自然、保护自然。盲目破坏自然环境,最终是要受到自然的惩罚。在工业的初期,人类兴奋于一些科技的发明而以为人类万能,自我膨胀……使人类在愚蠢的谋财过程大量伤害了自然,今天我们已看到人和自然间的文本的关系,人的存在因自然受伤也面临危机。

这些意见同我在《新解》和其他文章中的意见完全一致。我们必须承认这些意见的正确性。中国和东方一些国家自古以来的"天人合一"的思想,表达的正是这种思想和感情。拯救全人类灭亡的金丹灵药,雪莱提出来的是想象力、诗和爱,我们东方人提出来的是"天人合一"的思想,殊途同归,不必硬加轩轾。

四、西方向东方学习

写到这里,已经接近西方必须向东方学习的问题了。

关于这个问题,郑敏先生介绍了一些情况。她说,随着西方社会走向后工业化时代,西方思潮中发展了一股向东方文化寻找清热解毒的良药的潜流。她举出了一些例子,比如20世纪初的费诺罗萨(Fenollosa)和埃兹拉·庞德(Ezra Pound)对中国文字和古典文学的兴趣。

这一支向东方文明寻找生机的学派虽然在20世纪以

前已经开始，但在19世纪与20世纪发展成西方文化中一支颇有影响的亚文化。从道家、儒家、印度佛教近年在西方文化中的影响来讲，就可以看出西方思想家是如何希望将东方文化作为一种良药来疏浚西方文化血管中物质沉淀的阻塞。

在这里，郑敏教授举出了F.卡普拉(Fritjof Capra)和海德格尔，还有日本学者Tezuka(手冢)，以及德里达关于语言的讨论。

总之，西方向东方学习古已有之，于今为烈。我个人认为这是不可避免的，而且是一件大好的事情。特别值得思考的是这样一个事实：西方在第一次世界大战和第二次世界大战以后，都曾掀起了向东方学习的高潮。其中原因实在值得我们认真去思考。

五、两种思维方式

最后我想着重谈一谈东西两种思维方式或模式的问题。

几年以前，我提出了世界上两大思维模式的想法，东方的综合的思维模式和西方的分析的思维模式。我在本文中，在上面，也谈到了这个想法。我有点自知之明，自己决不是什么哲学家，至多不过胡思乱想而已。可是对这种胡思乱想偏偏又有点沾沾自喜。这或许是人类的弱点之一吧，我也未能免俗。虽然对读者同意的反应和不同意的反应我并不怎样介意，但看到赞成的意见，心里总是有点舒服。这或许是人类的另一个弱点吧。

在郑敏教授的这一篇文章里,我无意中找到了同我的看法几乎完全相同的论述,窃以为慰。我先把有关的地方抄在下面:

> 20世纪后半期,西方结构主义与解构思维都以语言为突破口,对人类文化的各方面进行阐释,最后落实到两类思维模式,结构主义带着浓厚的崇尚科学的客观性的倾向,企图将文字、语言及文化的各个方面纳入脱离人性及主观想象力的活动而独立存在的结构符号系统的世界。解构思维则对这种崇尚逻辑分析并以此为中心的智性活动的垄断进行反抗。(《外国文学评论》,1993年第1期)

再往下,郑敏先生又从人类智能的倾向方面把智能分为两大类:

> 分析的、重实的和综合的重穿透和超越的。雪莱认为科技属于前者,而诗的想象为后者。

这同上面讲到的人类的两种思维模式完全相当。根据郑先生的论述,这两种模式表现在很多方面,我先归纳一下,列出一个简明扼要的表,然后再逐项稍加解释:

分析知性(理性)　分析力　结构主义
综合悟性　　　　　想象力　解构思维

为了真实和准确起见,我在解释时少用自己的话,而多用郑文原文。先谈分析和综合。

> 从 18 世纪以来,由于科技的突飞猛进,人们更重视分析的逻辑思维,而忽视想象力的海阔天空的创造性。
>
> 但现在这类分析活动,正试用压倒创造发明的功能(指想象力——作者注)的直接表述。

"综合",上面引文中已有,不再重复。

谈知性和悟性。

> 忘记了想象力、悟性是保护人类崇高精神和创造能力的一种天性。
>
> 但他坚信这一切必须置于诗的功能和想象力的悟性(非狭隘的理性)之下。
>
> 有"智性活动"这个词儿。
>
> 理性地运用强调分析、知性和实证,而忽略悟性,虽然悟性是凌驾于事实之上的一种超越的穿透性。

谈分析力和想象力。上面的引文已经涉及这方面了。现在再引上几句话。

> 想象力的集中表现为诗和哲学,分析力的集中表现为科技(与科学理论有别);想象力的发展走向是超越物质世界,走向无拘束、无边无限的精神世界,而分析活动的发展产生了人对征服自然的强烈欲望。

我在别的地方讲过，"征服自然"是西方文化有别于东方文化的重要特点。郑文还提到，雪莱的《诗辨》主张以诗的功能和想象力来与分析性的功利主义和实用主义抗衡。

结构主义和解构思维，上面已引过。我现在再补充上一条：

> 解构思维反对定型的、僵化的系统和抽象，因此吸收了东方哲学的"道"、"无常道"、"无名天地始"、"常无观其妙"（羡林按：原文如此）、"玄者无形"等强调"无"的思维。

这样解构思维就同东方文化挂上了钩。

郑敏教授的论文就介绍到这里。

雪莱的《诗辨》和郑先生的文章，都是好文章，但是，是否我就完全同意不敢赞一辞了呢？也不是的。我现在就根据自己的理解做一点补充，并且谈一谈自己的看法。

首先，雪莱所谓的"诗"，不可能指世界上所有的诗。在过去的几千年中，各国人民创造了不少的种类繁多、内容和形式各异的诗，诗的功能也各种各样，有的诗显然并不具备雪莱所说的那一种"诗的功能"。我猜想，雪莱心目中的诗就是"浪漫主义"的诗。

其次，郑文中谈到了综合思维和分析思维，但是没有指出，这二者是否在地球上有所区别。我在上面已经指出，世界上没有绝对纯的东西，东西方都是既有综合思维，也有分析思维。但是，从宏观上来看，从总体上来看，这两种思维模式还是有地域区别的：东方以综合思维模式为主导，西方则是分析思维模式。这个区别表现在各个方面。东方哲学思想的特点的"天人合一"思想，就是以综合思维为基础的。

最后，我还想对诗人诅咒金钱谈上几句话。我觉得，金钱本身是没有什么善与恶的。善与恶决定于：金钱是怎样获得的？金钱又是怎样使用的？来的道路光明正大，使用的方式又合情合理，能造福人类，这就是善。否则就是恶。这个常识，很多人都会有的。

在结束本文之前，我再补充一点关于中国少数民族纳西族的类似汉族"天人合一"思想的哲学思想。

我在《新解》中和本文里讲的人与大自然合一的思想，都讲的是汉族的。对于少数民族的哲学思想，我很少涉猎，不敢妄说。不久以前我收到云南朋友们赠送的《东巴文化与纳西哲学》，赠送者就是本书的作者李国文先生，读后眼界大开。书中作者叙述了"动物崇拜型的世界血肉整体联系说"。这里讲了三种动物：虎、牛、青蛙。对于这三种动物与世界血肉整体联系，本书有很简明扼要的叙述，读者请参阅原书，我不再引证。为了给读者以具体的印象，我引用东巴经《虎的来历》中的一段话：

……大地上很好的老虎，虎头是天给的。虎皮是大地给的。虎骨是石头给的。虎肉是土给的。虎眼是星宿给的。虎肚是月亮给的。虎肺是太阳给的。

虎心是铁给的。虎血是水给的。虎气是风给的。虎的声音是青龙给的。虎爪是大鹏给的。虎胆是胜利神和白牦牛给的。虎耳是豺狗给的。

不用加任何解释,天地万物为一体的精神,跃然纸上。

这种"天人合一"的精神,其他少数民族中一定还有。我现在暂且不去探索了。

我这一篇长达一万五千字的拙文到此为止。它看似凌乱,实则有一条主轴思想贯串其中。明眼人自能看出,我就不再啰唆了。

1993 年 6 月 6 日

一点补充：

今夏,韩国东国大学校佛教大学院院长吴亨根教授率佛教代表团访华。到北大以后,我应吴教授之邀,给全体团员(僧、尼均有)做了一个简短的报告,内容就是:"天人合一"思想是东方思想的特点和精华,只有东方的"天人合一"的思想才能够拯救人类。讲的时间只有 40 分钟,讲话和翻译各占一半,我不能够充分发挥,是可以想见的。不意竟受到韩国朋友的热烈赞扬。最近接到吴亨根教授 8 月 20 日来函,对我的想法做了重要的补充。现在我把信的一部分抄在下面,完全抄原信,没有更改一个字:

季羡林先生　您好。

最近好吗?上次您为我们学校的学生演讲,真的非常感谢。对学生，当然包括我在研究东洋思想上帮助是很大的。先生您发表的论文"天人合一"，我已经读过了。我个人想："天人合一"的思想是否和大乘起信论中的"色心一如"思想是否相通呢？中国僧肇大师说："天地与我同根，万物与我一体。"此思想全是东洋思想的最极致。彼此好的因在一起就有果，相扶相助。华严思想中的法界缘起可以说是东洋思想的最好代表。我想此种思想，要是能有所觉悟，则人类相互之间才能互相爱护，同体大悲思想才能出现。

原信就抄到这里。

1993 年 9 月 19 日

汉语是一种"模糊"语言

中国俗话说："人同此心，心同此理。"这两句话基本上是正确的。因为，既然同是人，当然会有其共同之处。但又不完全正确。这里要说明几句，主要说明东西方是不完全相同的。

什么叫"心"呢？这个字的含义比较复杂，一般可以理解为思想感情。思想的直接表露是语言，我就拿语言来做例子加以说明吧。众所周知，中国文化是东方文化的基础，中国的汉语表露中国的"心"，表露中国的文化，也可以说是表露东方文化的特点。同西方语言比较起来，汉语的特点是异常鲜明突出的。它没有形态变化，没有变格，没有变位，连单词的词类有时候也不清楚。"人"和"火"一般都认为是名词，但是韩愈却说："人其人，火其书。"第一个"人"字和"火"字都变成了动词。

用一个时髦流行的名词，我们可以说：汉语是一种"模糊"语言。过去颇有一些著名的学者，对汉语这种语言忧心忡忡，幻想加以改造。始作俑者可以说是马建忠。到了五四运动时期，胡适、鲁迅等人也都认为汉语太模糊，语言模糊说明思想（"心"）糊涂，想改造汉语。改造的模型就是西方有形态变化的语言。当时和后来都有不少的人同意这种做法。

到了今天，时移事迁，我们这种看法必须改变了。前若干年，西方兴起了一种新学问，叫"模糊学"，模糊数学、模糊逻辑、模糊语言学，什么都模糊，模糊得一塌糊涂。初看似怪，实则正确。试问世界上有什么事情是完完全全、百分之百清楚的呢？

我个人体会，所谓"模糊"是要求人们对待一切事物都要费点脑筋，考虑考虑。再拿语言来做例子。读西方语言写成的书，变格、变位清清楚楚，不必左顾右盼，就能够了解句子的内容。读汉文则不行，你必须左顾右盼，看上下文，看内在和外在的联系，然后才能真正了解句子的内容。一言以蔽之，使用汉语的人，于无形中就养成了一种习惯：整体概念，普遍联系。我认为这正是东方文化相对于西方文化的突出的特点。

我把这种整体概念、普遍联系的思维方式称为"综合的思维"。与此相对立的是西方的"分析的思维"。这两种不同的、对立的思维方式或者思维模式，正是东西方文化的基础。

1994年1月14日

中外文化交流漫谈
——从西域文化的传入谈起

"西域"这个词儿的含义并不是固定的。约略言之,可以有广狭二义。广义的西域包括古代中国以西的地域,没有什么一定的边际。唐代高僧玄奘的《大唐西域记》,讲到了今天的新疆一带一直到印度、巴基斯坦、孟加拉国、尼泊尔、斯里兰卡、阿富汗、伊朗,甚至阿拉伯的一些地方。狭义的西域则多半指今天新疆一带。

西域地处欧亚大陆中间偏东的地带,有名的丝绸之路就横贯此地,自古以来就是东西文化交流的地方。人类在过去几千年的历史上共创造了四大文化体系。这四大文化体系在新疆交汇,在全世界这是唯一的一个地方。只从这一点上来看,西域之重要概可想见。

纵横十万里,上下五千年,地球上有很多很多的民族,民族有大有小,历史有长有短,但几乎每一个民族都创造了自己的文化。

文化绝对不是哪一个民族单独创造的。说文化是一个天之骄子的民族创造的,是法西斯论调。历史事实是,几乎每一个民族都对人类文化共同的宝库做出了自己的贡献。

文化有一个特点：一旦产生，它就要传播。在民族内部传播，又传播到民族地区以外去，这就形成了文化交流。通过文化交流，民族间弃短取长，互相调剂，互相补充，把许多民族的智慧汇集在一起，又从而发扬光大之，才形成了今天世界上这种五彩缤纷、绚丽夺目的文化，使全人类皆蒙受其利。

这里所说的"西域文化"，主要是指广义的西域，因为狭义的西域本地产生的文化不很显著，它主要是一个文化交流会通的地方。世界四大文化在这里汇流后，又向东方传播。"西域文化"就是汇流在这里的文化。要想讲这种文化的传播，必须追溯其根源，不能以狭义的西域为出发点。

追溯西域文化的根源，十分复杂。就其大者而言之，不外三途：一是印度，包括南亚地区的一些国家；二是伊朗，即中国古代史书上的波斯；三是阿拉伯国家，即中国古代史书上的大食。我在下面分别加以叙述。

印　度

中印文化交流，源远流长，头绪万端，其延续时间之长，内容之丰富，彼此所受的影响之大，在整个人类历史上，都可以说是独一无二的。因此，世界上许多国家的学者，特别是中国和印度两国的学者，专门研究中印文化交流史者颇不乏人。我自己在这方面也做了一些工作。中印文化交流的内容，千言万语也难于说得清楚。我在这里只能极其简略地加以叙述。

佛教的传入

谈中印文化交流，首当其冲的就是佛教的传入。

我们对于佛教以及其他的宗教，应该有一个客观的实事求是的看法，过去那种批、批、批的做法不见得是正确的。对佛教我们应该一分为二。它有它的糟粕，这不容怀疑。但也有一些积极的方面。中国的儒学素来是辟佛的，但是，事实上许多儒家的大学者都学过佛，佛教的教义以及分析问题的方法，对他们产生了深刻的影响。口头上是辟，骨子里是吸收。中国哲学史上的光辉的顶点之一的宋明理学，大家都知道，是吸收了佛教的一些东西，才能成其大，才能成其深。此外，佛教还带来了不少副产品。中国如果没有佛教的话，我们的文学，我们的建筑艺术，我们的绘画艺术，我们的雕塑艺术，决不会发展成今天这个样子。古诗说"天下名山僧占多"。没有佛教，就没有僧；没有僧，就没有现在这样多的佛教庙宇。对我们今天的旅游事业，也会有极大的影响。这一点一想就能明白。

佛祖释迦牟尼的诞生地实际上是在尼泊尔境内，他后来游行传教多在印度境内，所以我们一般都说印度佛教。这个说法不全面。

至于佛教传入中国的时间，确切日期我们还说不出来。一般的说法是，汉明帝（在）永平年间（58—76年）派人到西域去求法。这位皇帝夜梦神人，身有日光，飞在殿前，于是派人到大月氏写佛经四十二章，在洛阳城西起佛寺白马寺。这个说法是靠不住的。佛教传入中国的确切时间，我们现在还说不出。但是，在大月氏写经却可能有历史根据。大月氏这个游牧民族当时正住在大夏（Bactria），到大夏去抄写佛经，很有可能。据我的研究结果，佛教最初传入中国都是通过陆路，途径共有两条：

一　印度——→大夏（大月氏）——→中国

二　印度——→中亚小国——→中国

最近有人主张所谓"南传佛教"，并倡言有考古发掘工作为证。其实这是颇为玄乎的。一则"南传佛教"这个词儿易生误会，因为一般说"南传佛教"指的是从印度传向南方斯里兰卡以及缅甸和泰国的巴利文小乘佛教。二则从汉译最原始的佛教术语来看，没有一点南方的色彩。

印度在精神文明和物质文明方面影响中国

在精神文明方面最突出的例子就是佛教。此外在天文、历算、文学、艺术等等方面，印度对中国的影响也是彰明昭著的。一直到今天，我们的语言中还有不少从印度来的词汇，经如佛、菩萨、僧人、尼姑等等一系列的宗教术语，仍然是老百姓嘴里常常使用的。这方面的例子太多，我无法一一列举。

在物质文明方面，印度同样对中国有巨大的影响。这情况同样表现在词汇上。我们常说的"玻璃""琉璃"等词儿，最初也是印度传来的。但是，最初的玻璃、琉璃等等，同我们现在常说的不是一码事。世界语言发展的历史证明了，词义是能够变动的。

这方面的例子也太多，我也无法一一列举。我现在只举一个例子，是一般人不注意的。这个例子就是糖。

糖是我们今天天天吃的东西，看起来微末不足道，不值得去伤脑筋。但是其背后却隐藏着一部持续时间很久、内容异常曲折、头绪纷繁的文化交流史。它牵涉很多国家，我在这里先谈中国同印度的关系。

中国古代有蔗（最初写作"柘"）而无糖，蔗只饮蔗汁。古代的"饴"是用粮食熬制成的。"糖"这个字本身出现得比较晚，《说文》中没有此字。用蔗汁熬糖，大概在南北朝时期才有，工艺比较粗糙。到了唐太宗贞观二十一年（647年），太宗派人到摩揭陀（印度的一部分）去学习熬糖法，"即诏扬州上诸蔗，拃沈如其剂，色味愈西域远甚"（《新唐书》，二二一上"摩揭陀"）。这里有几点需要加以解释。"诸蔗"，亦作"诸柘"，指的就是甘蔗。从印度学来了熬糖法，诏扬州贡上甘蔗，然后按照印度的配方拃甘蔗汁，熬糖，结果无论是在颜色方面（更白了），还是在味道方面（更甜了），都远远地超过了印度。

这可以说是中国制糖史上的一个里程碑，但是中国的熬糖法还不就到此为止。之后中国又从波斯学习，从埃及和伊拉克学习，从西洋（明代的"西洋"和那以后的"西洋"）学习，熬糖技术日臻完善。明末，中国的白砂糖已经输出国外了。

波斯（伊朗）

在西域诸国中第二个对中国有巨大影响的国家是波斯。

伊朗是文明古国，历史极长，成就极大，在西域时盛时衰，起过重要的作用。伊朗文化对中国的影响，也可以分为精神文明和物质文明两部分。在精神文明方面，伊朗的摩尼教在西域一带兴盛过一阵，后来也传入了中国。这个宗教同佛教不一样，兴盛过一段时间以后，逐渐衰微，终至灭亡。传到了中国以后，也是如夏夜的流星一样，在一些地区有过信徒，后来也消亡了。摩尼教的许多经典残卷，在中国新疆一带被发掘出来。另外一个伊朗的宗教祆教，也传入中国，后来也灭亡。伊朗宗教在中国留下了影响和痕迹，在建筑和艺术上有所表露。中国农民起义很多，有的利用宗教的形式，其中也有伊朗宗教，中国古籍中所谓"吃菜事魔"者就是。

　　伊朗艺术的风格和图案，在丝绸之路上，影响极大。在中国境内的一些洞窟中，壁画上都有伊朗的影响。

　　在物质文明方面，我首先还是讲一讲糖。从汉末起，中国古籍中就出现了"石蜜"这个词儿。石蜜是一种蔗糖，估计比较硬，所以名之以"石"。同"石蜜"相联系的不是"西国"，就是"西极"，足征这是外国来的。唐代一些《本草》中常说：石蜜，西戎、波斯来者良。可见这东西是从波斯来的。唐代大历年间（766—780年），四川遂宁来了一个"西僧"邹和尚，教当地农民制糖霜。不必实有其人，不能说没有其事。我怀疑，这个和尚来自伊朗。如果没有这个人的话，这件事也与波斯有关。

　　石蜜以外，还有一些植物和矿物从波斯传入中国。我们今天所食用的一些菜蔬和果品，我们是食而不思。实际上每一种菜蔬和果品的背后都隐藏着一部交流传播史。有时候，我们只知道，它是外来的东西，但是，究竟是从哪一个国家来的呢？我们却往往说不清楚。今天我们的舶来品往往冠以"洋"字，比如洋葱、洋火腿、洋酒、洋烟等等。古时候这一类外来的东西往往冠以"海"字、"胡"字，比如洋药称为"海药"，又有"胡桃"等带"胡"字的东西。有时候也冠以"番"字，比如番茄等等。20世纪30年代北京称西餐为"番菜"。从波斯来的或者在传播过程中同波斯有某些瓜葛的果菜花木颇多。我现在只举几个例子：苜蓿、葡萄、胡桃、安石榴、胡荽、黄瓜、胡葱、红花、茉莉、指甲花、五倍子、胡椒、诃黎勒、菠菜、巴旦杏、无花果、水仙、西瓜、胡萝卜等等。

此外，从波斯传入中国的还有锦缎、氍毹（毲）和其他一些纺织品，还有一些矿物输石、翡翠之类。

阿拉伯国家

中国同阿拉伯国家的文化交流也是源远流长的。至迟到了汉代，中国就同阿拉伯有了往来，当时还不叫阿拉伯。到了唐代，中阿交通达到了顶点，中国古代史籍中的"大食"，就是阿拉伯国家。回教在唐初传入中国，到了今天，中国56个民族中有不少是穆斯林。阿拉伯国家的旅行家，有几个也到过中国，在他们的游记中记载着中国的情况。

在这样的情况下，阿拉伯的精神文明和物质文明当然会传入中国，（并）产生了重大的影响。首先我想举的例子仍然是糖，这我在上面讲到印度和伊朗时已经讲过了。

古代的埃及和伊拉克的熬糖术达到了相当高的水平。根据《马可波罗游记》和其他的材料，阿拉伯的熬糖技术也传到了中国。在制糖方面，所谓技术高低主要表现在两个方面：色与味。颜色是越来越白，味道是越来越醇而且甜，因为杂质被熬掉了。一部中国制糖史就是沿着这个方向向前发展的。

此外，阿拉伯的动、植、矿物有一些也传到了中国。根据中外历史资料，我选几个比较重要的介绍一下：

动物：马（大食国马解人语）　鸵鸟　大尾羊　胡羊　羚羊　木乃伊　珊瑚树　珠　象牙　腽肭脐　龙涎

植物：石榴　人木　阿芙蓉（鸦片）　熏陆香（乳香）　骐（䭿）竭　苏合香　无食子（没食子）　诃黎勒　金颜香　栀子花　蔷薇水　丁香　阿魏　芦荟　押不卢　火牛刺把都

矿物：马脑（玛瑙）　无名异（铁砂）　琉璃　回回（青）　石头　红石头　绿石头　鸦鹘　猫睛　甸子　火油

此外，阿拉伯的天文历算也影响了中国。

我在上面极其简略地介绍了西域文化东渐和佛教、回教传入中国的情况。这不是学术论文，我不能详征博引，我只是给大家介绍一个轮廓，让大家了解中国同西域文化交流的情况而已。

了解文化交流的情况有什么意义呢？

这是值得我们三思的一个问题。有一个简单的事实，就摆在我们每一个人的面前：如果我们中国在历史上没有从印度、伊朗、阿拉伯国家以及其他的西域地区或国家接受我在上面叙述的那样一些精神文明和物质文明的东西，今天我们的文化、我们的日常生活将会是一个什么样子，我们简直连想也不敢想。只此一点就足以证明文化交流有多么重大的意义。我在最近几年来的一些文章中，屡次提到了一个观点：文化交流是推动人类社会前进的动力之一。这一点还有什么可怀疑的地方吗？

我个人觉得，这一点认识异常重要。这一方面可以提高我们的爱国心，另一方面又能激发我们的国际主义精神。把爱国主义和国际主义恰当地结合起来，我们的工作就能够做好，我们就能够无往而不利了。

1994 年 1 月 30 日

西方不亮东方亮[*]

同志们，原来我讲好的是，十个八个人在一起座谈，随便讲点什么。结果，这个架势一摆（指安排季先生坐在台上），非高高在上不行了。在车上我跟他们两位（宋柏年、刘蓓蓓）说讲什么东西，我说希望先听听大家的意见，他们说讲一讲文化什么的和跟你们学院有关系的一些事情。刚才杨院长也说了，不是什么正式的报告。我就根据在车上那个几分钟的灵感，来谈一点我的感想。

大家知道，我并不是搞什么文化思想的，我的出身是搞西洋文学的，后来乱七八糟搞点语言、文化、佛教，科技什么的也涉及了，是杂家，样样通，样样松，不行。要说特点呢，我喜欢胡思乱想。最近也写过几篇文章，是胡思乱想的结果。这胡思乱想有个好处，为什么？因为真正的专家呀，他不敢随便说话，他怕。我不是什么专家，所以我敢说话，就跟打乒乓球一样，我没有心理负担。现在我就讲一点儿我的看法，当

---

[*] 本文是作者1995年5月9日在北京外国语大学中文学院所做的讲演。

然，把所有的想法都讲出来也不可能，占大家太多时间。

第一个就讲他们两位在路上讲到的文化热，眼前我们中国研究文化的一些情况。这个问题不是现在才开始的，大概是几年前吧，提出了弘扬中华民族优秀文化这个口号，得到了全国人民、海外华人华裔甚至不是华人的外国人的赞同。这证明这个口号提得正确。什么原因呢？就是我们弘扬中华民族优秀的文化，这绝对不是什么狭隘的民族主义。因为我们都认为，外国的一些有识之士，也认为我们的优秀文化中间有些东西，不但对中国有利，对世界也有利，所以我们要弘扬。因此，我自己感觉，这口号提出来以后，这爱国主义和国际主义，完全可以结合起来。有人把国际主义跟爱国主义对立，我感觉到，真正的爱国主义就是国际主义，真正的国际主义就是爱国主义。我们这个口号就具体体现了这个关系。

据说现在全世界给文化下的定义有500多个，这说明，没法下定义。这个东西啊，我们认为人文科学跟自然科学不一样，有的是最好不下定义，自然科学像"直线是两点间最短的线"，非常简单，非常明了，谁也反对不了。而我认为社会科学不是这样的，所以文化的定义我想最好还是不下。当然，现在好多人写文章，还在非常努力地下定义，这个不过是在500个定义外再添一个定义，501、502，一点问题不解决，所以我个人理解的文化就是非常广义的，就是精神方面，物质方面，对人民有好处的，就叫作文化。文化一大部分呢，就保留在古代的典籍里边，五经四书呀，二十四史呀，中国的典籍呀，按照数量来讲，世界第一，这是毫无问题的；按质量来讲，我看也可以说是世界第一。大部分保留在典籍里，当然也有一部分不是保留在典籍里边，比如说长城，长城文化。长城是具体的东西。现在的文化，吃的盐巴也是文化，什么都是文化。这个正确不正确，我也不敢说，我说这是不是太过分了，什么都是文化，虽然这个没什么坏处，说明大家对文化重视。不用说别的，就是从我们古代文献里边，好多话，到今天非常值得我们深思。大家也知道，宋代赵普以半部《论语》治天下，从前年轻的时候我也很怀疑，我说一个人怎么能够以半部《论语》治天下呢？我到了望九之年了，我现在感觉到其实用不着半部《论语》，有几句话就能治天下。例如像大家举的"己所不欲，勿施于人"，这个想法，这句话能办到，我看不仅中国大治，世界也大治，世界和平就有了保证。这一句话就够了。又如"先天下之忧而忧，后天下之乐而乐"，你到了共产主义也无非是这个境界吧。

今天中午我看《大公报》，现在的日本大使，他就讲，"近者悦，远者来"。我后来听说我们国家一个领导人到印度去访问，人家总理就讲这个教育重要，说教育是"十年树木，百年树人"，引的我们中国的。后来这位领导人到了巴基斯坦，他们的总理（女总理）引用的也是中国的话。我不是说古籍里说的话全对，这个不可能的，有精华也有糟粕，这是必然的，可是精华毕竟多于糟粕。像这种话，我不是说别的国家就没有，不能那么说，我也不说我们中华民族是世界上独一无二的。"文化是我们创造的"，这是希特勒的论调，文化不是哪一个民族创造的，是大家共同创造的。我们古代典籍里边，就是片言只字，你只要认真体会，就能对今天有帮助。这种话多极了。《论语》我们都念过，当时念《论语》莫名其妙，后来，新中国成立后也批判《论语》，真是莫名其妙。现在你想一想呢，这里边有些话确实是那么回事，对我们今天有用。所以林语堂，写了一本书叫《中国的智慧》(*The Chinese Wisdom*)，它就是讲这个，选中国古代典籍里边非常精粹的，叫作中国的智慧。再回到我刚才说的，是弘扬中华民族优秀文化，我说不但对中国有用，对世界也有用。大家都能做到的话，这世界会变好的。当然这种想法就是"乌托邦"，不可能的。不过无论如何，这种智慧代表我们老祖宗对社会的看法，对人生的看法，是非常正确的。

有一次开会，碰到那个萧克将军。大家也知道萧克，他是炎黄文化研究会的执行副会长。他讲中国文化中有精华，当然也有糟粕，他说孔子讲"唯女子与小人之为难养也，近之则不逊，远之则怨"。他说这就是看不起妇女吧，这句话是对的。当时在孔子那个时代，妇女恐怕是地位很低的。不过，我也跟他讲，这句话里边还有一半是对的。说小人那半对的，说妇女是错了，不应该那么讲，后来他也同意。这样我也感觉到，我们弘扬文化，我刚才说，得到全世界，不但是华裔华侨，而且是外国人的赞扬，我是说有识之士，不是一般人，一般的西方人还没到这个水平。

再说我们中国，跟这个有联系的是讲国学。国学嘛，好像是北大带了个头，《人民日报》大家也看了吧，去年有一篇文章，讲国学在燕园悄悄地兴起。实际上国学有一大部分就是讲我们的优秀文化，我们搞国学的目的也不是什么复古主义，跟那个不沾边儿。可现在呢，大家注意到没有？现在就是有人这么讲，说搞国学就是对抗马克思主义。这话我最初听说时，大吃一惊，我说国学怎么能对抗马克思主义呢，可是确实有人这么说了，而且有文章，大家要是愿意看的话呢，去年，哪一月忘记了，《哲学研究》上有一篇文章就是这观点。也有人写文章配以漫画来讽刺国学研究。所以，问题就是我们认为正确的，人家不一定认为正确。咱们人文科学就这么复杂。这个问题请同志们注意，这种文章以后还会有，这种讲话以后也会有。我的看法呢，说搞国学就是对抗马克思主义，这根本不沾边儿，应该说是发扬发展马克思主义，这就对头了。不沾边儿，怎么对抗呢，好像是我们一提倡国学就是复古主义。

现在整个的社会，不但中国，而且是全世界，都是西方文化占垄断地位。这是事实，眼前哪里不是西方文化？电灯电话，楼上楼下，就说我们这穿的，从头顶到鞋，全是西方化了。这个西化不是坏事情，问题是怎么对待这个现象。现在，我们学界，你讲那个西化大家没人反对，不管你怎么西化，没人反对；你讲"东化"，就有人大为恼火。这"东化"报纸上没有这个词儿，是我发明的。不用说别的，我记得是1827年，还是清朝，歌德，德国那个大文学家，当时应该说歌德是西方文化的代表人物，他在1827年1月30日，跟爱克曼谈话，讲一个什么问题呢，就讲中国的《好逑传》。《好逑传》这本书，中国最多能够摆在《今古奇观》里边，跟那个同等水平。歌德呢，看了那个翻译，是法文翻译还是拉丁文呢，我忘记了，就大为赞美，说中国这个文化了不起。《好逑传》，从这个名字你就能知道，是讲才子佳人的。他讲什么呢，歌德讲，你看在这个屋子里面，这个公子跟小姐在那里谈情说爱，可是坐怀不乱，伦理道德水平高。另外天井里面，那个鱼缸里面的金鱼，在那里悠然自得，在那里玩，说中国这个天、人完全和谐，一点儿没矛盾。虽然是讲才子佳人，这种书咱们有一大批，歌德当然不知道，当时欧洲也不可能知道，一大批，可以说是已经公式化了。可他认为了不起，他批评当时法国一个最著名的诗人，就说是写伦理道德啊，就写这个男女关系，若跟中国一比啊，简直是天上地下，中国好得不得了。1827年，不是很早的，不是汉唐，汉唐那时候确实东化。当时在汉唐，世界的文化中心、经济中心是中国。到了法国，大家知道的伏尔泰，对中国也是推崇备至。莱布尼茨也是对中国的《易经》推崇备至。歌德比他们还晚。到了1827年，还这样赞美中国。据我的看法，到了1840年，鸦片战争以后，用现在的话讲就是纸老虎，被戳破了，于是乎中国的威望、中国的文化，在欧洲人眼中，一落千丈。鸦片战争是转折点，在1840年。当然在1840年前，中国已经有一批人，感到闭关锁国是不正确的。比如魏源，大家知道魏源的《海国图志》，《海国图志》这本书，写作是在鸦片战争以前，鸦片战争以后才出齐，最后有一百卷，一大堆。这本书应该说在当时是了不起的。可这本书产生的作用，在中国远远不如日本。一向有人讲，日本在1868年明治维新，受这个影响，其中主要之一就是《海国图志》，但是《海国图志》在中国并没有产生这么大影响，一直到19世纪末年洋务派，好像也没有给它了不起的地位。就说这个东方文化、西方文化，眼前，我刚才说了，是西方文化主宰世界。这个我们否定不了。我刚才说，也是件好事。这是西方产业革命以后，也不过几百年里发展起来的，一方面我们人民得到了好处，当然一方面也得到了灾难，这同时啊，这好处与灾难，老子讲辩证法讲得非常好，"福兮祸所伏，祸兮福所倚"，祸福是辩证的。世界往往是这样的，好东西中往往有坏东西，就说西化，我刚才说，我们现在人为什么能够人为地使年龄越来越老，我看跟西方的物质文明、西方的科学技术是分不开的。不能不承认这一点。但是，它有它的缺点。

远的不讲，同志们你们有没有注意《参考消息》，就是《参考消息》，不是什么很难得的报纸，你们注意一下就知道，现在科学技术的发展，导致了对自然的破坏，生态平衡的破坏，世界要变暖，种种种种，这些东西啊，都跟西方的科学技术有关系。所以我就说，好东西跟坏东西有时候很难分。那么我们现在在这个科学技术方面，起步比较晚，也有我们的好处，就是过去的人走过的错路，我们可以不走。可对这个认识，大家很不一致，就是东化西化的问题，我看到了21世纪，我们应该提倡东化。现在在这方面有几种看法。一种看法呢就是，我写过几篇文章，也在几个地方讲过，我说21世纪是东方文化的世纪。我到现在还这么讲。说这话，因为我自己是东方人，有点王婆卖瓜自卖自夸，可是这个意见西方人也有，比如Toynbee，英国的Toynbee，他那本书译过来叫《历史研究》，很大的本子，三本，大家有兴趣可以看一看。他就主张这样，他就主张世界的文化，他不叫文化，他叫文明，Civilization，不是Culture，这两个字的差别先不讲，又有相同之处，又有不同之处。文化跟文明，Toynbee用的是Civilization。他把人类的文明，过去的，所有的，5000年以内的，分为23个或26个，他认为任何文明都不能万岁千秋，它有成长过程。有人讲，他是进化论的看法，你不管他是什么论，反正这是历史事实证明了的，一种文化，不能永远万世长存，任何文化，它总是要变的。我们讲辩证法，辩证法的核心，就是一切都要变，这谁也否定不了的。文化、文明也是这样的。欧洲有些国家得到好多殖民地，自己以为了不起，1914年打了一次世界大战，结果自己打自己，都是白种人打白种人，基本上是。所以1918年以后，欧洲有识之士，他们觉得有点问题，他们说，我们的文化这么了不起，我们是天之骄子，为什么我们自己打自己？一死几千万。所以当时，就在一战以后，就出了一本书。德国人斯宾格勒（Spengler）写的，叫《西方的没落》，就是西方文化的沦亡，它就讲这个道理。可到了20年代后期，来了一个反动，首先是墨索里尼，其次是希特勒，把这本书，在图书馆里边都拿去烧掉。我们现在有翻译。然后是30年代，法西斯在欧洲横行霸道的时候。到了1939年，又来了个第二次世界大战。这一次比上一次多了两年，死的人多了几千万。所以在这以后，西方人脑袋里面又有问题了，说我们怎么又打，基本上还是自己打自己，所以在这个时候又出了许多书。Toynbee的思想可以代表这个时期的。

这世界无非是这样的，东方不亮西方亮。那西方不行的话呢，就看东方。所以要向东方学习。这个话呢，我感觉到，作为一个学术来讨论也可以，没有什么关系，就是不要扣帽子。可现在我们学术界，就这么个现象，别的界我先不说，就说语言学界。你讲西化，他是百依百顺，你讲东化，他认为你大逆不道。我觉得很奇怪，为什么不能东化呢？为什么？这道理讲不通啊。他说什么呢，他说现在中国的语言理论，谁也没建立起来，没有。像欧洲的大家，近代的乔姆斯基（Chomsky）什么的这一批，都有，这证明我们不行。文学界讲文艺理论，还没有一个这么具体的例子，不过问题差不多。就是现在欧洲文学界，他们有理论，一天变一遍，一天变一遍，蟪蛄不知春秋。可是我们中国就在后边跟，老赶，老也赶不上，我们这里提倡的，人家那里已经下台了，人家那里上台的时候我们不知道。等到我们知道时，人家那里下台了。有人大概就这么讲，我们中国为什么就不能创立新的文艺理论？这正好有个道理，你讲文艺理论基础，讲文艺理论在中国是历史最长，经典最丰富。古希腊，当然很了不起，不过，古希腊的文化后来中断了，我们中国的没有中断。按道理讲去，我们本来有这个能力，在旧的基础上来创造新的文艺理论，本来应该有的。像《文心雕龙》那种书，现在你读起来，还是感觉到里边内容非常的丰富，意见非常的深刻。后来是诗话，中国研究文艺理论很有意思，整个一本书讲文艺理论的比较少，像《文心雕龙》那样的书比较少，主要观点在诗话里边。几乎每个诗人都有诗话。昨天晚上我看了一本书，就讲，韩国也通行诗话，日本也是。诗话差不多是讲故事，在故事里边提出文艺见解。形式上非常有意思。

　　这样我就感觉到，现在，21世纪快开始了，20世纪末，我们现在考虑问题，应该更远一点，不能局限于眼前。另外呢，就是要客观一点，还有一个就是不要给人随便扣帽子，什么反马克思主义啦，民族复古主义啦，这个帽子最好不要用。有一位，是一位老教授，写文章给别人扣帽子，我就跟他开了个小玩笑，我说我不主张给人家扣帽子，我说如果要给你扣的话呢，现在就有一顶，就摆在这儿，民族虚无主义。其实我给他扣的帽子，就是民族虚无主义，我说话，拐了点弯，就说他实在叫人看不下去，你只要讲中国行，他就反对，讲中国不行，他就高兴。这种心理真是莫名其妙。

在车上谈到一个问题，就是你们院里的工作，我想跟我讲的有关系。有什么关系呢？就是，你们是外国语大学，是这外国语大学里边的中文学院，那么你们的任务呢，一方面，教中国学生汉文，另外一方面呢，教外国学生汉文。这表面上看起来没有什么深文奥义，实际上讲起来还是很有意思的。这话怎么讲呢？现在我感觉到我们中国，我刚才说的，就是崇洋媚外比较严重，社会上，商标，你要讲一个古典的，没人买，你换一个什么艾利斯怪利斯什么什么有点洋味的，立刻就有人买。这个毫无办法，这是社会风气。可是问题就是这样，我考虑这样一个问题，我们中国，孙子讲"知己知彼，百战不殆"，就是什么事情，一要了解自己，一个要了解对方。打仗也是这样的，念书也是这样的。那么在这个问题上，拿中国的学者来说（在座的都在内），就我们中国的老中青的学者说，对西方的了解，比西方人对中国的了解，究竟谁高谁低很清楚，我们对他们的了解，应该说是相当地深，相当地广；反过来，西方对我们的了解，除了几个汉学家以外，简直是幼儿园的水平。听说现在到法国，还有人不知道鲁迅，就说明他们对我们毫无了解。在思想上就觉得你们没有什么东西，现在是我们的天下，我觉得这里边就有危机。要真正知道自己有自知之明，恐怕也要了解别人，这也属于自知之明的范畴之内的。他们一不想了解，二不了解。结果我们这方面呢，我们对西方应该说是了解得非常深、非常透。看不出来，只看到背面、消极面，社会上的崇洋媚外，有时候讲看起来头疼，这是消极面。好的一面，我们对我们的对立面——我不说敌人——的了解，比他们对我们的了解，不知道要胜过多少，将来有朝一日，我们这个优势会产生很大的效果。同志们你们考虑考虑，是不是这个问题？所以，我就感觉到像我们做这样的工作，特别像你们外国语大学中文学院，恐怕有双重任务。除了你们以外，我认为搞人文科学的都一样，其实自然科学也一样，一个是拿来，鲁迅的拿来主义，一个是送出去。拿来，完全正确的，现在我们确实拿来了，拿来的也不少，好的坏的都拿来了，你像艾滋病也拿来了。送去，我觉得我们做得很不够，很不够，比如外国人不了解中国，这主要原因当然是外国人本人，他自己，他瞧不起我们；另外呢，我们工作也得负责任，就是我们对外宣传，对外弘扬我们中华民族的优秀文化，工作做得不到家。

　　有一件事情，我始终认为很值得思考的，就是诺贝尔奖。诺贝尔奖，大家都认为是了不起的，以为得诺贝尔奖就可以入文学史了。过去我也这么想过。可是到今天，为什么我们一个诺贝尔奖也没有得呢？大江健三郎，这个人我认识，20世纪50年代，他大学还没毕业时随代表团来北大访问过。代表团也见了我。在座的有研究日本文学的吗？大江健三郎那时候来的，我不是说他不应该得，我看瑞典科学院，对大江健三郎的评价还是很高的，就说这个人应该得诺贝尔奖，我不是说他不应该，这是第一。第二个问题就是，过去得诺贝尔奖的，从1900年还是1901年开始，到现在将近100年了吧，得诺贝尔奖的确实有大家，这是不能否定的，将来能够传世的大家，当然确实也有不但不是大家，二流也不够，就是那个赛珍珠，我很有意见，《黄土地》那书我也看过，我是从艺术方面说的，那个书没有什么艺术性，它能得诺贝尔奖，中国的得不了。后来我听说马悦然是瑞典科学院管这个的，说话算数的，他跟别人讲，他说中国之所以没有得诺贝尔奖，就因为中国文学作品的翻译不好。这是胡说八道的事情，你并没有规定你这种文学作品要翻译成哪种语言，那么世界上得诺贝尔奖的，除了英文，意德法的，都翻译得好吗？我就感觉到诺贝尔奖，这个大家也承认，政治性是很强的，对我们这个社会主义国家，对当年的苏联，都是歧视的。前几天有一次会上我也讲，我们中国有些出版社，或者我们中国的学术界，用不着大声疾呼来宣传诺贝尔奖。好多出版社利用诺贝尔奖来做生意，宣传诺贝尔奖的作品集，又是每个人的介绍，我看大可不必，而且这个东西，从这里看起来它很不公正。这是顺便讲的，因为大家也是搞这个的。下一个问题是送出去，拿来我们会，但送去怎么送？有各种各样的办法，如你们呢，眼前就有留学生，北大也有一批留学生，就是送去的对象，让人家了解我们。当然让人家了解我们的目的也不是什么民族狭隘主义，人与人之间相互了解，对将来世界和平也有好处，我觉得这是国际主义，不是狭隘的民族主义。说我们文化就高于一切，不是这么回事。一个拿来，一个送去。我想，我们这两方面的工作都应该做好。占大家的时间太多了，谢谢大家！

1995年5月9日

议论东西方文化的意义[*]

当前,在国内外,特别是在国内,颇有一些学者热衷于议论东西文化的关系,以及东方文化在21世纪将要起的作用和将要占据的地位等等问题。关于这情况的来龙去脉,我在"总序"中已经有所涉及,这里不再重复。

朱柏庐《治家格言》中说:"宜未雨而绸缪,勿临渴而掘井。"身处20世纪的世纪末而议论下一个即将来临的世纪的问题,特别是东方文化的问题,完全符合"未雨绸缪"之旨,不但未可厚非,而且应予提倡。

这种议论有什么意义呢?有极其深远的意义,主要是在政治和经济方面。世界各国目光远大、有抱负、有理想的政治家们,都必须有点预见性,然后再在预见的基础上制定相应的政策与措施。这才算得上一个真正的政治家。"摸着石头过河",在短期内有时是难以避免的。但是,最好能尽快地超越这个阶段。否则就很容易陷于被动而不能自拔。至于预见性的正确与否,其命中率之高低如何,那就要看预测者之水平如何,搜集材料和数据之丰富程度如何,对这些材料和数据

---

[*] 本文是作者为《东西文化议论集》写的序。

之分析能力如何。这都属于常识范围，用不着细谈。

有没有理论意义呢?在这里，意见恐怕会有极大的分歧。有的作者摆出一副理论家的架势，大谈理论，持之似有故，言之似成理，笔底生花，词若连珠。然而，恕我不敬，在俨然巍然的理论的威势的背后，近视眼的形态丝毫也掩盖不住。这样的理论似肥皂泡，一吹就破。

我先讲一个从前在什么书上读过的笑话:有两个近视眼，谁也不承认自己近视。二人约定:比赛一下。适逢隔壁某大寺庙第二天要挂匾，二人认为这是比赛的绝好机会。于是言定:第二天从挂匾的地方前面某一个距离，同时起步向前，谁先看到匾上的字，谁就是胜利者。其中一人，心眼多而歪。他事先向隔壁管事人打听好了匾上题写的字，心中有了底。到了第二天，二人如约从远处齐步向前走。走到某一个距离，心中有底的那一个人，忽然高声大叫:"我看到了，是×××× 四个大字!"旁边有一个过路人而非近视眼者，闻声大惊。细问根由，不禁大笑说:"那个匾还没有挂出来哩!"

笑话归笑话，但是，我认为，在21世纪这一块匾还没有挂出来之前，我们每个人都只能是一个猜匾的近视眼。其区别只在，猜匾还能够事前打听匾上的字。但是，要猜21世纪如何如何，不管你心眼多么多，却是无处可以打听的。除非出一个前知五百年后知五百年的活神仙，但是这种神仙世界上是没有的。鉴古以知今，鉴今以知未来，当然也能够弄出点"理论"来，但这样的"理论"也只能形同猜测。因此，我认为，居今日而猜测21世纪东西文化的关系，以及东方文化在下一个世纪所占的地位，不是一个理论问题，而是一个将由历史的发展进程来证明的事实问题。我们都不要过于自信,那样就难免为非近视眼的旁观者所讥笑。

但是,我并非根本反对议论,我是赞成议论的。否则我决不会以一个"野狐"的身份来写什么《"天人合一"新解》《关于"天人合一"思想的再思考》等等的文章。我虽然明知自己也在近视眼之列,但我有点不自量力,有点不安分守己。我没有向什么神灵去打听匾上的字,就贸然提出了自己的看法。既然提出来了,我当然认为它是正确的,否则就成了自欺欺人,为君子所不齿。我自己虽然认为是正确的,我却决无强迫别人认同之意。我们都是近视眼嘛,谁也不必效法阿Q先生飘飘然去获得"精神胜利"。

我那些拙文发表以后,颇引起了一些学者们的注意,赞同者有之,反对者有之,不知是赞同还是反对者有之,要同我"商榷"者有之,要同我"讨论"者有之,不是针对拙文而是天马行空,独来独往,淋漓酣畅发挥自己的意见者有之。我没能做详细的统计,反正在过去几年内,议论东西方文化关系,以及在21世纪东方文化所占的地位,还有其他一些内容类似的文章,颇出了不少。只要我能得到,我都敬谨拜读。文章写得好的,我击节赞赏;文章写得不怎样的,我略皱眉头,如此而已。至于"商榷""讨论"之类的挑战,我一概置之不答。这并非出于简慢,其中原因,我在上面已有所涉及,不必重复。细心的读者或许已经注意到,我在上面屡屡使用"议论"这个词儿,而不用"讨论"一类的词儿。"议论",不是"讨论",更不是"争论",只是"议"一议,"论"一论而已,与人无争,与世无忤,发挥一下自己的想法,至于别人如何看待,"只等秋风过耳边"了。

从目前情况看起来,这"议论"还会继续下去的。"议论"一下,也绝不是坏事情,它能启迪人们的思考,增添人们的情趣,等于写一篇21世纪"畅想曲"。即使到了21世纪,匾上的字还不会立即显现出来,仍然有"议论"的余地,仍然有"畅想"的余地。只要天假以年,我仍然会奉陪的,我是一个喜欢"畅想"的人。总之,我认为,居今而谈21世纪,不是一个理论问题,而是一个文学创作问题,创作的就是"畅想曲"。我们大家都不妨来畅想一番,以抒发思未来之幽情,共庆升平。

中国有一出旧剧,叫"三岔口"。剧中有一段在暗室中夜斗的场面。两个人在黑暗中对打,刀光剑影——在黑暗中也许刀不能闪光,这不过是陈词滥调而已——煞是热闹;但是却各打各的,谁也碰不着谁。然而台下的观众却是兴趣盎然,他们想看的正是这一种谁也碰不到谁的场面。如果真的用刀剑砍伤一个,则血流如注,弄不好还要去见阎王老子,岂不大煞风景也哉!

为了帮助大家把这一出"三岔口"唱好,我同张光璘)先生共同编选了这一部《东西文化议论集》——请注意:"议论"二字是画龙点睛之笔——因为我可以说是一个始作俑者,越是外行,勇气越大,这是古今中外的通例,这通例也适用于我。我对东方文化的意见比较具体,比较明确,文章写得也比较多。为了做好这一个靶子,我擅自把自己的文章排在前面,绝非想抖一抖编选者的威风,不过想对议论者和读者提供点方便而已。

但是，我又想到，树有本，水有源，在我国漫长的哲学史上，谈"天人合一"的大师们颇不乏人。他们的议论深矣广矣。可我不是在写中国哲学史，所以现在不选他们的文章。我的老师一辈的诸大师，对东西文化和"天人合一"间有涉及者。我指的是梁漱溟、金岳霖、冯友兰、钱穆先生等等。他们在这方面的论述，似极有编选的必要。钱宾四先生的文章，已抄入拙文《"天人合一"新解》中，不再重复。其余三位则各选一篇或一段，以见近当代我们的先驱者们的风范。另外还有几位学者，也曾参与文化的争论，起过一定的影响，他们的文章我们也选了几篇，这些文章都不在我们的品头论足之列。

下面的文章是从多种报纸杂志上挑选来的。赞同我的意见者选，不赞同者也选，绝无偏袒轩轾之意。国外的学者的文章涉及这个问题者也一并选入，借以扩大我们的眼界，庶免坐井观天之弊。在当前世界上，讨论问题，除非涉及一个极小的有地域性的范围，无不与辽阔的世界息息相关，何况是东西文化这样涉及面广、意义巨大的问题！但是，无论是中国，还是域外和境外，与我们要议论的问题有关的文章，其量极大，我们决不能毕其功于一役，一次选尽。我们目前只能挑选其中的一小部分。至于挑选得是否准确，我们毫无把握。挂一漏万，在所难免。现在，我们只不过是起一个头。将来倘有需要，说不定我们还要继续编选。我们的目的，我们的愿望，只不过是想共同唱好我们的"三岔口"，共同谱好我们的"畅想曲"而已。

1996 年

只有东方文化能够拯救人类[*]

我们正处在一个新的"世纪末"中。所谓"世纪"和"世纪末",本来是人为地创造出来的。非若大自然中的春、夏、秋、冬,秩序井然,不可更易,而且每岁皆然,决不失信。"世纪"则不同,没有耶稣,何来"世纪"?没有"世纪",何来"世纪末"?道理极明白易懂。然而一旦创造了出来,它就产生了影响,就有了威力。上一个"世纪末",19世纪的"世纪末",在西方文学艺术等意识形态领域中就出现过许多怪异现象,甚至有了"世纪末病"这样的名词,这是众所周知的事实,无待辩论与争论。

当前这一个"世纪末"怎样呢?

我看也不例外。世界上许多国家和地区都出现了政治方面天翻地覆的变化,不能不令人感到吃惊。就是在意识形态领域内,也不平静。文化或文明的辩论或争论就很突出。平常时候,人们非不关心文化问题,只是时机似乎没到,争论不算激烈。而今,一到世纪之末,人们非常敏感起来,似乎是憬然醒悟,于是东西各国的文人学士讨论文化的兴趣突然浓烈起

---

[*] 本文是作者为《东方文化集成》写的总序。

来，写的文章和开的会议突然多了起来。许多不同的意见，如悬河泻水，滔滔不绝，五光十色，纷然杂陈。这样就形成了所谓"文化热"。

在这一股难以抗御的"文化热"中，我以孤陋寡闻的"野狐"之身，虽无意随喜，却实已被卷入其中。我是一个有话不说辄如骨鲠在喉的人，在许多会议上，在许多文章中，大放厥词，多次谈到我对文化，特别是东方文化与西方文化的联系，以及东方文化在未来的新世纪中所起的作用和所占的地位等等的看法。颇引起了一些不同的反响。

为说明问题，现无妨把我个人对文化和与文化有关的一些问题的看法简要加以阐述。我认为，在过去若干千年的人类历史上，民族和国家，不论大小久暂，几乎都在广义的文化方面做出了自己的贡献。这些贡献大小不同，性质不同，内容不同，影响不同，深浅不同，长短不同，但其为贡献则一也。人类的文化宝库是众多的民族或国家共同建造成的。使用一个文绉绉的术语，就是"文化多元主义"。主张世界上只有一个民族创造了文化，是法西斯分子的话，为我们所不能取。

文化有一个很突出的特点，就是，文化一旦产生，立即向外扩散，也就是我们常说的"文化交流"。文化决不独占山头，进行割据，从而称王称霸，自以为"老子天下第一"，世袭珍藏，把自己孤立起来。文化是"天下为公"的，不管肤色，不择远近，传播扩散。人类到了今天，之所以能随时进步，对大自然，对社会，对自己内心认识得越来越深入细致，为自己谋的福利越来越大，重要原因之一就是文化交流。

文化虽然千差万殊，各有各的特点；但却又能形成体系。特点相同、相似或相近的文化，组成了一个体系。据我个人的分法，纷纭复杂的文化，根据其共同之点，共可分为四个体系：中国文化体系，印度文化体系，阿拉伯伊斯兰文化体系，自古希腊、罗马一直到今天欧美的文化体系。再扩而大之，全人类文化又可以分为两大文化体系：前三者共同组成东方文化体系，后一者为西方文化体系。人类并没有创造出第三个大文化体系。

东西两大文化体系有其共同点，也有不同之处。既然同为文化，当然有其共同点，兹不具论。其不同之处则亦颇显著。其最基本的差异的根源，我认为就在于思维方式之不同。东方主综合，西方主分析，倘若仔细推究，这种差异在在有所表现，不论是在人文社会科学中，还是在理工学科中。我这个观点曾招致不少的争论。赞成者有之，否定者有之，想同我商榷者有之，持保留意见者亦有之。我总觉得，许多人（包括我自己在内）对东西方文化了解研究得都还不够深透，有的人连我的想法了解得也还不够全面，不够实事求是，却唯争论是尚，所以我一概置之不答。

有人也许认为，我和我们这种对文化和东西文化差异的看法，是当代或近代的产物。我自己过去就有过这种看法，实则不然。法国伊朗学者阿里·玛扎海里所著《丝绸之路》这部巨著中有许多关于中国古代发明创造的论述，大多数为我们所不知。我在这里不详细介绍。我只引几段古代波斯人和阿拉伯人论述中国文化和希腊文化的话：

由扎希兹转载的一种萨珊王朝(226—Ca.640年)的说法是：

　　希腊人除了理论之外从未创造过任何东西。他们未传授过任何艺术。中国人则相反，他们确实传授了所有的工艺，但他们确实没有任何科学理论。

羡林按：最后一句话不符合事实，中国也是有理论的。这就等于黑格尔说：中国没有哲学。完全是隔膜的外行话。书中还说：

　　在萨珊王朝之后，费尔多西、赛利比和比鲁尼等人都把丝绸织物、钢、砂浆、泥浆的发现一股脑儿地归于耶摩和耶摩赛德。但我们对于丝织物和钢刀的中国起源论坚信不疑。对于诸如泥浆——水泥等其余问题，它们有99%的可能性也是起源于中国。我们这样一来就可以理解安息——萨珊——阿拉伯——土库曼语中一句话的重大意义：“希腊人只有一只眼睛，唯有中国人才有两只眼睛。”约萨法·巴尔巴罗于1471年和1474年在波斯就曾听到过这样的说法。他同时还听说过这样一句学问深奥的表达形式："希腊人仅懂得理论，唯有中国人才拥有技术。"

关于一只眼睛和两只眼睛的说法，我还要补充一点：其他人同样也介绍了另外一种说法，它无疑是起源于摩尼教：

> 除了以他们的两只眼睛观察一切的中国人和仅以一只眼睛观察的希腊人之外，其他的所有民族都是瞎子。

我之所以这样不厌其烦地引这许多话，绝不是因为外国人夸中国人有两只眼睛而沾沾自喜，睥睨一切。令我感兴趣的是，在这样漫长的时间以前，在波斯和阿拉伯地区就有了这样的说法。我们今天不能不佩服他们观察的细致与深刻，一下子就说到点子上。除了说中国没有理论我不能同意之外，别的意见我是完全同意的。在当时的世界上，确实只是中国和希腊有显著、突出、辉煌的文化。现在中国那一小撮言必称希腊的学者们或什么"者们"，可以憬然醒悟了。

但是这也还不是令我最感兴趣的问题。我最浓烈的兴奋点在于，正如我在上面所说的那样，畅谈东西文化之分，极富于近现代的摩登色彩。波斯和阿拉伯传说都证明：东西文化之分的说法，古已有之，于今为烈而已。令我感到欣慰的是，文化的东西二分法，我并非始作俑者，古代的"老外"已先我言之矣。令我更感到欣慰的是，我讲的东西方思维方式是东西文化的基础。波斯和阿拉伯古代的说法，我认为完全证实了我的看法。分析出理论，综合出技术，难道不是这样子吗？

时至今日，古希腊连那一只眼睛也早已闭上，欧洲国家继承并发扬了古希腊辉煌的文化，使欧洲文化光照寰宇。工业革命以后，技术也跟了上来，普天之下，莫非欧风。欧美人昏昏然陶醉于自己的胜利之中,以"天之骄子"自命,好像有了两三只眼睛。但他们完全忘记了历史,忽视了当前的危机。而中国呢,则在长时期内,由于内因和外因的缘故,似乎把两只眼睛都已闭上。古代灿烂文化不绝如缕。初则骄横自大,如清初诸帝那样;继则震于西方的船坚炮利,同样昏昏然拜倒在西方的什么裙下;一直到了今天,微有苏醒之意,正在奋发图强中。

从上面谈到的历史事实中,我得出了一个结论:上下五千年,纵横十万里,东西文化的变迁是"三十年河东,三十年河西"。这本来是两句老生常谈,是老百姓的话,并不是我的发明创造。我提出来说明东西文化的关系,国内外都有赞成者,国内也有反对者,甚至激烈反对者。我窃以为这两句话只说明了一个事实。中国古代哲学讲变易,佛家讲无常,连辩证法也讲事物时时都在变化中。大自然、人类社会和人类内心,无不证明这两句话的正确。我不过捡来利用而已。《三国演义》开宗明义就说:"话说天下大势,分久必合,合久必分。"说的不也就是这个浅显的道理吗?

可是东西方都有人昧于这个浅显的道理。特别是在西方,颇有人在有意识或无意识中,觉得自己的辉煌文化会万岁千秋地辉煌下去。中国追随者也大有人在。他们根本没有意识到,文化也像世间的万事万物一样,不会永驻的,也是有一个诞生、发展、成长、衰竭、消逝的过程的。

但是,中国有一句俗话:是非自在人心。人是能够辨是非,明事理的。以自己的文化自傲的西方人也不例外。在第一次世界大战以前,西方这种人简直如凤毛麟角。一战爆发,惊醒了某一些有识之士。事实上在一战爆发前，就有人有了预感。德国学者奥斯瓦尔德·斯宾格勒（Oswald Spengler）在1911年就预感到世界大战迫在眉睫。后来大战果然爆发。从1917年起，斯宾格勒就开始写《西方的没落》。书一出版，立即洛阳纸贵。他的基本想法是，文化都可以分为四个阶段：一、青春；二、生长；三、成熟；四、衰败。尽管他的推论方法，收集资料，还难免有主观唯心的色彩。但是，他毕竟有这一份勇气，有这一份睿智，敢预言当时如日中天的，他认为在世界历史上八个文化中唯一还有活力的文化也会"没落"。我们不能不对他表示敬意。美中不足的是，他还没有认识到东方文化和西方文化的存在和交流关系。

在西方，继斯宾格勒而起的是英国历史学家汤因比（Arnold J. Toynbee，1889—1975年）。他自称是受到了前者的影响。二人同样反对"欧洲中心主义"，是他们有先见卓识之处。汤因比继承了斯宾格勒的意见，认为文化——他称之为"文明"——都有生长一直到灭亡的过程。他把人类历史上的文明分为23种，有时又分为26种。这些意见都表述在他的巨著《历史研究》中（1934—1961年，共12卷）。他比斯宾格勒高明之处，是引入东方文化的讨论。到了70年代，他同日本社会活动家池田大作对话时，更进一步加以发挥，寄希望于东方文化。

我并不认为，斯宾格勒和汤因比——继他们之后欧美一些国家还有一批哲学家和历史学家、社会学家，赞成他们的意见，我在这里不具引——等的看法都百分之百正确。但在举世昏昏，特别是欧美人昏昏的情况下，唯独他们闪耀出一点灵光,是十分难能可贵的。他们的看法从大体上来看,我认为是正确的。如果借用上面提到的古代波斯和阿拉伯人的说法,我就想说:希腊人及其后代的那一只眼睛,后来逐渐变成了两只眼睛;可物极必反,现在快要闭上了。中国人的两只眼睛,闭上了一阵,现在又要睁开了。

闭上眼睛的欧美人士,绝大多数一点也不了解东方,而且压根儿也没有了解的愿望。我最近多次听人说到,西方至今还有人认为中国人还缠小脚、拖辫子、抽大烟、养小老婆。甚至连文人学士还有不知道鲁迅为何许人者。在这个地球越变越小、信息爆炸的时代,西方之"文明人"竟还如此昏聩,真不能不令人大为惊异。反观我们中国,情况恰恰相反。欧美的一切,我们几乎都加以崇拜。汉堡包、肯德基、比萨饼,甚至莫须有的加州牛肉面,只要加一个洋字,立即产生大魅力,群众趋之若鹜。连起名字,有的都带有点洋味。个人名字与店铺名字,莫不皆然。至于化妆品,外国进口的本来就多。中国自造的也多冠以洋名,以广招徕。爱国之士,无不痛心疾首,谴责这种崇洋媚外的风气和行为。然而,从一分为二的观点上来看,也有其有利的一面。孙子说:"知己知彼,百战不殆。"专就东西而论,现在的情况是,我们对西方几乎是了若指掌,而西方对东方则如上面所说的那样,是一团漆黑。将来一旦有事,哪一方面占有利条件和地位,昭如日月矣。

对西方的文化,鲁迅先生曾主张"拿来主义"。这个主义至今也没有过时。过去我们拿来,今天我们仍然拿来,只要拿得不过头,不把西方文化的糟粕和垃圾一并拿来,就是好事,就会对我们国家的建设有利。但是，根据我上面讲的情况，我觉得，今天，在拿来主义的同时，我们应该提倡"送去主义"，而且应该定为重点。为了全体人类的福利，为了全体人类的未来，我们有义务要送去的，但我们决不会把糟粕和垃圾送给西方。不管他们接受，还是不接受，我们总是要送的。《诗经·大雅》说："投我以桃，报之以李。"西方文化给人类带来了一些好处。我们中国人，我们东方人，是懂得感恩图报的民族。我们决不会白吃白拿。

那么，报些什么东西呢？送去些什么东西呢？送去的一定是我们东方文化中的精华。送去要有针对性，针对的就是我在上面提到的那一个西方文化产生的"危机"。光说"危机"，过于抽象。具体地说，应该说是"弊端"。近几百年以来，西方文化产生的弊端颇多，举其大者，如环境污染、大气污染、臭氧层破坏、生态平衡破坏、物种灭绝、人口爆炸、新疾病丛生、淡水资源匮乏等等。此等弊端，如不纠正，则人类前途岌岌可危。弊端产生的根源，与西方文化的分析的思维方式有紧密联系。西方对为人类提供生存所需的大自然分析不息，穷追不息，提出了"征服自然"的口号。"天何言哉！"然而"天"——大自然却是能惩罚的，惩罚的结果就产生了上述诸种弊端。

拯救之方，我认为是有的，这就是"改弦更张""改恶向善"，而这一点只有东方文化能做到。东方文化的基本思维方式是综合，表现在哲学上就是"天人合一"，张载的《西铭》是一篇表现"天人合一"思想最精辟的文章：

乾称父，坤称母；予兹藐焉，乃混然中处。故天地之塞，吾其体，天地之帅，吾其性。民吾同胞，物吾与也。（下略）

印度哲学中的"梵我一如"，也表达了同样的思想。总之，东方文化主张人与大自然是朋友，不是敌人，不能讲什么"征服"。只有在了解大自然，热爱大自然的条件下，才能伸手向大自然索取人类衣、食、住、行所需要的一切。也只有这样，人类的前途才有保障。

我们要送给西方的就是这种我们文化中的精华。这就是我们"送去主义"的重要内容。

我们的"李"送了出去，接受不接受呢？实际上，我们还没有正式地送，大规模地送。连我们东方人自己，其中当然包括中国人，还不知道，还不承认自己有这种宝贝，我们盲目追随西方，也同样向自然界开过战，我们也同样有那一些弊端，立即要求西方接受，不也太过分了吗？不过，倘若稍稍留意，人们就会发现，现在世界各国，不管出于什么动机，也不管是根据什么哲学，注意到上述弊端而又力求改变的人越来越多了。今年《日本经济新闻》刊载了高木韧生的文章，说21世纪科研重点将是"人类生存战略"。这的确是见道之言。我体会，这里所说的"科研"包括文理两个方面。作者把科研提高到"人类生存"这个高度来看，不能不谓之有先见之明，应该受到我们大家的最高的赞扬。至于惊呼人口爆炸的文章，慨叹新疾病产生的议论，让人警惕环境污染、臭氧层破坏、生态平衡的破坏、淡水资源的匮乏等等的号召，几乎天天可见。人类变得聪明起来了，人类前途不是漆黑一片了。我想，世界各国每一个有心人，无不为之欢欣鼓舞。我这一个望九之年的耄耋老人，也为之手舞足蹈了。

我在上面刺刺不休说了那么多话，画龙点睛，不出一点：我曾在一次国际学术讨论会上说过一篇短话，题目叫作"只有东方文化能够拯救人类"。我在上面说的千言万语，其核心就是这一句短短的话。至于已经来到我们门前的21世纪究竟会是什么样子？西方文化究竟如何演变？东方文化究竟能起什么具体的不是空洞的作用？人类的前途究竟何去何从？所有这一切问题，都有待于历史发展的进程来加以证明。从前我读过一个近视眼猜匾的笑话。现在新的一个世纪还没有来临，匾还没有挂出来，上面有什么字，我们还不能知道。不管自诩眼睛多么好，看得多么远，在这一块尚未挂出来的匾前，我们都是近视眼。

在这样的情况下，我认为，我们最重要的任务就是学习，就是了解。我们责怪西方不了解东方文化，不了解东方，不了解中国，难道我们自己就了解吗？如果是一个诚实的人，他就应该坦率地承认，我们中国人自己也并不全了解中国，并不全了解东方，并不全了解东方文化。实在说，这是一出无声的悲剧。

了解的唯一途径就是学习，而学习首先必须有资料。对我们知识分子来说，学习资料首先是文字，也就是书籍。环顾当今世界，在"欧洲中心论"还有市场的情况下，在西方某一些人还昏昏然没有睁开眼睛的时候，有关东方的书籍，极少极少。有之，亦多有偏见，不能客观。西方如此，东方也不例外。即使我们有学习的愿望，也是欲学无书。当然，东方各国的情况不尽相同，各国刊出书籍的多寡也不尽相同，但总之是很少的。有的小一点的国家，简直形同空白。有个别东方国家几乎毫无人知，它们的存在在一团迷雾中，若明若暗，似有似无。这也是一出无声的悲剧。

就是为了这个缘故，我们这一批人不自量力——或者更明确地说是认真"量"过了自己的"力"，倡议编纂这一套巨大空前的《东方文化集成》。虽然，我们目前的队伍，由于历史造成的原因，还不是太大；我们的基础还不是太雄厚；但是，我们相信主观能动性。我们想"挽狂澜于既倒"，我们绝非徒托空言。世界人民、东方人民、中国人民的需要，是我们的动力。东方人民和西方人民的相互了解，是我们的愿望。东方人民和西方人民越来越变得聪明，是我们的追求。我们老、中、青三结合，而对著作的要求则是高水平的。我们希望，能通过这个活动，既提高了中国对东方文化的研究水平，又能培养出一批学有专长的人才，收得一举两得之效。

（虽然）我们既反对"欧洲中心主义"，反对民族歧视，但我们也并不张扬"东方中心主义"。如果说到或者想到，在21世纪东方文化将首领风骚的话，那也是出于我们对历史发展的观察与预见，并不出于什么"主义"。本着这种精神，我们对东方几十个国家一视同仁。国家不论大小，人口不论多寡，历史不论久暂，地位不论轻重，我们都平等对待，决不抬高与贬低，拜倒与歧视。每一个东方国家都在我们丛书中占有地位。但国家毕竟不同，资料毕竟多寡悬殊，我们也无法强求统一。有的国家占的篇幅多一点，有的少一点。这是实事求是，与歧视毫无关联。我们虔诚希望，在即将来临的21世纪中，中国的两只眼睛都能睁开，而且睁得大大的，明亮而睿智。西方的一只眼睛能变成两只，也同样睁开，而且睁得大大的，明亮而且睿智。世界上各个民族也都有了两只眼睛，都要睁得大大的，明亮而且睿智。我们共同学习，努力互相了解。我们坚决相信，只要能做到这一步，人类会越来越能互相了解，世界和平（会）越来越成为可能，人类的日子会越来越好过，不管还需要多么长的时间，人类有朝一日总会共同进入太平盛世，共同进入大同之域。

1996 年 3 月

东方文化

我是研究语言的,但对文化也有些想法,可谓"野狐谈禅",真正的专家讲东方文化与我讲的完全不一样,因为他是专家。但"野狐"有"野狐"的好处,脑子里没有框框。辩证地说,两者各有利弊。这里,我想讨论三个问题:一、文化与文明;二、东方文化与西方文化;三、东方文化。

文化与文明

文化与文明两词,在报纸上随处可见,但它们究竟是什么关系呢?如果你查英文词典,会得不到答案,因为 Culture 和 Civilization 均既指文明又指文化。尽管如此,它们之间还是有差别的,虽然,这两个范畴有相交的地方。具体而言,首先从字源上说,Culture 有"培养"的意思,指"栽种",而 Civilization 是从 Civil 来的,字源不一样,有差别。其次,从对立面讲,文化的对立面是愚昧;文明的对立面是野蛮。愚昧主要指智慧的低下,而野蛮则主要指言行粗俗,因而区分是显而易见的。社会科学不同于自然科学,定义非常难下,现存的对文明与文化的定义不下五六百个,谁也不能说服谁。因而我们求其理解，不求定义，明白文化与文明有统一也有区别。国外对他们的理解也有区别，英国汤因比（Arnold J. Toynbee，1889—1975年）的《历史研究》（*Historical Studies*）中把七千年来人类创造的文化归为23种文明，而在中国，应该是用文化而非文明。咱们现在天天讲弘扬中国文化，我觉得有很多人混淆了这两个概念。

东方文化与西方文化

东方文化与西方文化，也可称为东方文明与西方文明。文化（明）是如何产生的？有一元论和多元论之分。一元论是指由一个地方，一个民族创造，而多元论则认为文化是由多个地方，多个民族创造。我没有研究这个问题，但我认为一元论是不确切的。希特勒是主张一元论的，他认为世界上创造文明的只有日耳曼民族，主要指欧洲北方的白人。他认为，瑞典、挪威、丹麦、荷兰、德国是产生文明的，而其他民族或是受益于或破坏这个文化，因而闹了很多政治笑话。我认为，多元论优于一元论。关于人类起源，至今还争论不休，但从文化与文明的起源看，应该不是由一个民族创造的。世界上民族很多，有大有小，历史有长有短，但每个民族对文化都有贡献，只是贡献不一而已。现在是欧美文化的天下，西方人就自以为是天之骄子，这其实是自欺欺人。

汤因比把世界文化分成23或26种文明（化），就没有细分下去。我想，自从人类以来，世界文化可以分成四大体系：中国文化、印度文化、伊斯兰的选择文化及欧美文化。日本、韩国、朝鲜、越南文化均属于中国文化圈，从希伯来直到现在的穆斯林文化为伊斯兰的选择文化圈，加上印度文化圈，这三者可总称为东方文化；而从古希腊一直到今天的欧美文化，可称为西方文化；其间并无其他第三种文化。中国文化对其他文化特别是中国文化圈内国家有极其深刻的影响。如日本等国家，虽然有自己的民族文化，但其文化基础根源于中国文化。日本的文字中，有1750个汉字。日本发展到今天，是中、日文化共同作用的结果，如果没有中国文化的影响，日本的发展就恐怕不是这样。有些国家，坚决反对本国文化受中国文化影响的观点，认为"浪漫主义""象征主义"等词非源于中国，而是语言上的偶合，认为去掉外文中的中国字就是爱国主义。其实，研究历史，首先要实事求是，否认事实绝不是爱国主义。

东方文化与西方文化有何区别呢？我认为最根本的区别是思维模式、思维方式的不同。西方文化注重分析，一分为二；而东方文化注重综合，合二为一。前人在这方面就已有所体现，吴文俊在《九章算经》序中写道：

> 欧洲的数学与中国不同，它从公理体系开始，而中国数学从实用出发。

充分表明了分别以分析和综合作为两种思维方式。另外，庄子曾言：

> 一尺之棰，日取其半，万世不竭。

西方则将物质细分，从原子分到电子再到介子，生动地说明两种不同的思维模式。

东方文化注重综合，综合出技术；西方文化注重分析，分析出理论。《丝绸之路》的作者，伊朗籍法国人，在书中曾写道，在穆斯林初期(相当于中国的唐初)，在阿拉伯和伊朗(波斯)，有个说法："世界民族很多，希腊人是一只眼，中国人是两只眼，而其他民族则为瞎子。"意思是说，希腊只出理论，如柏拉图、亚里士多德、苏格拉底等大思想家；而中国出技术，如四大发明。这是东西方文化差异的结果。其实发展地说，中国也有自己的理论，如诸子百家，但希腊没有技术却是事实。综合和分析是思维方式的主流，虽说没有第三种，但也没有纯粹的百分之百的综合和分析。

但是现在，领导世界科技的是西方，西方人自以为是天之骄子。诚然，工业革命后，西方对世界的发展影响极大，不可否认。但他们歧视东方的想法是没有远见的。他们目前已经暴露出很多的矛盾和巨大弊端：人口爆炸、淡水资源匮乏、臭氧层出洞。这些危险的问题联合起来，不堪设想。人类社会的发展道路是曲折的(同人生道路一样)，坎坎坷坷，不可能一帆风顺。因而，西方文明辉煌了二三百年，这是三十年河西，下一个将是三十年河东，急需东方文化的纠正，否则，世界前途危机重重。西方的邪教宣传"世界末日裁判"，这些都是从现象而不是从本质上看问题。人类进步就如同人跑400米接力赛，后者是建立在前者的基础上的。在二三百年以前，中国的地位不是今天这样，是"两只眼"，而希腊只是"一只眼"。因而，我们应该回头看看100年来中国的发展道路，总结经验，吸取教训。西方这样发展下去是不行的，必须改弦易（更）张。我曾在一次国际会议上发言："只有中国文化、东方文化可以拯救世界。"

东方文化

东方文化是以中国文化为基础的。中国文化对人一生要解决的三个问题有自己的看法。这三个问题是：（一）人与大自然的关系；（二）人与人的关系，即社会关系；（三）人自身内部情感冲突与平衡。

人与大自然的关系 在人不为人之前，人是大自然的一部分，没有人与自然的对立，而一旦人成为人，人就成为大自然的对立面。人一生的衣食住行，都仰仗大自然。向大自然索取有两种办法：一是强取豪夺；二是朋友相赠。用第一种办法是征服(Conquer)，目前西方的结果就是征服来的。大自然有规律地运转着，而恰当地掌握规律则很难。如果征服过度，大自然一定会给予惩罚。所谓"天灾人祸"，很大部分是人祸。如云南滇池的围湖造田，西双版纳的森林砍伐，这些都是洪水泛滥的直接人为原因。第二种方法是比较合理的，相互了解，中国古话称之为"天人合一"。中国的道家、儒家均有此论。宋朝的张载言："民我同胞，物吾与也。"简称"民胞物与"，把大自然看成是人类的伙伴，可惜的是中国有此思想无此言行。如1958年的"浮夸风"，所谓"人有多大胆，地有多大产，就怕你不解放思想"，因而经济遭受莫大损失。到21世纪，只有采用"天人合一"的思想才能解决问题，我最近出了《"天人合一"新解》及《"天人合一"续本》，提出的建议是非常公论，有待于21世纪实践证明。因为现在看21世纪，就好比两个近视眼看匾。有这么一个故事，有两个人，谁也不承认自己是近视眼，决定第二天到庙里看挂匾一决高低。其中一人先向他人打听到匾文，所以第二天两人并排向前走时，他没走几步就嚷："我看到了，我看到了，是'光明正大'!"旁边不知情者惊问："你看到何物？匾尚未挂出呀!"

现在有一种说法，认为弊端是事实，但科技发展会解决之。我想这是不可行的，科技的发展只会使情况更糟。在香港召开的"21世纪前沿科学讨论会"上，中国科学院自然科学室研究所所长认为："要用'天人合一'指导思想研究科技。"与我竟是这样的不谋而合，我备受鼓舞。

人与人之间的关系 人与人之间的关系，即社会关系。中国儒家有一套处理人与人关系的办法，概括起来是八个字"格、致、诚、正、修、齐、治、平"。"格"即"格物"，研究万事万物；"致"是"致知"，在研究中找到规律，其余含义分别为"诚意、正心、修身、齐家、治国、平天下"，做好这八字，不但可以处理人际关系，还可以平天下。另外，中国百家均有一套处理人际关系的准则。

人的内部情感 关于人的内心情感，中国哲学史上争论最多的问题是性善、性恶。儒家曾有这样一个故事来测量善与恶：某人用两只筐和两种颜色的石子，每产生一善念就拿白石子放入一筐子，每产生一恶念就拿黑石子放入另一筐子中，用以计量一天善、恶念总数。（据考究，这故事实源于印度)关于性善,性恶,儒家分为两派,荀子认为"人之初、性本恶";而孟子则认为性善,且说:"恻隐之心,人皆有之。"我表示怀疑。"食色性也",性即本能,无善、恶之分。生存、温饱、发展均是人的本能,但人人如此,则必有冲突,因而,善恶的区分标准在于在冲突中能否为别人着想。《三国演义》中的曹操,有言曰:"宁我负天下人,休教天下人负我。"因而被认为是反面人物。当然一心为人之人,我不敢肯定有,但毫不利人专门利己之人,肯定是有的。一个人能百分之六十以上替别人着想,就可以认为是善者。所以,我之所谓善是压制本能,多替别人着想。这是人能做到而动物不可能有的,因而,处理人的内心感情就是压制生物的本能,压制得越多越好。

1996年8月

东方文化要重现辉煌

中国和印度是世界上两个人口最多的国家。这个事实,全世界都看到了,都承认了。但是,有一个事实,即我们这两个伟大的国家文化交流已经超过两千多年,从来没有中断过——这个事实在世界上还没有引起人们的注意。最近,我在思考一个问题,即人类社会总是要向前发展的,要进步的。但进步的动力和原因是什么?对这个问题似乎有不同的见解。我个人认为,文化交流是其中最重要的动力之一。中印两个伟大的国家在两千多年里互相学习,这对两国的发展和进步起了重要作用。今天讲"回顾",我们有一个非常美好的、非常有意义的历史值得回顾。那么,"展望"怎么样呢?

许多学者认为西方文化为人类创造了巨大的福利,做出很大贡献,这是不能否定的;但是,其中一些弊端也已经渐渐地显露出来,大家都看得到,比如生态环境的破坏,臭氧层的破坏,新疾病的产生,人口的爆炸,等等,等等。如果人类解决不好这些弊端中的任何一个,人类前途就会有困难。这不是夸大。

那么,问题怎样解决?我个人认为,我们东方的思想是一个很好的出路,中国和印度都有一个"天人合一"(Unification

of the nature and mankind）的思想，印度叫"Brahmātmaikyam"（梵我一如）。这是哲学名词，解释起来也很简单。西方主张征服自然，把自然作为对立面甚至敌人进行征服。征服的结果产生了上述我所说的那些弊病。我们人类的衣食住行等所有东西都取自于大自然。索取的方法，我们东方与西方不一样。西方的方式是，你不给我，我就征服你。我们东方的主张是，向自然索取的同时，把自然当作朋友、兄弟。这种认识西方一些科学家像施本格勒、汤因比已经注意到了。

再过几年就是21世纪了。在21世纪，我们人类应该认识到西方自然科学带来的弊端。认识固然重要，但更重要的是行动。刚才我讲到的东方的思想，我们也没有很好实践。21世纪，需要以我们中国和印度为首的东方国家不仅能够"知道"，并且能够"行动"。我并不否定西方工业革命之后的几百年光辉历史，这是事实。我们要在西方文化发展的基础上，再把人类文化提高一步。我是说东方文化要重现辉煌。

刚才我听索尼娅·甘地夫人介绍了拉吉夫·甘地总理的想法，我是完全同意的。希望我们在展望21世纪时，不但要"知"，而且要"行"。知，就是知"天人合一""梵我一如"。"行"，就是行动起来。在西方几百年文化的基础上，发扬东方文明，使整个人类文明更上一层楼。

1996年8月27日

走向"天人合一"*

人类自从成为人类以来，最重要的是要处理好三个关系：一、人与自然的关系；二、人与人的关系，也就是社会关系；三、个人内心思想、感情的平衡与不平衡的关系。其中尤以第一个关系为最重要，而且就现状看来，是迫在眉睫的问题。

人之所赖以生存的衣食住行等无不是取自大自然，关键问题是取之之方。在这里，东西双方至少在思想上是不相同的。西方采取的是强硬的手段，要"征服自然"，而东方则主张采用和平的友好的手段，也就是"天人合一"。要先与自然做朋友，然后再伸手向自然索取人类生存所需要的一切。宋代大哲学家张载说，"民吾同胞，物吾与也"，最鲜明地表达了这种思想。

东西方手段之所以不同，我个人认为，其基础是思维模式的差异。西方主分析，以中国文化为代表的东方主综合。西方自古希腊以来，以分析的方法对待自然。到了近代产业革命，达到了登峰造极的地步，其结果是人所共睹的。他们取得了辉煌的成就，上天入地，腾空泛海，生光电化，无所不及。一直发展到核能开发、宇宙卫星等等，全世界人民无不蒙受

---

* 本文是作者为《人与自然丛书》写的序。

其利。这一点是无法否认的,这是他们"征服自然"的结果。然而自然虽无人格或神格,如孔子说:"天何言哉!四时行焉,百物生焉,天何言哉!"然而它却是能报复的,能惩罚的。西方滥用科技产生的弊端至今已日益显著,比如大气污染、环境污染、生态平衡破坏、臭氧层破坏、新疾病丛生、自然资源匮乏、人口爆炸,如此等等,不一而足。这些弊端,如果其中的任何一个得不到控制,则人类前途实处危境。

这些弊端已经引起了全世界有识之士的深切关注。怎么办呢?我的看法是:人类必须悬崖勒马,正视弊端,痛改"征服自然"的思想,采用东方的"天人合一"的思想。这样一来,庶几乎可以改变这种危险局面。我把我这种想法称为"东西文化互补论"。

现在我们不但正处在一个世纪末,而且是一个千纪末。世纪末与千纪末和年不同,年是自然现象,而世纪、千纪则是人为现象。如果没有耶稣,哪来什么世纪、千纪?但是人一旦承认了这种人为的东西,它似乎就能起作用。19世纪的世纪末以及眼前的世纪末,整个世界在政治和意识形态领域内,都出现了一些不寻常的现象,理不应如此,事却竟然如此,个中原因值得参悟。

我们人类是有理智、有感情的,借这个世纪末的契机,回顾一下,前瞻一下,让脑筋清醒一下,是有好处的。何况我们回顾与前瞻的问题是关系到人类前途的问题,切不可掉以轻心,等闲视之。这样做不但是一般人的任务,有远见卓识的政治家们更应如此。

1997 年 3 月 22 日

拿来和送去

在世界上所有的文明大国中，古代典籍传留下来在质和量的方面都独占鳌头的，只有中国一国。这个说法完全符合事实，毫无夸大之处。典籍是最重要的文化载体。古代典籍是我们中华民族对世界人民，对世界文化一个伟大的贡献。

在过去漫长的封建社会中，有的统治者也曾用大力整理过，比如清代的乾隆皇帝就曾亲自过问，遴选了几位大学士，集天下最有成就的大学者，用上几年的时间，编选了一部有名的《四库全书》，没有刻版印行，只命人缮写了七部，分贮全国一些地方。乾隆的用心或者动机并不是善良的。他想消灭一些书或者消灭一些书的有忌讳的部分。但是效果应该说还是好的，《四库全书》保全了一些书免遭毁灭的厄运。

在新中国成立前，上海商务印书馆影印了一大批古籍，编为《四部丛刊》。上海中华书局排印了一套《四部备要》。两套丛书都是皇皇巨著，异曲同工，起到了传播与保存古籍的双重作用，受到了海内外广大读者的欢迎，动机与效果完全统一。

最近若干年以来，在改革开放的影响下，在弘扬中华民族优秀文化正确方针的指导下，又有一些有识之士，用不同的方式整理、编纂优秀古籍。在群峰并峙的形势中,《传世藏书》以其独特的编选方式,投入巨大的资金,邀集众多的学者,横排,简体字,所有入选的古籍都加上标号,穷数年之力,采用最好的纸张,使用最高的印刷技术,实行严格的审校制度,反复核校,最后出之以最美的装帧。这样细致审慎的操作规程,称之为前无古人,恐怕亦非过分夸大。好在全书123巨册已经出齐,明眼人自能衡量其价值,徒托空言,不足为凭。

关于此书的意义与价值,我想提出几点个人的看法。最近几年,我在很多文章和发言中提出了一个观点:文化交流是推动人类社会前进的主要动力之一。如果没有国家与国家间、人民与人民间的文化交流,今天人类社会是个什么样子,简直无法想象。我认为,在人类历史上,最大的文化交流是东西两大文化体系之间交流。以中国文化为核心的东方文化,其基础或出发点是综合的思维模式,表现在哲学思想上是"天人合一"。最有代表性的说法是宋代大哲学家张载的"民吾同胞,物吾与也"。西方文化自希腊罗马起一直发展到今天的欧美文化。其基础或出发点是分析的思维模式,表现在行动上是"征服自然"。在中国汉唐时期,主宰世界的是东方文化。西方自文艺复兴,特别是产业革命以后,征服自然,成绩彪炳。到了今天,在衣食住行各个方面,都有巨大的创造与成就,全世界莫不蒙受其利。

然而征服自然,从一开始就孕育着危险性。到了今天,弊端日益明显,大气污染、环境污染、生态平衡破坏、臭氧层出洞,如此等等,不一而足。原来大自然,虽既非人格,亦非神格，却是能惩罚，善报复的，以上列举的诸弊端就是报复与惩罚的结果。如果人类再不悬崖勒马，后果真不堪设想。救之之方只有一个，就是以东方"天人合一"的思想和行动济西方"征服自然"之穷。我称之为"东西文化互补论"。

《传世藏书》所收典籍蕴含着中国文化的精华，不仅是中国学者，连西方一些有识之士也感（觉）到了西方文化所产生的弊端，必救之以东方文化。当年鲁迅先生提倡"拿来主义"，是想输入西方的科技文化，使中国富强起来。到了今天，人类所面临的处境既然如此险恶，而西方大部分人——我看，中国也一样——却还懵懵懂懂，高枕不醒。我们只有一个办法，就是采用"送去主义"，送去的方法和工具颇多，把《传世藏书》弘扬四海，就是有效的办法之一。

在新的世纪，我虔诚希望，人类能聪明起来，认真考虑拿来与送去的问题，认真考虑我的"东西文化互补论"。

1997年3月26日

从哲学的高度来看中餐与西餐

中餐与西餐是世界两大菜系。从表面上来看，完全不同。实际上，前者之所以异于后者几希。前者是把肉、鱼、鸡、鸭等与蔬菜合烹，而后者则泾渭分明地分开而已。大多数西方人都认为中国菜好吃。那么你为什么就不能把肉菜合烹呢？这连一举手一投足之劳都用不着。可他们就是不这样干。文化交流，盖亦难矣。

然而，这中间还有更深一层的理由。

到了今天，烹制西餐，在西方已经机械化、数学化。连煮一个鸡蛋，都要手握钟表，计算几分几秒。做菜，则必须按照食谱，用水若干，盐几克，油几克，其他佐料几克，仍然是按钟点计算，一丝不苟。这同西方的基本的思维模式——分析的思维模式——紧密相联。我所说的"哲学的高度"，指的就是这种现象。

而在中国，情况则完全不同。中国菜系繁多，据说有八大菜系或者更多的菜系。每个系的基本规律完全相同，这就是我在上面所说的：蔬菜与肉、鱼、鸡、鸭等等合烹。但是烹出来的结果则不尽相同。鲁菜以咸胜，川菜以辣胜，粤菜以生猛胜，苏沪菜以甜淡胜，如此等等，不一而足。我于此道并非内行里手，说不出多少名堂。至于烹调方式，则更是名目繁多，什么炒、煎、炸、蒸、煮、氽、烩等等，还有更细微幽深，可惜我的知识和智慧有限，就只能说这样多了。我从来没见哪一个掌勺儿的大师傅手持钟表，眼观食谱，按照多少克添油加醋。他面前只摆着一些油、盐、酱、醋、味精等佐料。只见他这个碗里舀一点，那个碟里舀一点，然后用铲子在锅里翻炒，运斤成风，迅速熟练，最后在一团瞬间的火焰中，一盘佳肴就完成了。据说多炒一铲则太老，少炒一铲则太嫩，运用之妙，存乎一心，谁也说不出一个道道来。老外观之，目瞪口呆，莫名其妙。其中也有哲学。这是东方基本思维模式——综合的思维模式在起作用。有"科学"头脑的人，也许认为这有点模糊。然而，妙就妙在模糊，最新的科学告诉我们，模糊无所不在。

听说，若干年前，一位著名的美籍华人学者的夫人，把《随园食谱》译成了英文，也按照西方办法，把《食谱》机械化、数学化了，也加上了几克等等。有好事者遵照食谱，烹制佳肴。然而结果呢？炒出来的菜实在难以下咽，谁都不想吃。追究原因，有可能是袁子才英雄欺人，在《食谱》中故弄玄虚；我认为，最大的可能是，这位夫人去国日久，忘记了中国哲学的精粹，上了西方思维模式的当，上了西方哲学的当。

1997 年 5 月 12 日

我与东方文化研究

我曾在很多地方都说过,在清人所分的三门学问义理、辞章、考据中,我最不擅长、最不喜欢的是义理,大体上相当于今天的所谓"哲学"。堂而皇之的理由是不多的,我只不过觉得义理这玩意儿太玄秘、太抽象,恍兮惚兮,其中无象,颇有点"公说公有理,婆说婆有理"的味道。为禀赋所限,我喜欢能摸得着看得见的实打实的东西,那种有1000个哲学家就有1000条真理的情况,我的脑筋跟不上。

可是,万万没有想到,我到了耄耋之年,竟然"老年忽发少年狂",侈谈起了东方文化,谈起了东西方文化的同与异。实际上,这都是属于义理的范畴的东西,为我以前所不敢谈、所不愿谈者。个中原因,颇有可得而言之者。

我虽然专门从事语言考证以及文化交流的研究工作,但必然会与文化现象有所接触。久而久之,我逐渐隐约感到东方文化确有其特点,东西文化确有其差异之处。适在这时,我读到了钱宾四(穆)先生生平的最后一篇文章,我顿有所悟,立即写成了一篇文章《"天人合一"新解》,就发表在《传统文化与现代化》1993年创刊号上。这篇顿悟之作,颇受到学术界(中外皆有)的关注。同时我又进一步阅读和思考,又写成了《关于"天人合一"思想的再思考》。这时我对东西文化不同之处认得更具体、更深入了，而阅读的结果也越来越多地证实了自己的想法。例子太多，不能多举。我只举两个，以概其余。一个是古代的而且是外国的，这就是法国学者（原伊朗裔）阿里·玛扎海里的《丝绸之路——中国波斯文化交流史》。这里面讲到，在伊斯兰运动初期，在阿拉伯和波斯（今伊朗）一带，流传着一种说法：希腊人有一只眼睛，而中国人则有两只眼睛。希腊人只有理论，而中国人有技术。中国人有技术，此话不假。但如果说中国没有理论，则不符事实。这且不去讲它。古希腊可以说是西方文化的代表，而中国则是东方文化的代表。阿拉伯和波斯一带的人，在那样早的时候，就已经看出了东西文化的差异，真不能不令人钦佩其远见卓识。

另一个例子是当前中国的。大数学家吴文俊教授在他为《九章算术》所写的序中提到，在数学方面，中西是颇有不同的。西方古代从公理出发，而中国数学则从问题出发。连在自然科学的基础的数学上，中西都有差异，遑论其他！我们不能不佩服吴文俊先生的远见卓识。

上面两个例子，一个是古代外国的，一个是当前中国自然科学的。这样两个例子都与我们今天的东西文化的讨论或者争论似无关联，然而结论却如此一致，你能说这是偶然的巧合吗？这岂不值得我们深思吗？

其他真正与文化或中西文化有关的言论，比比皆是。中国有，外国也有。而且在中国近现代史上，有关中西文化的大辩论是有过多次的；虽然都没有得到完全一致的结论，但中西文化有差异，则系不容否定之事实。剩下的问题就是"中西文化之差异究竟何在"这一个关键问题了。

上面叙述的过程，在不知不觉中，对我起了作用。它逐渐把我从搞考据的轻车熟路上吸引了出来，走到另一条以前绝对想不到的侈谈义理之术的道路上来。俗话说："一瓶子醋不响，半瓶子醋晃荡。"在义理之学方面，我是一个"半瓶醋"，这是丝毫也无可怀疑的，但是我有一个好胡思乱想的天性，是优点，是缺点，姑置不论。反正我的"乱想"现在就一变而为"乱响"了。

我想到的问题很多。这几年在许多文章中和座谈会上，我都讲到过。约略言之，可以有以下诸端，性质不同，但都与东西文化有某些关联。第一，汉语语法的研究必须改弦更张。第二，《中国通史》必须重写。第三，《中国文学史》必须重写。第四，中国文艺理论必须使用中国固有的术语，采用同西方不同的判断方法，这样才能在国际学坛上发出声音。第五，中国美学研究必须根本"转型"。第六，我认为，西方的基本思维模式是分析的，而中国或其他东方国家的则是综合的。第七，西方处理人与大自然的关系的"征服"手段是错误的，中国的"天人合一"的观点是正确的。第八，西方的科学技术，在给世界人民谋福利的同时，产生了众多的弊端甚至灾害。现在如仍不悬崖勒马，则人类生存的前途必受到威胁。第九，东方文化与西方文化的关系是三十年河东，三十年河西。这一些还仅仅只能算是夸夸大者。你看，这些重重怪论、累累奇思，怎能不引起人们的关注？我这个"半瓶醋"岂非过分狂妄不自量力了吗？我绝无意哗众取宠，我多年的胡思乱想让我不得不尔。不管别人如何骇怪，我则深信不疑。

在骇异声中，赞同我的看法者有之，反对我的看法者有之，不知是赞同还是反对者亦有之。对于这些必然会出现的反应，我一律泰然处之。赞同者我当然会喜，反对者我决不会怒。我曾编选过两册《东西文化议论集》，收入我主编的大型丛书《东方文化集成》中。我曾为该书写过一篇序，说明了我的想法。我不称此书为"辩论集"，也不称之为"争论集"，而只称之为"议论集"，意思就是我在该书序中所说的：

> 我认为，居今而谈21世纪，不是一个理论问题，而是一个文学创作问题，创作的就是"畅想曲"。我们大家都不妨来畅想一下，以抒发思未来之幽情，共庆升平。

我曾拿京剧"三岔口"来做比喻，在舞台上，刀光剑影，发出森森的寒光；但是你打你的，我打我的，谁也碰不着谁，谁也用不着碰谁。这是一个有待于21世纪历史进程来证明的问题。在21世纪还没有来临的这一块匾下，我们大家都是猜匾上字的近视眼，谁也不敢说匾上究竟是什么字。

最近我在上海《新民晚报》"夜光杯"上发表了一篇短文《真理愈辩愈明吗？》，这个题目就告诉人们，我是不相信真理会越辩越明的。常见辩论者双方，最初还能摆事实，讲道理，尚能做到语有伦次。但是随着辩论激烈程度的提高，个人意气用事的情况也愈益显著，终于辩到了最后，人身攻击者有之，强词夺理者有之，互相谩骂者有之，辩论到此，真理宁论！哪里还谈得到越辩越明呢？

我在《东西文化议论集》中先把我自己的看法鲜明地摆出来，然后收入赞成我的看法的文章，反对我的看法的文章，只要能搜罗到，我照收不误。我的意思是让读者自己去辨曲直，明是非。读者是有这个能力的。

我在这里想顺便澄清一个问题。在《西方不亮东方亮》那一篇发言中，我讲到了，有人告诉我说有的学者认为，搞国学就是想反对马克思主义，而且说文章就发表在《哲学研究》某一期上，言之凿凿，不由得我不信。我没有去查阅《哲学研究》。如果上面没有刊登过这样的文章的话，我向《哲学研究》表示歉意。说句老实话，即使有人这样主张，也只能说是"百家争鸣"中的一家，算不得"大逆不道"。每个人有发表自己意见的权利，别人阻挡不得。当然，我也有骇怪的权利，别人也阻挡不得。至于"西方不亮东方亮"那一个观点，我仍然坚持不放。

"我与东方文化研究"，想要写下去的话，还是大有话可说的，限于时间，先就写这样多吧。我还有两点要补充或者说明一下。第一是一点希望，希望不同意我的看法的学者们，要多读一点我写的东西，不要看了我一篇文章，对其中的要领并不完全清楚，也许是我没有完全说清楚，就立即反驳，或者要同我"商榷"。这有点失之过急，让我读了啼笑皆非。还有一点是，我的一些说法，看起来不管多么新奇，却是先有人说过的。我绝不敢立即到专利局去申请专利，希望某一些反对我的某一些看法的学者眼光放远一点，书要多读一点，不要急于把"荣誉"或者谴责都一股脑堆到我身上。

侈谈东西方文化，已经颇有些年头了，这违反我的天性，已如上述。但是既然已经走上了这一条路，我还要走下去的。特别是对东西文化之差异处，我仿佛害了"差异狂"，越看越多。没有办法，事实告诉我是这样，我只有这样相信。我这个"半瓶醋"晃荡了这样许多年，醋是否减少了一点，或者增加了一点呢？我看不出。我只是相信，如果醋增加到了装满了瓶子，那就没有晃荡的余地，想晃荡也不会出声。反之，如果醋减少到了一滴不剩，那么，瓶子里只剩下了空气，同样是不能出声。我看而且也希望，我这个"半瓶醋"永远保留半瓶，给永远晃荡下去提供条件和基础。

1997 年 12 月 16 日

"拿来主义"与"送去主义"

季羡林按：这是我为《中国文化》写的一篇"学人寄语"，原文只有四百多字。我想到，这个题目颇有点意义，而《中国文化》读者远远少于"夜光杯"。因此我就扩大了一些篇幅刊登在这里。

中华文化，历史悠久，博大精深，影响广，被人所共知。其所以能有这样的成就，并不是从天上掉下来的，而主要是由于中华民族的智慧高、创造力强。还由于中华民族敢于而且善于吸收外国文化中的精华，从而丰富了自己的文化。中国古人所谓"有容乃大"，正可以用在这里。鲁迅先生所说的"拿来主义"，也指的是这种现象。

我个人认为，我们人民不但奉行"拿来主义"，而且也奉行"送去主义"。我们在"报之以琼瑶"方面一向是毫不吝啬的。我们古代先民的四大或者更多的大发明，我们都慷慨大方地送了出去。仅就造纸和印刷术这两项发明来说，它们对传播文化，推动人类社会的前进所起的作用，是无论怎样评价也不会过高的。因此，在伊斯兰运动初期，在阿拉伯和波斯一带就流传着一个说法：希腊人只有一只眼睛，而中国人有两只。前者只有理论,而后者却有技术。这并非中国人自己"夜郎自大",而是外国人所做出的公正客观的评价。

但是,世界上甚至宇宙间的万事万物无时不在变动,绝无永驻不变之理。自从西方的工业革命以后,西方人在"征服自然"的方针的指导下,创造了灿烂辉煌的文明,使全世界人民皆蒙其利。但是,"物极必反"。到20世纪末,这些灿烂辉煌的文明所产生的弊端或者甚至灾害,已日益明显。这些弊端如不铲除,必将影响全人类生存的前途。连西方的有识之士,如英国的汤因比,都已经看到。但可惜可悲的是,西方的一些"天之骄子"们还在懵懵懂懂,垫高了枕头大睡其觉,宛如"盲人骑瞎马,夜半临深池",危在旦夕矣。中华继续实行"送去主义",此正其时。在这里,我对《中国文化》寄予诚挚的厚望。

1997 年 12 月 23 日

关于中国美学的一点断想
——为老友王元化教授八秩华诞寿

前两年,我写过一篇文章《美学的根本转型》,我称之为"怪论"。这并非谦辞,而是实情。我对美学研究,最多只能算是一知半解。以这样的水平而胆敢乱发议论,其结果非"怪论"而何?但是,我天性好胡思乱想,既然想到了,何妨写出来?有道是"愚者千虑,必有一得"。在这里,我是"愚者",自不待言。算不算"一得"呢?那就要由专家们去评断了。

我的总印象(只能算是印象)是:近代美学在中国是一个"舶来品",中国近现代的美学家过多地倚靠、信任、追随西方美学家,亦步亦趋,甚至拾人牙慧。他们似乎忘记了一个基本事实:中国人心目中的美同西方人不完全一样。作为一个中国美学家,首先应该研究中国的美,这是责无旁贷的事。

中国和西洋的美区别究竟何在呢?我观察、思考和读书的结果给我的印象(又是印象)是:西方的美重点在眼睛和耳朵,他们美学家研究的对象重点是音乐、绘画、雕塑等等。中国的美则涉及眼、耳、鼻、舌、身等五官。汉文的"美"字，据《说文》从羊大。对于这个问题，中国学者意见解释不同，上述拙文中已略涉及，兹不赘述。上面谈到的中西学者的意见，请参阅朱光潜《西方美学史》、李泽厚的许多论文和专著，以及许多其他学者的有关著作，我不想一一列举了。

"美"这个字，根据外语教学与研究出版社《汉英词典》，英文是 beautiful, pretty, good, very satisfactory, be pleased with oneself。其中最重要的是前二者，都与眼睛有关。因为中国有"美酒""美食""美餐"等等一系列与舌头有关的说法，不得不加上 good 一个解释。"美酒"只能译为 good wine，"美食""美餐"只能译为 good food 或 tasty food 和 table delicacies，决不能译为 beautiful food。这只是一个极其简单明了的例子，其他的例子还有不少。总之，中国人的"美"与西方人的"美"不完全相同。中国的美学家研究美学，决不应忘记了自己。换言之，中国美学家不应当囿于眼睛和耳朵，而应当延伸到五官，其中最主要的是舌头。

极其粗略地说，我的"怪论"就是这样。

从被西方美学家忽略了的舌头一官，也就是味觉，我想了开去，想到了东方的中国和印度的古代美学。这两个国家的古代的美学思想也是十分丰富的，学说也是很多的。其中给我留下印象最深的学说是中国的"味"或"滋味"和印度的 rasa，rasa 的意思也是"味"，二者都与舌头和味觉有关。试简论之如下。

先谈中国。《说文解字》："味，滋味也，从口未声。

滋，益也，从水兹声。"这里没有讲到"滋味"。但是《康熙字典》中却有解释："滋味也。《礼月令》：薄滋味，无致和。"此外，汉文中还有一个"品"字，与文艺理论有关。中国古代有两本关于文艺理论的书，都名《诗品》，一钟嵘作，一司空图作。按《说文解字》："品，众庶也，从三口，凡品之属皆从品。"这个解释也与文艺理论无关。又是在《康熙字典》中，有"品尝"一个解释，这就与文艺理论挂上了钩。

在中国古代许多与文艺理论有关的书中时常能够见到"味"字，比如陆机《文赋》："阙大羹之遗味。"《文心雕龙》中有"张衡怨篇，清典可味"（"明诗"），"子云沉寂，故老隐而味深"（"体性"），"味之者不厌矣"，"深文隐蔚，余味曲包"（"隐秀"），等等。

现在谈印度。古代印度的文艺理论也是颇为丰富的，"味（rasa）论"是其中之一。古代印度的语法学家有一种理论，认为所有的名词都来源于动词。但是，根据西方近代梵文学者的意见，rasa 这个名词都不来源于 ras，而 ras 反而来源于名词 rasa。参看 W. D. Whirney: *Root, Verb – Forms and Primary Derivatives of the Sanskrit Language* 和 Monier – Williams: *Sanskit – English Dictionary* 等书。rasa 的含义颇多，最基本是 taste（味）。详细解释，请参阅黄宝生：《印度古典诗学》（北京大学出版社，1993年）第五章"味论"。黄宝生说：

> 而婆罗多在《舞论》中，将生理意义上的滋味移用为审美意义上的情味。他所谓的味是指戏剧表

演的感情效应，即观众在观剧时体验到的审美快感。
（315 页）

rasa 的数目一般为八种：艳情、滑稽、悲悯、暴戾、英勇、恐怖、厌恶、奇异。有的人增加为十种。

中国的"味"和印度的 rasa，含义或引申义并不相同，但是，二者都同出于舌头，而不像西方那样审美对象只限于眼之所见和耳之所闻。其中必有原因。我现在并不想详细讨论这个问题，我只是把极其粗糙的想法提了出来。我想，这对于中国的美学家们会有一些帮助的。

1998 年 7 月 5 日

我们要奉行"送去主义"*

20世纪二三十年代,鲁迅先生提出了"拿来主义"的主张。我们中国人,在整个20世纪,甚至在20世纪以前,确实从西方国家拿来了不少的西方文化的精华,这大大地推动了我们教育、文化、科研,甚至政治、经济等方面的发展,提高了我们的文化水平,丰富了我们的物质生活和精神生活。这是一个历史事实,谁也无法否认。当然,伴随着西方文化的精华,我们也拿来了不少的糟粕。这是不可避免的,有时候精华与糟粕是紧密相联的。十几年前,也就是在上一个世纪的最后一段时间内,我曾提出了一个主张:"送去主义。"拿来与送去是相对而言的。我的意思是把中国文化的精华送到西方国家去,尽上我们的国际主义义务。我的根据何在呢?

我们中华民族是伟大的民族,在过去几千年的历史上,我们有过许多重要的发明创造,四大发明是尽人皆知的,无待赘言。至于无数的看来似乎是细微的发明,也出自中国人之手,其意义是决不细微的。我只介绍一部书,大家一看便

---

* 本文原是作者为《对外汉语教学:回眸与思考》一书所作的序,该书正式出版时,把本文收入正文,并改为现在的题目。

知，这部书是阿里·玛扎海里的《丝绸之路》。至于李约瑟的那一部名著，几乎尽人皆知，用不着我再来介绍了。如果没有中国的四大发明，人类社会的进步，人类文化的发展，将会推迟几百年，这是世界上有点理智的人们的共识，绝不是我一个人的"老王卖瓜"也。

然而，日往月来，星移斗转，近几百年以来，西方兴起了产业革命，科学技术的发展突飞猛进，在不太长的时间内，影响遍及全世界。当年歌德提出了一个"世界文学"的想法，我们现在眼前却确有一个"世界文化"。最早的殖民主义国家，靠坚船利炮，完成了资本主义原始积累的任务。后来的帝国主义国家，靠暂时的科技优势，在地球村中，为非作歹，旁若无人，今天制裁这个国家，明天惩罚那个国家，得意扬扬，其劣根性至今没有丝毫改变。在这样的情况下，在西方，除了极少数有识之士外，一般人大抵都以"天之骄子"自命，认为宇宙间从来就是如此，今后也将万岁千秋如此，真正是"其愚不可及也"。他们颇有点类似中国旧日的皇帝，认为自己什么都有，无所求于任何其他民族。据说，西方某个大国中，有知识的人连鲁迅这个名字都没有听说过。其极端者甚至认为中国人至今还在吃鸦片、梳辫子、裹小脚。真正让人啼笑皆非，这样的"文明人"可笑亦复可怜！

现在屈指算来，西方以及世界其他国家已经从中华民族优秀文化中拿走了不少优秀的精华，他们学习了，应用了，收到了效果，获得了利益。但是，仍然有许多精华，他们没有拿走，比如中国传统的伦理道德，其中有糟粕，也有精华，其精华部分对世界人民处理天人关系、人与人的关系，以及个人心中感情思想中的矛盾时会有很大的助益。眼前全世界都大声疾呼的环保问题实际上是西方人"征服自然"的恶果，中国的"天人合一"的思想，如能切实行之，必能济西方之穷。我们眼前，由于人所共知的原因，科技在某些方面确实落后于西方。但是，我们也不能说是一点创造发明都没有，一点先进的东西都没有，比如改革开放，由计划经济转入市场经济而获得成功，对世界上其他国家就很有借鉴的价值。

这些东西如珠子在前，可人家，特别是西方人，却偏不来拿。

怎么办呢？你不来拿，我们就送去。

我们首先要送去的就是汉语。"射人先射马，擒贼先擒王。"汉语是"王"，中华民族的优秀文化大部分保留在汉语言文字中。中华民族古代和现代的智慧，也大部分保留在汉语言文字中。中国人要想弘扬中华民族的优秀文化，外国人要想学习中华民族的优秀文化，都必须首先抓汉语。为了增强中外文化交流，为了加强中外人民的理解和友谊，我们首先必抓汉语。因此，我们要奉行送去主义，首先送出去的也必须是汉语。

此外，汉语本身还具备一些其他语言所不具备的优点。50年代中期，我参加了中共八大翻译处的工作。在几个月的工作过程中，我逐渐发现了一个从来没有人提到过的现象，这就是：汉语是世界上最短的语言。使用汉语，能达到花费最少最少的劳动，传递最多最多的信息的目的。我们必须感谢我们的祖先，他们给我们留下了汉语言文字这一瑰宝。过去的几千年，我们在这里暂且不谈。仅就目前十几亿使用汉语言文字的人来说,他们在交流思想、传递信息方面所省出来的时间简直应该以天文数字来计算。汉语之为功可谓大矣。

从前听到有人说过,人造的世界语,不管叫什么名称,寿命都不会太长的。如果人类在未来真有一个世界语的话,那么这个世界语一定会是汉语的语法和英文的词汇。洋泾浜英语就证明了这一点。这种说法虽然近乎畅想曲,近乎说笑话,但其中难道一点道理都没有吗?

说来说去,一句话:我们要奉行"送去主义"。这既有政治意义,也有学术意义。我们首先要送出去的就是汉语言文字。在这样的考虑下,我对张德鑫同志主编的论文选不能不呈献上我最诚挚的谢意。

2000 年 1 月 11 日

东西文化的互补关系

季羡林按：这篇文章虽然署着我的名，但是它可以说是我写的，又可以说不是我写的。它的"作者"应该说是蔡德贵教授。文中的思想内容全是我的，甚至造词遣句，也都出于我的笔下。可是并不出于一篇文章，而是出于许多篇写出时间不同、写出环境也不相同的文章。德贵用的方法是中国旧日诗人作诗填词时有时使用的"集句"的方式。所不同者只是旧日诗人"集句"，是集许多人之句，而德贵则是集季羡林一人之句。"集句"而能集到天衣无缝、浑然一体的水平，实在难能可贵，德贵可以说是有"集句"的天才。

我在这里想补充一点，就是恩格斯的几句话："我们不能过分陶醉于我们对自然界的胜利，对于每一次这样的胜利，自然界都报复了我们。"一百多年前的这几句话真无愧是天才的预见。"自然界"就是我所说的"天"。到了今天，恩格斯的话（被）完全证实了。

我还想说明一点，"三十年河东，三十年河西"，我引的这两句话，最受人诟病，然而我至今仍认为，这是真理，是诟病不掉的。试看宇宙间万事万物，哪一样是违反了这两句话的根本精神的？还有的人一听是东方文化或文明，他们那"贾桂思想"就恶性发作，连鼻子都笑歪了。对于这样的人，我欲无言。

我仍然认为，"三十年河东，三十年河西"是真理。

核心观点

文化、文明的起源是多元的，不能说世界上的文化是一民族创造的，文化的产生不是一元的，不能说一个地方产生文化。一个民族自己创造文化，并不断发展，成为传统文化，这就是文化的民族性。一个民族创造了文化，同时在发展过程中它又必然接受别的民族文化，要进行文化交流，这就是文化的时代性。民族性与时代性有矛盾，但又统一，缺一不可。

希腊文化延续发展为西方文化，欧美都属于西方文化的范畴，而中国文化、印度文化、阿拉伯伊斯兰文化构成了东方文化。而思维模式是一切文化的基础，思维模式的不同，是不同文化体系的根本不同，东方的思维模式是综合的，西方的思维模式则是分析的。从历史上来看，这两大文化体系之间的关系是"三十年河东，三十年河西"。

在处理外国文化与中国文化的关系时，应该注意大胆"拿来"，把一切外国的好东西统统拿来，物质的好东西要拿来，精神的好东西也要拿来。应该特别强调，我们要拿来的是第三个层次里的东西，属于心的东西，即指的是价值观念、思维方式、审美趣味、民族性格，等等。

儒学作为中国传统文化的主体，有精华，也有糟粕。对于其中的糟粕，一定要批判，要抛弃；对于精华，要继承，要发展。最近一些年来，我一改过去不喜欢义理的习惯，开始喜欢起义理来。我先后发表了一些理论文章，阐述我对东方传统文化的态度。这些文章的中心主题是"三十年河东，三十年河西"，认为以分析思维见长的西方文化已经走到穷途末路，现在需要改弦更张，吸收东方文化的优点；东方文化在近代以来落后了，但因为它采取的是以综合思维见长的思维方式，正可以弥补西方文化之不足，可以挽救西方因对大自然穷追猛打而造成的环境污染、生态失衡、臭氧空洞等危机。此论一出，支持者有之，反对者亦有之。反对者中有人把我归入新文化保守主义。反对者实际上是对此论有误解。为了避免误解，现在我来换个说法，叫作"东西文化互补论"。

立论的基础："文化交流论"

"三十年河东，三十年河西"论和"东西文化互补论"，是我对东西方文化的一种论断。我立论的基础是"文化交流论"。

所谓文化就是包括人类通过自己的劳动，这劳动包括脑力劳动和体力劳动所创造的一切精神的和物质的有积极意义的东西。或者说，凡人类在历史上所创造的精神、物质两个方面，并对人类有用的东西，就叫"文化"。文化与文明既有相同的一面，又有不同的一面。文明指的是从一个野蛮状态，随着社会的进步往前发展，人类的智慧增加了。文化就是人类力量的往前进一步发展，人类社会中的艺术、科学等的智力的发展。文明是对野蛮而言，文化是对愚昧而言。这两个词，有时候能通用，如"东方文化史"也可以叫"东方文明史"；但有时候不能通用，如"文明礼貌"不能说"文化礼貌"；"学文化"不能说"学文明"。"文明"的对立面是"野蛮"，"文化"的对立面是"愚昧"。但"野蛮"和"愚昧"又有联系，"野蛮"中"愚昧"成分居多，也有不愚昧的"野蛮"。学文化是因为过去没有文化，学了文化把"愚昧"去掉了。讲文明礼貌是过去不文明，有一些野蛮。提倡文明礼貌，把"野蛮"的成分去掉了。

庞朴先生在《文化结构与近代中国》一文中提出了一个观点，即认为文化可以包括人的一切生活方式和为满足这些方式所创造的事事物物，以及基于这些方式所形成的心理和行为。它包括物的部分，心、物结合的部分和心的部分。我认为是搔着了文化的"痒处"。

应该特别注意文化的起源和交流问题。文化、文明的起源是多元的，不能说世界上的文化是一个民族创造的，文化的产生不是一元的，不能说一个地方产生文化。否定文化一元论，并不是否定文化体系的存在。所谓文化体系是指具备"有特色、能独立、影响大"这三个基本条件的文化。从这一前提出发，世界文化共分为四个大的文化体系：中国文化、印度文化、阿拉伯伊斯兰文化、希腊文化。希伯来文化很难成体系，不是属于伊斯兰文化的先驱归入伊斯兰文化，就是和希腊文化合在一起，所以不是独立的文化体系。这四个文化圈内各有一个占主导地位的影响大的文化，同时各文化圈内各个国家和民族之间又都是互相学习的，各大文化圈之间也有一个互相学习的关系。承认文化的产生是多元的和承认有文化体系是不矛盾的。

文化一旦产生，其交流就是必然的。没有文化交流，就没有文化发展。交流是不可避免的，无论谁都挡不住。从古代到现在，在世界上还找不到一种文化是不受外来影响的。交流也有坏的，但坏的对人类没有益处，不能叫文化。对人类有好处的、有用的，物质、精神两方面的东西交流，才叫"文化交流"。一种文化既有其民族性，又有其时代性。一个民族自己创造文化，并不断发展，成为传统文化，这是文化的民族性。一个民族创造了文化，同时在发展过程中它又必然接受别的民族的文化，要进行文化交流，这就是文化的时代性。民族性与时代性有矛盾，但又统一，缺一不可。继承传统文化，就是保持文化的民族性；吸收外国文化，进行文化交流，就是保持文化的时代性。所以文化的民族性与时代性这个问题是会贯彻始终的。

为了保持文化的时代性，自20世纪以来，出现了一种提倡"全盘西化"的观点。"全盘西化"和文化交流有联系，"西化"要化，不"化"不行，创新、引进就是"化"。但"全盘"不行，不能只有经线，没有纬线。"全盘西化"在理论上讲不通，在事实上办不到。

对中国与外国的文化交流，我的基本观点是"拿来"与"送去"。就目前来说，要更重视"拿来"，就是把外国的好东西"拿来"。这里涉及上述有关文化的三个方面，都要拿。"物"的部分，当然要拿，咖啡、沙发、啤酒、牛仔裤、喇叭裤，这一系列东西，只要是好的，都拿。心、物结合的部分比方说制度，也可以学习。最重要的还是心的部分，要拿价值观念、民族性格。因为我们的价值观念、思想方式，不能马马虎虎，得把弱点克服，要不克服的话，我们的生产力就发展不了。

东方文化：将再现辉煌

从宏观上来看，希腊文化延续发展为西方文化，欧美都属于西方文化的范畴。而中国文化、印度文化、阿拉伯伊斯兰文化构成了东方文化。"东方"在这里既是地理概念，又是政治概念，即所谓第三世界。东方文化和西方文化这两大文化体系之间也是互相学习的，但是在一个相当长的时间内，可能有一方占主导地位。就目前来看，占主导地位的是西方文化。但从历史上来看，东方文化和西方文化二者的关系是"三十年河东，三十年河西"。因为文化不是一成不变的。每一种文化都有一个诞生、成长、兴盛、衰微、消逝的过程，东方文化到了衰微和消逝的阶段，代之而起的必是西方文化；等西方文化濒临衰微和消逝的阶段时，代之而起的必是东方文化。

西方文化从文艺复兴以来，昌盛了几百年，把社会生产力提高到了空前的水平，促使人类社会进步也达到了空前的速度，光辉灿烂，远迈前古，世界人民无不蒙受其利。但它同世界上所有的文化一样，也是决不能永世长存的，迟早也会消逝的。20世纪20年代前后，西方的有些学者已经看出西方文化衰落的端倪，如德国施宾格勒在1917年开始写作的《西方的没落》一书，预言当时如日中天的西方文化也会没落。此书一出版，马上洛阳纸贵，产生了巨大的影响，英国著名历史学家汤因比受其影响，也反对西方中心论。他们的观点是值得肯定的，因为，西方文化同世界上所有的文化一样，也是决不能永世长存的，迟早也会消逝的，在今天，它已逐渐呈现出强弩之末的样子，大有难以为继之势了。具体表现是西方文化产生了一些威胁人类生存的弊端，其荦荦大者，就有生态平衡的破坏、酸雨横行、淡水资源匮乏、臭氧层破坏、森林砍伐、江河湖海污染、动植物物种不断灭绝、新疾病出现等等，都威胁着人类的发展甚至生存。

西方文化产生这些弊端的原因，是植根于西方的基本思维模式。因为思维模式是一切文化的基础，思维模式的不同，是不同文化体系的根本不同。简而言之，我认为，东方的思维模式是综合的，它照顾了事物的整体，有整体概念，讲普遍联系，接近唯物辩证法。用一句通俗的话来说就是，既见树木，又见森林，而不是只注意个别枝节。中国"天人合一"的思想，印度的"梵我一如"的思想，是典型的东方思想。而西方的思维模式则是分析的。它抓住一个东西，特别是物质的东西，分析下去，分析下去，分析到极其细微的程度。可是往往忽视了整体联系，这在医学上表现得最为清楚。西医是头痛医头，脚痛医脚，完全把人体分割开来。用一句现成的话来说就是，只见树木，不见森林。而中医则往往是头痛治脚，脚痛治头，把人体当作一个整体来看待。两者的对立，十分明确。但是不能否认，世界上没有绝对纯的东西，东西方都是既有综合思维，也有分析思维。然而，从宏观上来看，这两种思维模式还是有地域区别的：东方以综合思维模式为主导，西方则是以分析思维为主导。这个区别表现在各个方面，具体来说，东方哲学中的"天人合一"思想，就是以综合思维模式为基础的，西方则是征服自然，对大自然穷追猛打。表面看来，他们在一段时间内是成功的，大自然被迫满足了他们的物质生活需求，日子越过越红火，但是久而久之，却产生了以上种种危及人类生存的弊端。这是因为，大自然虽既非人格，亦非神格，却是能惩罚、善报复的，诸弊端就是报复与惩罚的结果。

有的学者认为要解决这些弊端，比如环境污染，只有发展科学，发展技术，发展经济，才有可能最后解决环境问题，我不同意这种看法。为了保护环境决不能抑制科学的发展、技术的发展和经济的发展，这个大前提是绝对正确的。不这样做是笨伯，是傻瓜。但是处理这个问题，脑筋里必须先有一根弦，先有一个必不可缺的指导思想，而这个指导思想只能是东方的"天人合一"思想。否则就会像是被剪掉了触角的蚂蚁，不知道往哪里走。从发展的最初一刻起，就应当在这种思想的指引下，念念不忘过去的惨痛教训，想方设法，挖空心思，尽上最大的努力，对弊害加以抑制，决不允许空喊："发展！发展！发展！"高枕无忧，掉以轻心，梦想有朝一日科学会自己找出办法，挫败弊害。常言道："道高一尺，魔高一丈。"到了那时，魔已经无法控制，而人类前途危矣。中国旧小说中常讲到龙虎山张天师打开魔罐，放出群魔，到了后来，群魔乱舞，张天师也束手无策了。最聪明、最有远见的办法是向观音菩萨学习，放手让本领通天的孙悟空去帮助唐僧取经，但是同时又把一个箍套在猴子头上，把紧箍咒教给唐僧。这样可以两全其美，真无愧是大慈大悲的观世音。正是由于这个原因，我主张"三十年河东，三十年河西"，21世纪是东方文化的世纪，东方文化将取代西方文化在世界上占统治地位。而取代不是消灭。全面一点的观点是：西方形而上学的分析已快走到尽头，而东方文化寻求综合的思维方式必将取而代之。以分析为基础的西方文化也将随之衰微，代之而起的必然是以综合为基础的东方文化。这种代之而起，是在过去几百年来西方文化所达到的水平的基础上，用东方的整体着眼和普遍联系的综合思维方式，以东方文化为主导，吸收西方文化中的精华，把人类文化的发展推向一个更高的阶段。这种"取代"，在21世纪可见分晓。所以结论是：21世纪是东方文化的时代，这是不以人们的主观愿望为转移的客观规律。用东方"天人合一"的思想和行动，济西方"征服自然"之穷，就可以称之为"东西文化互补论"。东方的"天人合一"是带有普遍性的一种思想，中国、印度都有。即以中国儒家为例，《易经》中有"大人者与天地合其德，与日月合其明，与四时合其序，与鬼神合其吉凶。先天而天弗违，后天而奉天时"。《中庸》有"能尽人之性，则能尽物之性；能尽物之性，则可以赞天地之化育；可以赞天地之化育，则可以与天地参矣"。《孟子》有"莫之为而为者，天也；莫之致而致者，命也"；"尽其心者，知其性也；知其性，则知天也"。董仲舒的"天人之际，合而为一"。张载的"民吾同胞，物吾与也"更是典型的"天人合一"思想。这些都是综合思维方式的典型例子。

中国的民族性："思想包袱"与文化"危机"

中国的国民性，鲁迅先生早有批判。这种批判现在仍有意义。这是因为，其一，中国的封建思想包袱最重。因此，应该下大力气批判中国的封建思想。中国文化有精华，搞现代化要发扬这些精华，但眼前主要是反封建糟粕。我们虽是社会主义国家，但包袱很重，最重的是封建思想包袱。譬如在群众中流行的一句话"端起饭碗吃肉，放下筷子骂娘"就与封建思想有关系。再如官僚主义、一个人说了算、高干子弟的特权问题、走后门等等，不尊重时间，也与封建思想有关。中国这样一个大民族，对世界文化有过极大贡献，把中国的传统文化丢掉，对不起子孙后代。应该强调的是，那些妨碍生产力和思想进步的封建主义的东西，应有胆量讲出来，大家来改，这才是拨乱反正。我们中国实际上是封建主义垄断，资本主义并不多。现在，大家最不满意的是"不正之风""服务态度不好""高干子弟怎么怎么了""一个人说了算怎么样了"，又是"民主不怎么样了"……不尊重人才，不尊重知识，不讲效率，不重视时间，这种弊病多极了。只有克服了这些封建主义的弊病，中国的生产力才能得到真正的发展。

其二，我们的民族性出了问题。我们眼前面对着的社会，其中的"危机"，也包括文化危机在内，比任何"危机"都更"危机"——我们的民族性出了问题。我们的民族性里面当然也积淀了一些好东西，但是不好的、有害的东西，其数量不少，其危害极大。犯罪的情况是任何时代任何社会都有的，有一点，用不着大惊小怪，但是，像中国现在这样，大规模地制造假农药、假种子、假化肥，一旦使用，将流毒千百万亩耕地，影响千百万人民的生命，这却绝非小事了。至于偷窃农村的变压器，割掉电线，其影响农业生产，绝不是小规模的。还有集体地、明目张胆地砍伐山上的树林，使长江变成黄河。这不但流毒眼前，而且影响后世子孙。所以，听说王元化先生主张彻底批判旧文化，我是赞成的。而从社会风气来说，也存在不少问题。有的人争名于朝，争利于市，急功近利，浮躁不安，只问目的，不择手段，小偷小摸。所在皆是。即以宴会一项而论，政府三令五申，禁止浪费；但是令不行，禁不止，哪一个宴会不浪费呢？贿赂虽不能说公行，但变相的花样却繁多隐秘。出门必然会遇到吵架的。在公共汽车上，谁碰谁一下，谁踩谁一脚，这是难以避免的事，只需说上一句"对不起！"

就可以化干戈为玉帛；然而，"对不起！""谢谢！"这样的词儿，我们大多数人都不会说了，必须在报纸上大力提倡。中国民族性中的这些缺点，不自改革开放始，也不自新中国成立始，更不自鲁迅时代始，恐怕是古已有之了。难道我们真要"礼失而求诸野"吗？这是我们每一个中国人所面临的而又必须认真反省的问题。

鉴于上述理由，我认为，在处理外国文化与中国文化的关系时，应该注意大胆"拿来"，把一切外国的好东西统统拿来，物质的好东西要拿来，精神的好东西也要拿来。应该特别强调，我们要拿来的是第三个层次里的东西，属于心的东西。我们要改变我们的一些心理素质、价值观念、思想方法等等。所谓心的东西，指的是价值观念、思维方式、审美趣味、道德情操、宗教情绪、民族性格等等。从长期的历史研究中，我得出一个非常可贵的经验：在我们国力兴盛、文化昌明、经济繁荣、科技先进的时期，比如汉唐兴盛时期，我们就大胆吸收外来文化，从而促进了我们文化的发展和生产力的提高。到了见到外国东西就害怕，这也不敢吸收，那也不敢接受，这往往是我们国势衰微、文化低落的时代。

对儒学的态度：批判与继承

谈东方文化必然要涉及中国传统文化的核心儒学的问题。作为中国传统文化的主体，儒学中也有糟粕，这是肯定无疑的。对其中的糟粕，一定要抛弃，要批判，如上文说到的对封建主义的批判,是必要的。但是,批判坏东西,不能把好东西也一块丢掉,如同泼洗澡水把澡盆中的小孩也泼掉一样。我们东方文化中确实有些好东西,如《论语》中的一句话:"己所不欲,勿施于人。"能做到这八个字,到共产主义也不过这个水平。类似这么精辟的话多得很。历史上讲宋太祖时赵普曾说过以半部《论语》治天下的话,现在有人说是胡说八道,我看实际上用不了半部《论语》,有几句话就能治天下。再如《论语》中又说"小不忍则乱大谋",容忍是中华美德之一。我们的往圣先贤,大都教导我们要容忍。民间谚语中,也有不少容忍的内容,教人忍让。有的说法,看似消极,实有积极意义,比如"忍辱负重",韩信就是一个有名的例子。《唐书》记载,张公艺九世同居,唐高宗问他睦族之道。公艺提笔写了一百多个"忍"字递给皇帝。从那以后,姓张的多自命为"百忍家声"。当然,类似"己所不欲,勿施于人"这样的话,最好是演变成道德金律,才会起更大的作用。可惜的是,儒家学说还没有变成道德金律,因为儒学不是宗教。宗教要有四个条件:一要有神;二要有戒约;三要有机构或组织;四要信徒崇拜信仰。拿这四个条件来衡量一下孔子和他开创的儒学,则必然会发现,在孔子还活着的时候以及他死后相当长的一段时间,只能称之为"儒学",没有任何宗教色彩。《论语》中就说"子不语怪力乱神"。孔子自己说:"天何言哉!"这个"天"也不是有"神格"的"天老爷"。孔子从不以神自居,他的弟子以及弟子的弟子,也不以神视之。"儒学"非学说而何?不知道从什么时候起,孔子被神化了。到了唐代，儒、释、道三家就并称三教。到了建圣庙，举行祭祀，则儒家已完全成为一个宗教。因此，从"儒学"到"儒教"是一个历史演变的过程。讨论"儒学"或"儒教"，必须有一个发展的观点，不能执着于一端。对儒学中的精华与糟粕要分清楚，这是用不着证明的。但是，究竟什么叫作"精华"，什么又叫作"糟粕"呢？这两个表面看上去像是对立面的东西，不但不是泾渭分明，而是界限不清；尤有甚者，在一定的条件下，双方可以相互向对立面转化。如孔子和儒学，在五四运动时期，肯定被认为是糟粕，不然的话，何能喊出了"打倒孔家店"的口号？然而，时移世迁，到了今天，中国正在建设社会主义初级阶段的社会，还有什么人能说孔子和儒学中没有精华呢？再如三纲一般被认为是糟粕，但是陈寅恪先生在《悼王国维先生挽词并序》中说过一句话"中国文化之定义，具于《白虎通》三纲六纪之说"。陈寅恪先生在这里讲的实际上是处理九个方面的关系：国家与人民、父子、夫妇、父亲的兄弟、族人、自己的兄弟、母亲的兄弟、师长和朋友。这些关系处理好，国家自然会安定团结。纲纪学说，如果运用得法，可能调节社会秩序，可以加强安定团结。国际上何独不然？在中国的传统道德中，伦理道德有很重要的位置，伦理就是解决人与人之间关系的，儒家讲的三纲六纪就是规定了君臣、父子、夫妻、兄弟、朋友之间关系的准则。这里有糟粕的地方，因为人与人之间应该是平等的，不应该谁是谁的纲。儒家强调要处理好人的各方面关系还有许多值得批判吸收的东西。我国传统的伦理道德应批判继承，精华留下，糟粕去掉。对外国好的东西，也可以学习，不要排斥。在古代，几乎在所有国家中，传承文化的责任都落在知识分子的肩上。中国古代文化的传承者是"士"，传承地方是太学、国子监和官办以及私人创办的书院。在世界各国文化传承者中，中国的士有其鲜明的特点。早在先秦，《论语》中就说过：

> 士不可以不弘毅，任重而道远。

士们俨然以天下为己任，天下安危系于一身。在几千年的历史上，中国知识分子的这个传统一直没变，后来发展成为"天下兴亡，匹夫有责"。后来又继续发展，一直到了现在，始终未变。现在，《中国儒学年鉴》的出版，也是为了传承中国的传统文化，是接续士们的传统，所以是一件大好事。这就算是我的"东西文化互补论"，以此作为《中国儒学年鉴》的专文。

新的世纪已经来临了。我虔诚希望，人类能聪明起来，能认真考虑"拿来"与"送去"的问题，认真考虑我这个外行、我这个一向不注重义理的人所提出的"东西文化互补论"。

2001 年 9 月 24 日

中西医学的结合问题

中国医药学的发展,有极其悠久的历史。一般都追溯到黄帝时代,可见其时间之久。

我不是什么哲学家,但是对许多问题往往有自己的想法。我一向认为,世界文化可以分为东西两大体系。东西之区分决定于它们的思维模式。东综合而西分析。我在这里必须说明一下,综合与分析都是就其大体而言,在细微的地方则是你中有我,我中有你。

这种东西之分也表现在医药学上。中国医药学经过几千年的发展,到了今天,形成了独立的体系,一般称之为中医。与之相提并论者,则是以近代西方科技为基础的几乎统一了世界的现代化医学,在中国统称之为西医。中国一些少数民族也有自己的医学,比如藏医等。我个人认为,在今天的中国社会中,中西医学以及少数民族的医学都有存在的价值与能力,不能妄加评断。几十年前,中国也曾有过否定中医的论调,那不会带来什么好处的。

上面讲到,中医发展已有极其悠久的历史。在发展过程中曾受到多方面的外来的影响。周秦以前的情况,渺茫难言矣。大概是到了汉代,西方中亚一带的影响就开始显露。带

"海"字的一些东西都是洋玩意儿,"海"后来变为"洋"。根据陈寅恪先生的意见,中国的"岐伯"可能同印度的 Jivaka 有关。就连以刮骨疗毒著名的华佗,也可能与印度有关。到了唐代,西方的影响更扩大了。《外台秘要》中有许多外国(主要是印度)成分。印度的眼科大夫,徒步转游四方,也来到了中国,并且给大诗人刘禹锡治疗眼病。此时,波斯的医学也传入中国,结果是《海药本草》等著作的出现。

到了明朝末年,西方(欧洲)的医学开始传入中国,后来称之为西医,与中国传统医学,所谓中医,相提并论,并行不悖。现在中国农村医疗情况,我不大清楚。沿海地区和内陆恐怕不会是一样的。在我的家乡是联合几个邻近乡村,组成一个诊所,医疗手段大概是不中不西,亦中亦西。这同新中国成立前已经有天壤之别了。

总而言之,目前在中国存在着两大医疗体系:一中一西。双方都有自己的研究院,也都有自己的医院。我没有做过详细的统计,我的印象是,以西医为基础的医院其数目远远超过以中医为基础的医院。有的以西医为基础的大医院中,也请上一位中医。这本来是件好事,但是,这一位中医大夫既不临床号脉、对症下药,也不来了解病情,而是每天送给病员一罐熬好的中药,这样的药必然是四平八稳,既治不了病,也要不了命的玩意儿。这样的中医大夫形同虚设,毫无意义。

现在有一个问题明显地摆在我们眼前:既然存在着两大体系,为什么不把它俩结合融为一体产生一种崭新的医学呢?这样现成的题目,我想,一定会有不少人尝试过了。因为没有成果,所以不为人知。

我不研究医学史，八十岁以前基本上不生病，没有住过医院。因此，对我在上面提出来的医学两大体系融合的问题，从来没有考虑过。现在让我来考虑，结论已经摆在眼前：一不可能，二没有必要。除了在小的设施方面可以互相学习以外，理论方面，因为所依据的思维模式不同，可以任其按照自己的路数自由发展下去。数百年上千年以后会发展成为什么样子，现在无法预言。

我倒是有一个建议，在某个以西医为基础的大医院中认真聘请几位真正学有专长的中医大夫，与西医大夫待遇完全平等。可以时不时地选择几个有典型意义的病员，让中西大夫各根据自己的理论和治疗方法加以治疗，看看谁能够治好病。实践是检验真理的唯一标准。在治疗同一个病人的过程中，中西医不会有什么矛盾的，中医什么仪器都不需要。在内行人眼中，我这种想法也许是非常可笑的、幼稚的。我个人却并不这样认为。

2003 年 6 月 23 日

东学西渐与"东化"

最近,我的学生蔡德贵告诉我,青岛大学学报《东方论坛》准备开设一个新的栏目"东学西渐",并转达该学报杂志社社长冯国荣教授的意见,请我写一篇文章,我很高兴。由《东方论坛》开设"东学西渐",我觉得这个栏目开得好,开得适逢其时。我很愿意写一篇文章谈谈我的看法。

温家宝总理2003年12月在哈佛大学做《把目光投向了中国》的演讲时,提到2003年9月10日教师节那天,他到医院看我,说我们在促膝交谈中,谈到近代有过西学东渐,也有过东学西渐。17到18世纪,当外国传教士把中国的文化典籍翻译成西文传到欧洲的时候,曾经引起西方一批著名的学者和启蒙的思想家的极大兴趣。这个问题是文化交流的问题。

我一向特别重视文化交流的问题,既主张拿来主义,也主张送去主义。对中国与外国的文化交流,我的基本观点是"拿来"与"送去"。我认为,文化一旦产生,其交流就是必然的。没有文化交流,就没有文化发展。交流是不可避免的,无论谁都挡不住。从古代到现在,在世界上还找不到一种文化是不受外来影响的。交流也有坏的,但坏的交流对人类没有益处,不能叫文化。对人类有好处的、有用的,物质、精神两方面的东西交流,才叫"文化交流"。文化不论大小,一旦出现,就会向外流布。全人类都蒙受文化交流之利。如果没有文化交流,我们简直无法想象,人类会是什么样子。

一种文化既有其民族性,又有其时代性。一个民族自己创造文化,并不断发展,成为传统文化,这是文化的民族性。一个民族创造了文化,同时在发展过程中它又必然接受别的民族的文化,要进行文化交流,这就是文化的时代性。民族性与时代性有矛盾,但又统一,缺一不可。继承传统文化,就是保持文化的民族性;吸收外国文化,进行文化交流,就是保持文化的时代性。所以文化的民族性与时代性这个问题是会贯彻始终的。

为了保持文化的时代性,自20世纪以来,出现了一种提倡"全盘西化"的观点。"全盘西化"和文化交流有联系。现在,整个的社会,不但是中国,而且是全世界,都是西方文化占垄断地位。这是事实,眼前哪一样东西不是西方文化?电灯电话,楼上楼下,就说我们这穿的,从头顶到鞋,全是西方化了。这个西化不是坏事情。"西化"要化,不"化"不行,创新、引进就是"化"。但"全盘西化"不行,不能只有经线,没有纬线。"全盘西化"在理论上讲不通,在事实上办不到。

就目前来说,我们对西方文化和外国文化,当然要重视"拿来",就是把外国的好东西"拿来"。这里涉及有关文化的三个方面,物的部分、心物结合的部分、心的部分,都要拿。"物"的部分,当然要拿,咖啡、沙发、啤酒、牛仔裤、喇叭裤,这一系列东西,只要是好的,都拿。我们吃的、喝的、穿的、戴的、乘的、坐的、住的、用的,有哪一件完完全是中国土生土长的?汽车、火车、飞机、轮船,我们古代有吗?可可、咖啡、纸烟、可口可乐、啤酒、香槟、牛排、面包,我们过去有吗?我们吃的土豆、玉米、菠菜、葡萄,以及许许多多的水果、蔬菜,都是外来的。这菠菜的"菠"字,本身是音译,不是意译,它叫菠薐、菠薐菜,是印度、尼泊尔一带产生的。茉莉花也是外来的,甚至连名字都不是中国固有的。我们用的乐器,胡琴、钢琴、小提琴、琵琶,也都是外来的。拿来,完全正确。现在我们确实拿来了,拿来的真不少,好的坏的都拿来了。连艾滋病也拿来了,这是不应该的。心、物结合的部分比方说制度,也可以学习。最重要的还是心的部分,要拿价值观念、民族性格。因为我们的价值观念、思想方式,不能马马虎虎,得把弱点克服,要不克服的话,我们的生产力就发展不了。从长期的历史研究中,我得出一个非常可贵的经验:在我们国力兴盛、文化昌明、经济繁荣、科技先进的时期,比如汉唐兴盛时期,我们就大胆吸收外来文化,从而促进了我们文化的发展和生产力的提高。到了见到外国东西就害怕,这也不敢吸收,那也不敢接受,这往往是我们国势衰微、文化低落的时代。

  但是,我们不能只讲西化,不讲"东化"。"东化",报纸上没有这个词儿,是我发明的。我们知道,汉唐的时候,是"东化"的。因为世界的经济中心、文化中心当时在中国。在明末清初以前确实有过东学西渐。不能只重视"西学东渐"而忽视"东学西渐"。根据历史事实,在中西文化交流史上,"东学西渐"从来就没有中断过。中华文化的博大精深吸引了西方传教士、外籍华人、留学生、商人等的注意,并通过他们广泛传播到世界各地。

在文化交流方面，中国是一个很有特色的国家。从蒙昧的远古起，几乎是从一有文化开始，中国文化中就有外来文化的成分。中国人向来强调"有容乃大"，不管是物质的，还是精神的，只要对我们有利，我们就吸收。海纳百川，所以成就了中国文化之大。中外文化的交流，一直没有中断过。最大的两次是佛教的传入和西学东渐。佛教传入的结果是形成了中国佛教。而明末清初以来西方文化在我国广泛传播，则是"西学东渐"。从此，我们才有了"中学"和"西学"这样的名称，才有了"东方文化"和"西方文化"这样的说法。"西学"的先遣部队是天主教。天主教传入中国，不自明末始，但是，像明末清初这样大规模的传入，还是第一次。唐代有所谓三教的说法，指的是儒、释、道。此时又来了一个新三教。道家退出，增添了一个天主教。新三教之间有过矛盾和撞击，方豪先生的《中西交通史》第五章《欧洲宗教与神哲等学之东传》叙述颇详，我不赘述。

我们中国不但能够拿来，也能够送去。历史上，我们不知道有多少伟大的发明创造送到外国去，送给世界人民。从全世界的历史和现状来看，人类文明之所以能发展到今天这个样子，中国人与有力焉。可惜的是，在一片西化之声洋洋乎盈耳之时，西方人大都自我感觉极为良好，他们以"天之骄子"自居，在下意识之中，认为自古以来就是这样，今后也将永远是这个样子。今天的中国，对西方的了解远远超过西方人对中国的了解。在西方，不但是有一些平民百姓对中国不了解，毫无所知，甚至个别人还认为中国人现在还在裹小脚，吸鸦片。连一些知识分子也对中国懵懂无知，连鲁迅都不知道。既然西方人不肯来拿我们的好东西，那我们只好送去了。鉴于此，我们组织了一套《东方文化集成》，计划出500多种，600多部，从20世纪90年代开始出版，现在还在继续编辑出版。我还和王宁主编了一套《东学西渐丛书》，1999年由河北人民出版社出版，总共7部，包括朱谦之先生早先写成的《中国哲学对欧洲的影响》，还有其他作者的新著：王宁的《中国文化对欧洲的影响》、王兆春等的《中国军事科学的西传及其影响》、韩琦的《中国科学技术的西传及其影响》、刘岩的《中国文化对美国文学的影响》、史彤彪的《中国法律文化对西方的影响》、孙津的《中国现代化对西方的影响》。丛书出版之后，有人发表评论，说这套丛书，可以增强我们变革和发展的信心，说这套丛书的价值得到了充分展现。从这套丛书中，我们可以清楚地看到，公元16、17世纪以前的欧洲，在文明的发展中与中国有多么大的差距。而他们向中国文明的学习，与后来中国人接受欧洲文明的顺序是相似的，即先从科学技术开始，这不仅包括造纸、印刷、火药、指南针"四大发明"，还包括陶瓷、冶金、纺织等技术，以及军事技术和兵法等。之后，又逐步深入文化，即价值观、思想和道德，再就是哲学，进而是对中国社会制度的理性思考。2000年刘登阁、周云芳著的《西学东渐与东学西渐》，由中国社会科学出版社出版。看来，东学西渐在学术界引起了相当程度的重视。

我认为21世纪应该是"东化"的世纪。西方文化从文艺复兴以来，昌盛了几百年，把社会生产力提高到了空前的水平，促使人类社会进步也达到了空前的速度，光辉灿烂，远迈前古，世界人民无不蒙受其利。但它同世界上所有的文化一样，也是决不能永世长存的，迟早也会消逝的。20世纪20年代前后，西方的有些学者已经看出西方文化衰落的端倪，如德国施宾格勒在1917年开始写作的《西方的没落》一书，预言当时如日中天的西方文化也会没落。此书一出版，马上洛阳纸贵，产生了巨大的影响，英国著名历史学家汤因比受其影响，也反对西方中心论。他们的观点是值得肯定的，因为，西方文化同世界上所有的文化一样，也是决不能永世长存的，迟早也会消逝的。在今天，它已逐渐呈现出强弩之末的样子，大有难以为继之势了。具体表现是西方文化产生了一些威胁人类生存的弊端，其荦荦大者，就有生态平衡的破坏、酸雨横行、淡水资源匮乏、臭氧层破坏、森林砍伐、江河湖海污染、动植物物种不断灭绝、新疾病出现等等，都威胁着人类的发展甚至生存。

西方文化产生这些弊端的原因，是植根于西方的基本思维模式。因为思维模式是一切文化的基础，思维模式的不同，是不同文化体系的根本不同。简而言之，我认为，东方的思维模式是综合的，它照顾了事物的整体，有整体概念，讲普遍联系，接近唯物辩证法。用一句通俗的话来说就是，既见树木，又见森林，而不是只注意个别枝节。中国"天人合一"的思想，印度的"梵我一如"的思想，是典型的东方思想。而西方的思维模式则是分析的。它抓住一个东西，特别是物质的东西，分析下去，分析下去，分析到极其细微的程度。可是往往忽视了整体联系，这在医学上表现得最为清楚。西医是头痛医头，脚痛医脚，完全把人体分割开来。用一句现成的话来说就是,只见树木,不见森林。而中医则往往是头痛治脚,脚痛治头,把人体当作一个整体来看待。两者的对立,十分明确。但是不能否认,世界上没有绝对纯的东西,东西方都是既有综合思维,也有分析思维。然而,从宏观上来看,这两种思维模式还是有地域区别的:东方以综合思维模式为主导,西方则是以分析思维为主导。这个区别表现在各个方面,具体来说,东方哲学中的"天人合一"思想,就是以综合思维为基础的。西方则是征服自然,对大自然穷追猛打。表面看来,他们在一段时间内是成功的,大自然被迫满足了他们的物质生活需求,日子越过越红火,但是久而久之,却产生了以上种种危及人类生存的种种弊端。这是因为,大自然虽既非人格,亦非神格,却是能惩罚、善报复的,诸弊端就是报复与惩罚的结果。

  有的学者认为要解决这些弊端,比如环境污染,只有发展科学,发展技术,发展经济,才有可能最后解决环境问题。我不同意这种看法。为了保护环境决不能抑制科学的发展、技术的发展和经济的发展,这个大前提是绝对正确的。不这样做是笨伯,是傻瓜。但是处理这个问题,脑筋里必须先有一根弦,先有一个必不可缺的指导思想,而这个指导思想只能是东方的"天人合一"思想。否则就会像是被剪掉了触角的蚂蚁,不知道往哪里走。从发展的最初一刻起,就应当在这种思想的指引下,念念不忘过去的惨痛教训,想方设法,挖空心思,尽上最大的努力,对弊害加以抑制,决不允许空喊:"发展!发展!发展!"高枕无忧,掉以轻心,梦想有朝一日科学会自己找出办法,挫败弊害。常言道:"道高一尺,魔高一丈。"到了那时，魔已经无法控制，而人类前途危矣。中国旧小说中常讲到龙虎山张天师打开魔罐，放出群魔，到了后来，群魔乱舞，张天师也束手无策了。最聪明、最有远见的办法是向观音菩萨学习，放手让本领通天的孙悟空去帮助唐僧取经，但是同时又把一个箍套在猴子头上，把紧箍咒教给唐僧。这样可以两全其美，真无愧是大慈大悲的观世音。正是由于这个原因，我主张"三十年河东，三十年河西"，21世纪是东方文化的世纪，东方文化将取代西方文化在世界上占统治地位。而取代不是消灭。全面一点的观点是：西方形而上学的分析已快走到尽头，而东方文化寻求综合的思维方式必将取而代之。以分析为基础的西方文化也将随之衰微，代之而起的必然是以综合为基础的东方文化。这种代之而起，是在过去几百年来西方文化所达到的水平的基础上，用东方的整体着眼和普遍联系的综合思维方式，以东方文化为主导，吸收西方文化中的精华，把人类文化的发展推向一个更高的阶段。这种"取代"，在21世纪可见分晓。所以结论是：21世纪是东方文化的时代，这是不以人们的主观愿望为转移的客观规律。用东方"天人合一"的思想和行动，济西方"征服自然"之穷，就可以称之为"东西文化互补论"。东方的"天人合一"是带有普遍性的一种思想，中国、印度都有。即以中国儒家为例，《易经》中有"大人者与天地合其德，与日月合其明，与四时合其序，与鬼神合其吉凶。先天而天弗违，后天而奉天时"。《中庸》有"能尽人之性，则能尽物之性；能尽物之性，则可以赞天地之化育；可以赞天地之化育，则可以与天地参矣"。《孟子》有"莫之为而为者，天也；莫之致而致者，命也"；"尽其心者，知其性也；知其性，则知天也"。董仲舒的"天人之际，合而为一"。张载的"民吾同胞，物吾与也"更是典型的天人合一思想。这些都是综合思维方式的典型例子。

2001年10月，76位中华文化研究者，其中也有我，发表了《中华文化复兴宣言》，肯定："亚洲四小龙"的崛起和日本的高速发展，都吸收了中华文化思想的智慧。当前西方一些有远见之士都在尽力研究中华文化，并提出"西方的病，东方的药来医"，形成了"东学西渐"。这些都说明了中华文化在当今世界仍有无穷的价值！

我们知道，16至18世纪的"东学西渐"给欧洲思想界带来了巨大而深刻的影响，中国哲学对法国启蒙运动和德国古典哲学产生了巨大的影响。根据收入《东学西渐丛书》的朱谦之先生的《中国哲学对欧洲的影响》，法国启蒙思想家卢梭、伏尔泰、孟德斯鸠、狄德罗、霍尔巴赫等人都受到中国文化的影响，重农学派的主要代表人物、经济学家魁奈甚至有"欧洲孔夫子"之称。儒家的理性精神和人道原则，无神论和"人性本善"的思想，都被启蒙思想家用来作为同基督教神学作斗争的武器；道家崇尚自然的原则也对法国唯物主义产生了明显的积极影响。德国哲学家莱布尼茨能以平等的心态来对待中国哲学，他不讳言，自己的二进制直接受到《易经》中的阴阳八卦卦序的启发。其大弟子沃尔弗同样热爱中国文化，曾因发表《中国的实践哲学》的讲演而受到迫害。德国古典哲学的开创者康德，是莱布尼茨—沃尔弗学派的嫡传，他的"理性"一词被认为来源于宋明理学的"理"和老子的"道"。

中国与欧洲的文化交流，传教士起的作用不可抹杀。随着西方传教士的东来，西学逐渐地传到了中国。与此同时，中国的传统文化也通过传教士传到了西方。传教士在中国居住后，对中国的传统文化或多或少都有了解。他们把中国的古代文化典籍译成西方的文字传到欧美，诸如《大学》《中庸》《论语》《易经》等。在东学西渐中，有两个人与青岛有联系，是值得注意的，一个是卫礼贤（Richard Wilhelm，1873—1930年），一个是翟理斯（Herbet Giles， 1845—1935年）。

卫礼贤原名理查德·威廉，因为酷爱中国文化，便给自己取了个中文名字卫礼贤。他是德国基督教同善会的一名传教士，1899年来中国，在青岛传教，也从事教育和慈善事业，在中国生活了二十余年，1924年回德国。在华期间，曾与康有为有交往，与劳乃宣相识颇深，并在劳乃宣的帮助下，着手翻译《易经》，在德国以德文出版。他还创办了礼贤书院，潜心研究中国儒家学说。从1903年起，卫礼贤发表了大量有关中国和中国文化的论文，并着手翻译中国古代哲学经典。已出版的有《论语》（1910年）、《老子》（1911年）、《列子》（1911年）、《庄子》（1912年）、《中国民间故事集》（1914年）和《易经》（1924年）、《吕氏春秋》（1928年）和《礼记》（1930年）等。回国后，在德国莱茵河畔的法兰克福创立中国研究所，出版杂志《中国的科学与艺术》，成为"中国在西方的精神使者"。德国的学者们给予卫礼贤高度和充分的肯定，法兰克福大学授予他汉学荣誉博士，他成了中国古代圣人的诠释者。通过他，西方思想界的一大批代表人物接触了中国文化，从中得到了或多或少的启迪。如荣格认为从他那儿得到的教益比从其他任何人得到的都多。对卫礼贤翻译的《易经》，荣格说：《易经》中包含着中国文化的精神和心灵；几千年中国伟大智者的共同倾注，历久而弥新，仍然对理解它的人，展现着无穷的意义和无限的启迪。通过《易经》的帮助和启发，荣格提出了"共时性原则"，并将这种"共时性原则"，作为自己的分析心理学发展的内在基石，认为建立在共时性原则基础上的思维方式，在《易经》中表现最为充分，是中国思维方式最集中的体现。而对于西方人来说，这种思维方式，从赫拉克利特之后，便在哲学史上消失，只是在莱布尼兹那里出现过一些低微的回声。

英国汉学家翟理斯在青岛居住并游学，1903年青岛啤酒创立，译名就是采用他和威妥玛式拼音，而为Tsingtao Beer。他在中国担任过多处英国领事，后来担任英国剑桥大学第二任中文教授，治学勤，著作多，有"其书满架"之誉。他对东学西渐有很大贡献。他著有《中国历史及其他概述》。他编的《华英辞典》，提到很多中国文人，附有各个汉字的广东、客家、福州、温州、宁波等9个方言区的方音拼法。他著《古今姓氏族谱——中国人名大辞典》，介绍了从先秦到19世纪的中国历史人物，其中有不少是文学家。另著《中国文明》《中国文学史》，鲁迅的《中国小说史略》提到过这部外国人写的《中国文学史》。他翻译的作品也很多，有《英译汉诗》，1898年他从《聊斋志异》的455个故事中选译了164个故事，并根据其中的《梦》（即《莲花公主》）改写了一部芭蕾舞剧《蜜蜂》，1916年该剧上演后在欧洲引起轰动。他还两次重译《佛国记》（1877年、1923年），1905年写《中国绘画艺术概要》，1911年编《古今图书集成索引》。厦门大学第一任校长兼国学院院长林文庆在1929年完成《离骚》的英译时，他和印度著名诗人泰戈尔（R. Tagore）作了序。他还著有《儒家及其竞争者》（1915年），并对《论语》《孟子》《老子》《庄子》等思想经典做了部分翻译。他和他的儿子对《庄子》都很有兴趣，各有自己的《庄子》节译本。1957年，英国出版了他用38年时间编成的《大英博物馆藏敦煌汉文写本目录》。他的知名度很高，孙中山1897年春复函给他（时任剑桥大学教授），并应其所请写了一篇自传，谈到自己初次出国的感受，"始见轮舟之奇，沧海之阔，自是有慕西学之心，穷天地之想"；"至于教则崇拜耶锦，于人则仰中华之汤武暨美国华盛顿矣"。孙中山的这些感受与文化交流有关。

在翟理斯和卫礼贤几十年之后，21世纪的第4年，青岛大学《东方论坛》又开设了"东学西渐"的专栏，这不知是巧合，还是策划者事先有意安排的。我希望这个栏目能够吸引更多的学者参加，都来关注文化交流。我希望把这个栏目办好，办成一个有特色的栏目。

2004 年